远东财经

蓝发钦　龙 欣　编著

# 2015 中国证券市场典型并购50例

上海远东出版社

**图书在版编目(CIP)数据**

中国证券市场典型并购50例:2015/蓝发钦,龙欣著.
—上海:上海远东出版社,2016

ISBN 978-7-5476-1142-5

Ⅰ.①中… Ⅱ.①蓝… ②龙… Ⅲ.①证券公司—企业合并—案例—中国 Ⅳ.①F832.39

中国版本图书馆CIP数据核字(2016)第139591号

**中国证券市场典型并购50例(2015)**

蓝发钦 龙 欣 编著
责任编辑/李巧媚 封面设计/李 廉

出版:上海世纪出版股份有限公司远东出版社
地址:中国上海市钦州南路81号
邮编:200235
网址:www.ydbook.com
发行:新华书店 上海远东出版社
上海世纪出版股份有限公司发行中心
制版:杭州兴邦电子印务有限公司
印刷:昆山亭林印刷责任有限公司
装订:昆山亭林印刷责任有限公司

开本:710×1000 1/16 印张:22.25 插页:1 字数:352千字
2016年8月第1版 2016年8月第1次印刷

ISBN 978-7-5476-1142-5/F·578
定价:65.00元

# 前言

收购兼并作为企业较高层次的经营方式，其意义不仅体现在企业规模的迅速扩张上，而且体现在企业资产质量的快速提升上，这在海内外跨国企业的发展史中得到了充分的印证。中国企业此轮并购重组浪潮开始于2013年，主阵地在中国证券市场。当时无论是因为中国上市公司出于自身资产重组的需要，还是因为中国IPO进程受阻，许多准上市企业要变相实现上市的目标，或是因为满足众多PE/VC实现套现的诉求，很明显，此轮并购重组的浪潮一开始体现出典型的两大特征：其一是自发性，上市公司自发的纯市场行为；其二是市值管理的痕迹明显——通过并购重组，尤其是跨界并购，互联网资产、文化传媒资产、健康医疗资产等进军热门概念行业，实现了公司市值的快速提高。

不过，进入2014年，随着中国经济发展进入新常态，中央政府顺势而为，为中国企业收购兼并给予了更重要的注释。尤其是2015年年底中央经济工作会议明确提出："积极稳妥化解产能过剩。资本市场要配合企业兼并重组。要尽可能多兼并重组、少破产清算。"在中国，并购重组势必将进入一个伟大的战略发展机遇期。

本书选取2015年发生在中国证券市场的50宗典型并购案例，分成国企重组并购、混合所有制改革并购、"一带一路"战略并购、"中概股回归"并购、"借壳上市"并购、跨界"热点"并购和其他典型并购等七个部分呈现。每一个案例的写作充分体现两个特点：第一，尽量还原案例本身，每一个案例都通过收购相关方简介、事件一览和收购方案等三个方面全景式描述。第二，挖掘每个案例的特点，通过案例点评，把每一个案例引起市场关注、业界讨论的特点层层剖析。为了让读者对2015年中国证券市场发生的并购重组有一个整体的理解，本书在50宗案例之前先提供了一份《中国证券市场2015年并购市场报告》。该报告根据对2015年中国证券市场围绕上市公司并购交易活动的统计，从并购交易的规模、行业分布、地区分布、并购溢价率、并购融资方式、并购主体性质等各个维度，系统全面地展示了中国证券市场并购交易的特点。

本书作为华东师范大学与上海市普陀区人民政府联合成立的上海并购金融研究院的研究成果之一，编写工作得到了上海并购金融集聚区、普陀区金融办的大力支持，在此深表感谢！同时，华东师范大学金融专业研究生朱睿、解敏婕、郭全毓、陈萌、管正月、邱天、王培昆、于童，本科生何天琦等参与了案例的编写工作，在此一并感谢！

# 目录 contents

## 第三辑 “一带一路”战略并购 /121



## 第四辑 “中概股回归”并购 /159



## 第五辑 “借壳上市”并购 /187



## 第六辑 跨界“热点”并购 /239

# 导论

随着中国证券市场的蓬勃发展，兼并收购风起云涌，已经成为中国现阶段重要的创新金融业态。尤其是2015年年底中央经济工作会议明确提出："积极稳妥化解产能过剩。资本市场要配合企业兼并重组。要尽可能多兼并重组、少破产清算。"并购重组将进入一个伟大的战略发展机遇期。

导论将根据对2015年中国证券市场上市公司并购交易活动的统计，从并购交易的规模、行业分布、地区分布、并购溢价率、并购融资方式、并购主体性质等各个维度，系统全面地展示中国证券市场并购交易的特点，并对2016年的并购市场发展趋势作出展望。

## 一、2015年是中国证券市场开启并购的大时代，主板市场仍然是并购的主阵地

毋庸置疑，2015年是中国证券市场的并购大年。根据我们的统计，2015年中国证券市场围绕上市公司发生了1 209起并购交易，共涉及交易金额12 690.37亿元人民币，平均每单交易金额104 965.86万元人民币。而2014年全年完成了759起并购交易，共涉及交易金额4 194.44亿元人民币，平均每单交易金额55 262.77万元人民币。[①]从两组数据的对比来看，2015年无论从并购案例的绝对数量、绝对金额还是从单笔交易涉及的金额来看，都有大幅度的提高，分别是2014年的1.59倍、3.03倍和1.90倍，可以说实现了井喷式的发展。

从发生并购交易的上市公司板块分布来看，2015年发生在主板市场的并购

①数据来源：从新浪财经、巨潮咨询、同花顺等公开披露上市公司信息的渠道，通过人工检索所得。

无论在交易宗数还是交易金额上都占据了绝对优势。2015年全年主板上市公司共成功实施了609起并购交易，占全年并购交易总数的50.37%；中小板上市公司共成功进行了351起并购交易，占全年并购交易总数的29.03%；创业板上市公司共发生了249笔并购交易，占全年并购交易总数的20.60%（见图a）。

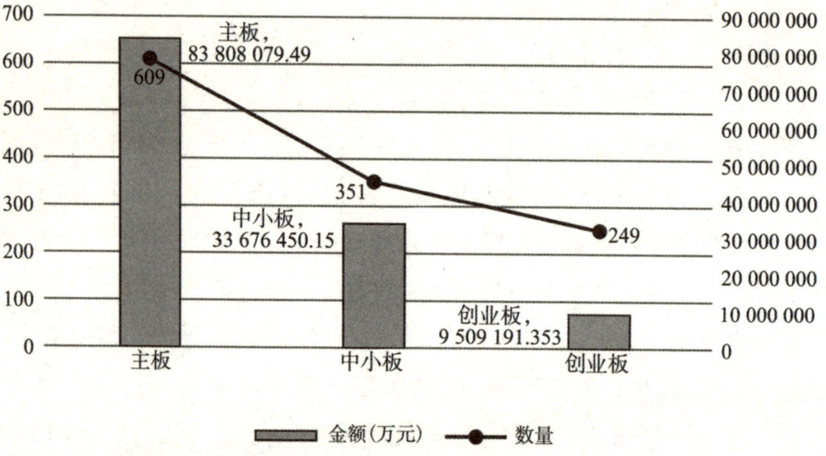


图a　2015年证券市场并购交易分板块概况

从并购交易金额的占比情况来看，主板市场贡献了全年并购交易总量的65.97%，中小板和创业板所占比例分别为26.54%和7.49%。主板市场上市公司相对而言质量较高，资产规模更大，更有能力实施大规模的并购交易。

与2014年对比，无论是主板、中小板还是创业板的上市公司，并购交易都更加频繁，并购数量都快速增长。尤其是创业板上市公司在2015年的并购交易中表现更加活跃，从2014年的115笔增长到2015年的249笔，增长了116.52%。创业板上市公司相对规模较小，持续盈利能力有限，通过并购整合优势资源，提高经营效率并保持增长率成为不二之选。从并购交易涉及的金额来看，主板市场的上市公司仍然高歌猛进，并购数量增长了46.75%，但并购涉及金额增长了212.70%，表明主板市场上大规模交易发生得越发频繁（见表a）。2015年是中国国企改革的落地之年，在主板上市的国企发生了数笔涉及金额过百亿元的超级并购，如南北车合并、绿地控股金丰、百事通并购等，这些都为主板市场并购交易金额的激增做出了贡献。

表a 2015年和2014年主板/中小板/创业板上市公司并购概况对比

| | 案例数 | | | 金额(万元) | | |
|---|---|---|---|---|---|---|
| | 2015年 | 2014年 | 增长率 | 2015年 | 2014年 | 增长率 |
| 主板 | 609 | 415 | 46.75% | 83 718 079.49 | 26 772 633.24 | 212.70% |
| 中小板 | 351 | 229 | 54.59% | 33 676 450.15 | 10 428 811.23 | 222.92% |
| 创业板 | 249 | 115 | 116.52% | 9 509 191.35 | 4 742 996.98 | 100.49% |

## 二、产业链整合、跨界并购是此轮并购的主流

企业进行并购的目的无外乎三个方面，即快速扩大规模、整合产业链或者迅速进入目标产业，从而提高经营效率，保持业绩增长。从并购交易发生的绝对数量来看，无论2014年还是2015年，上市公司还是普遍以横向并购扩大规模为目的进行并购交易；从并购交易的增长率来看，跨界联合的混合并购以及整合产业链的纵向并购增长更快(见表b)。相应地，跨界混合并购和纵向产业链整合并购占全年并购交易总额的百分比也在提高(见图b)。

### (一) 跨界并购规模突长

从并购交易涉及的金额来看，混合并购的交易规模增长最快，2015年较2014年增长了311.38%，一定程度上表明混合并购逐渐成为并购市场的热点。我国经济经历了改革开放后的高速发展，目前已经进入经济增长方式和产业结构改变和调整的阶段，这势必会影响到企业的并购行为。传统行业的低迷是并购的内在动力，新兴行业又急需找到扩张之路，两者的结合成为必然。跨界融合可以帮助上市公司整合企业资源，淘汰低效率业务，进入新兴朝阳行业，为上市公司寻找到新的利润增长点。

**表b　2015年和2014年上市公司并购关联性对比**

| | 案例数 | | | 金额 | | |
|---|---|---|---|---|---|---|
| | 2015年 | 2014年 | 增长率 | 2015年 | 2014年 | 增长率 |
| 横向 | 630 | 463 | 36.07% | 63 245 927.15 | 22 983 192.31 | 175.18% |
| 纵向 | 240 | 133 | 80.45% | 11 116 492.19 | 6 189 368.56 | 79.61% |
| 混合 | 339 | 163 | 107.98% | 52 541 301.65 | 12 771 880.58 | 311.38% |

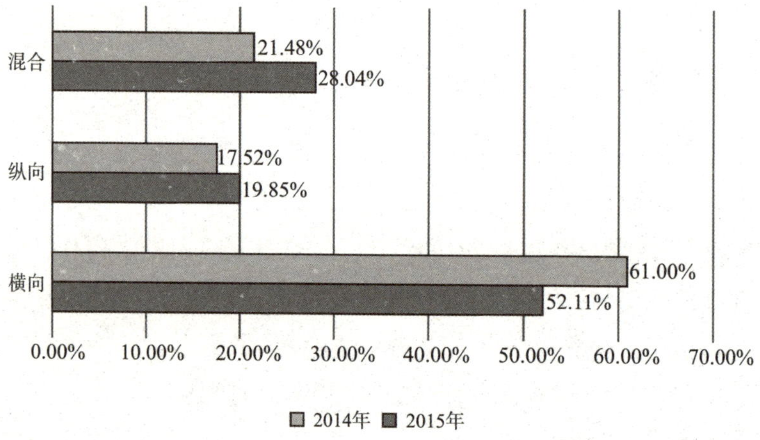


图b　2015年和2014年上市公司并购关联分布

## （二）跨界热点："互联网＋"

资本的特点就是逐利性，哪个行业有利可图，哪里就可以看到资本的影子。从混合并购涉及的并购标的分布中，最耀眼的当属"互联网＋"的并购。数据表明，以"互联网＋"为代表的信息技术行业无疑是并购资本热烈追捧的对象：从交易数量上看，并购标的为"互联网＋"行业的并购交易从2014年的68笔上升到2015年的191笔，占总交易笔数的份额也从9.25%上升到15.80%，成为仅次于制造业行业的绝对并购热门行业。与2014年相比，2015年金融业成了并购资本追逐的另一个热点，从2014年的成交18笔上升至2015年的77笔，占总成交数量的比重也从2.45%提高至6.37%。此外，健康医疗、文化传媒、房地产、环保仍然是并购的热点行业，继续受到市场关注。

另外,值得关注的是这些并购热点行业的并购溢价率。2015年,并购交易溢价率最高的仍然是“互联网+”行业,溢价率671.04%,是整个市场平均溢价率94.38%的7.11倍。仅次于“互联网+”行业的是文化传媒业,溢价率459.73%,是市场平均溢价率的4.87倍。一方面,这两个行业的特点都是轻资产,且概念化强,因此在估值的时候易被高估;另一方面,溢价倍数高也代表着良好的市场预期,因而才能得到资本的青睐(见表c)。

**表c 2015年和2014年中国上市公司并购市场热点行业**

| 热点行业 | 数量 | 占总数量之比 | 金额(万元) | 占总金额之比 | 溢价率 | 数量 | 占总数量之比 | 金额(万元) | 占总金额之比 |
|---|---|---|---|---|---|---|---|---|---|
| | 2015年 | | | | | 2014年 | | | |
| “互联网+” | 191 | 15.80% | 10 890 328.9 | 8.41% | 671.04% | 68 | 9.25% | 4 158 038.54 | 9.91% |
| 健康医疗 | 71 | 5.87% | 5 066 016.036 | 3.91% | 44.46% | 41 | 5.58% | 2 517 541.80 | 6.00% |
| 文化传媒 | 55 | 4.54% | 10 236 330.04 | 7.90% | 459.73% | 45 | 6.12% | 2 427 946.449 | 5.79% |
| 金融业 | 77 | 6.37% | 9 983 013.652 | 7.71% | 65.87% | 18 | 2.45% | 1 934 316.952 | 4.61% |
| 房地产业 | 58 | 4.80% | 17 103 760.2 | 13.21% | 143.51% | 42 | 5.71% | 2 565 091.74 | 6.12% |
| 环保 | 43 | 3.56% | 1 669 236.93 | 1.29% | 58.52% | 33 | 4.49% | 1 475 765.335 | 3.52% |

“互联网+”行业的红红火火得益于两个因素:一是以“互联网+”为代表的信息技术行业本身的特点,即平台运营技术以及大数据资源的优势使得“互联网+”可以将经营触角延伸至各个领域,这也是越来越多的传统行业感受到来自互联网的威胁的原因。正如互联网行业流行的那句话“没有你做不到的,只有你想不到的”。二是2015年政府政策频频利好“互联网+”行业,李克强总理在政府工作报告中提出了“互联网+”行动。越来越多的上市公司将目光投向了“互联网+”行业,期待通过与互联网联姻打通传统行业的任督二脉,突破传

统经营的瓶颈，保持利润的持续增长。

## 三、供给侧改革的核心产业：制造业是本轮并购主角

中国是制造业大国，并购交易也多聚焦于制造业行业。2015年中国证券市场上市公司的并购交易中，制造业仍处于领头羊的位置。

2015年第一产业上市公司中发生并购交易16起，交易总金额59亿元，分别同比增长6.67%和9.76%；第二产业发生并购交易815起，交易总金额8 133亿元，占比全年交易金额的64.08%，宗数和交易额分别同比增长59.18%和180.26%；第三产业发生并购378起，占比全年总数的31.24%，交易总金额4 498亿元，占比全年总额的35.45%，分别同比增长62.93%、263.16%。由此看出，2015年制造业中的并购交易与2014年相比，堪称爆发式放量增长，而第三产业的并购活动也逐渐显现，量价齐升（见表d）。

**表d 2015年和2014年我国上市公司并购交易产业分布情况**

| 板块 | 2015年并购情况 | | 2014年并购情况 | |
|---|---|---|---|---|
| | 宗数 | 金额（亿元） | 宗数 | 金额（亿元） |
| 第一产业 | 16 | 591 357.75 | 15 | 538 787.30 |
| 第二产业 | 815 | 81 330 189.71 | 512 | 29 019 337.27 |
| 第三产业 | 378 | 44 982 173.53 | 232 | 12 386 316.88 |
| 合　计 | 1209 | 126 903 720.99 | 759 | 41 944 441.45 |

三类产业中从开展并购活动的细分行业显示，第一产业中进行并购交易最多的是农业和畜牧业，且两者在交易宗数上较为相近。第二产业中的行业种类较为丰富，其中的并购主力军无疑是基数最大的制造业，有729家，在第二产业的并购中占比高达89.45%，随后依次是占比4.79%的电力、热力、燃气及水生产和供应业，占比2.45%的建筑业，占比2.21%的采矿业以及占比1.10%的石油和天然气开采业（见图c）。2015年中国制造业企业的充分整合，是制造业并购如此活跃的重要原因。一方面可以缓解因产能过剩带来的经营压力，另一方面强强联合的结果还能促进产业升级。例如中国南、北车进行换股合并，两者同

属于专用设备制造业，如此一来可以携手渡过“去产能”这道难关，还能加快从“制造”转变为“创造”的步伐，增强国际竞争力。

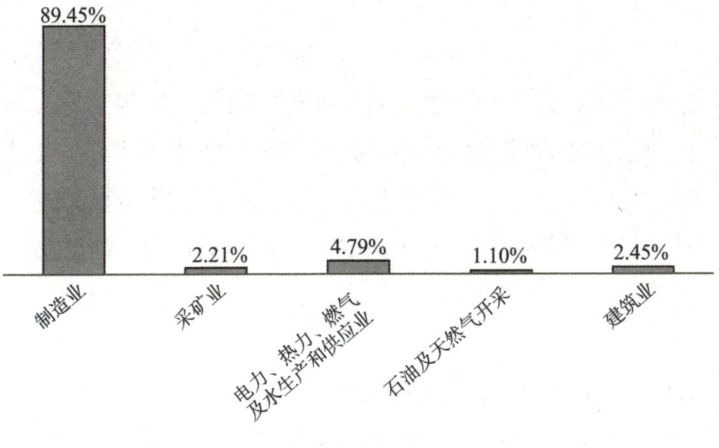


图c　第二产业并购宗数占比情况

第三产业中交易宗数排名第一的是信息传输、软件和信息技术服务业，该行业中进行的并购交易共有128起，其次是房地产业和批发零售业，交易宗数分别为66起和45起。第三产业中各类细分行业的并购宗数占比如图d所示，可见2015年信息传输、软件和信息技术服务业中开展并购的上市公司数量较多，这与2015年“互联网＋”等热门概念关联密切。受经济增速下滑及国家宏观调控的影响，房地产行业的景气度也不复从前，许多房地产企业都在努力尝试通过资本运作手段进行转型，因此房地产行业的并购活动也比较活跃。

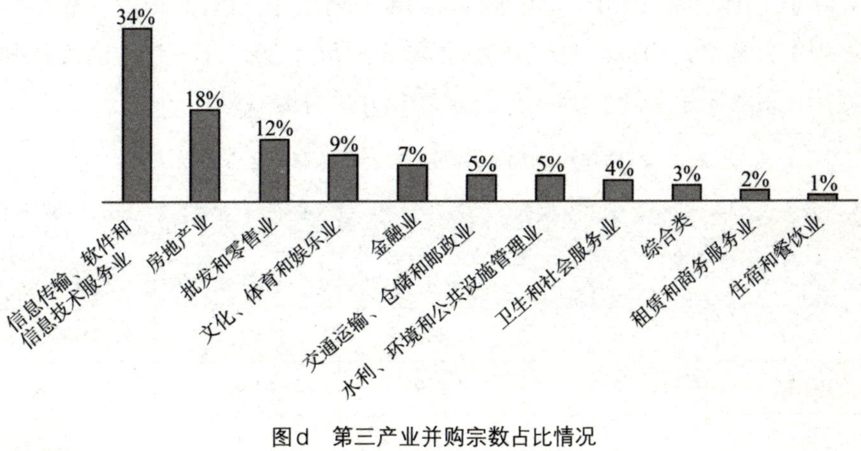


图d　第三产业并购宗数占比情况

## 四、东部上市公司并购活跃，境外并购风生水起

受我国经济发展水平的影响，上市公司也集中于东部地区，而且东部地区投资环境优化且国际化程度更高。因此，我国上市公司并购交易的主力军集中于东部地区。此外，近两年我国积极推进经济结构调整，去库存、去过剩产能成为经济改革的主要目标之一。国家出台一系列政策鼓励企业实施“走出去”战略。在“一带一路”政策利好下，越来越多的上市公司也将并购交易瞄准了境外市场，境外并购逐渐风生水起。

### (一) 国内并购市场：东部地区遥遥领先

2015年东部的并购交易共有862起，交易金额高达1万亿元，宗数和金额分别占全年总量的71.30%和80.85%，同比分别增长63.56%和241.42%。可见，2015年东部的并购交易规模呈现爆发式增长，且主要集中在北京、上海、浙江、江苏和广东等地区。其中，注册地位于北京的中国南、北车换股合并，交易金额高达758亿元，成为东部并购的一个超级大单。其次，上海的绿地控股以667亿元借壳金丰投资，更加让东部的交易规模遥遥领先。另外，2015年中部地区的并购宗数为233起，同比增长71.32%，交易金额约为1 219亿元，同比增长61.34%，其中安徽、湖南、湖北及山西等地的并购交易较多。同时，西部地区在2015年共计发生并购114宗，交易金额1 210亿元，分别同比增长18.75%和179.30%。可以看到，2015年西部的并购规模增长非常迅速，但主要靠川、渝、贵等地的并购交易拉动。总体来看，正如表e所示，2015年三个地区的并购交易无论在宗数还是金额上，都远远超越2014年的并购规模。

**表e　2015年和2014年中国上市公司并购地区分布状况**

| | 2015年 | | 2014年 | |
|---|---|---|---|---|
| | 案例数 | 金额(亿元) | 案例数 | 金额(亿元) |
| 东部 | 862 | 10 260.79 | 527 | 3 005.33 |
| 中部 | 233 | 1 219.53 | 136 | 755.87 |
| 西部 | 114 | 1 210.05 | 96 | 433.24 |
| 合计 | 1 209 | 12 690.37 | 759 | 4 194.44 |

从各地区开展并购活动的行业来看，东、中、西部的并购交易中，制造业和软件与信息技术服务业占比最大。前者占据较高的比例与制造业企业本身数量庞大有关；而后者是因2015年“互联网+”热潮的带动之下，三个地区的大多数企业都尽力和互联网因素挂钩，进而催生软件和信息技术服务行业发生了更多的并购行为。

### （二）境外并购风生水起

在相关政策的鼓励下，国内的公司正积极走向国际舞台，在世界范围内寻找合适的利润增长点。2015年境外并购交易的活跃程度大幅提升，全年发生的境外扩张交易共有91起，与2014发生的27例相比增加了2倍多。境外企业收购国内企业的交易在2015年仅有1起。

从“走出去”的上市公司所处的地区分布来看，位处沿海地区的公司在境外扩张方面的表现更为积极，同时湖北、山东、川渝地区的部分公司也成功在海外拓展了国际业务。总的来看，东部地区的上市公司参与的境外并购交易量最高，占全部海外收购宗数的69%，中部占比21%，西部占比10%。

从“走出去”的上市公司的行业分布来看，制造业企业仍然是领头军，共计开展63起境外并购交易，占2015年境外并购交易总数的65.23%。其次是第三产业，共计开展27起境外并购交易。第一产业仅发生1起境外并购交易。

从“走出去”的上市公司开展境外并购的目的来看，中国上市公司进行境外并购主要是为了扩大规模，拓展海外市场。2015年全年共发生60起境外横向并购交易，占总数的65.93%。意图拓展业务种类的混合并购交易19起，占总数的20.88%；而试图通过并购整合产业链的纵向并购交易共计发生12起，占总数的13.19%。

从“走出去”的上市公司并购境外资产的行业分布来看，仍然以制造行业为主，其中又以电子及通用设备制造业居多，占29.67%。紧随其后的是金融业，全年共发生13起并购境外金融业企业的交易，占比14.29%，反映了内地金融业企业加速布局海外市场的势头。信息技术、计算机、商务服务行业也占据了一席之地（见图e）。

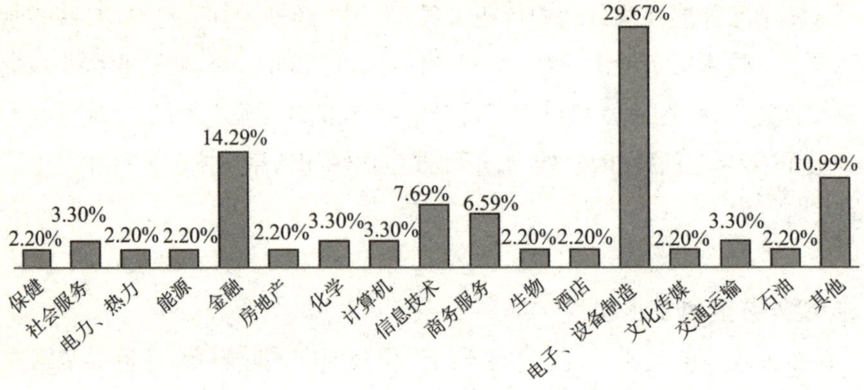


图e “走出去”企业的并购标的资产行业分布

在2015年的跨境并购中，值得关注的案例包括：交易额最大的新疆渤海租赁以162亿元收购了英国的阿瓦隆，从而间接在英国提供租赁与商务服务；锦江股份以90亿元收购了法国的卢浮集团，以期将市场扩张至全球范围；光大证券斥资40.95亿港元收购香港券商新鸿基70%股份，成为近五年来内地券商首次完成对香港本地大型券商的收购，也是近两年来中资券商收购香港本土券商中最贵的一笔交易。

## 五、政府主导的航母式大型并购不断涌现

2015年是国有企业整合重组大潮席卷的一年。在中央政府大力推动股权多元化、混合所有制改革以及国资委从“管人管事管资产”向“管资本”转型的背景下，类似南北车合并、绿地借壳金丰等重磅并购交易不断涌现。政府主导的并购交易主要可以分为如下几类“范式”：

（1）推进国有企业整体上市或集团公司整体上市。在深化国有企业改革的进程中，推动集团公司整体上市是混合所有制改革的重要方法。一批地方国企积极响应国家政策的号召，如上海国资系统集团层面在2015年就有绿地集团（600606）和华建集团（600629）两家企业，通过“借壳”实现了整体上市，并完成了混合所有制改革；而皖国资系统下的江淮汽车（600418），也通过吸收合并其母公司江汽集团实现了集团整体上市。

（2）推动行业内国有企业的重新组合。一方面，通过兼并收购联合优质的

国有资产，发挥规模效应，降低同业竞争，形成一系列国家层面的“拳头”产业和“航母级”公司，提升所在领域的全球竞争力。如：百视通(600637)以新增股份换股吸收合并东方明珠，同时，SMG向百视通注入优质资产，实现了传媒行业产业链布局，为资本市场后续的产业整合打开了想象空间；中国南车(601766)通过换股的方式吸收合并中国北车(601299)，成为规模仅次于通用电气的工业企业，并有望将中国高铁产品和标准带出国门。另一方面，钢铁、水泥以及煤炭等产能过剩行业正处在前所未有的困境中，只有淘汰那些技术落后的中小企业，才能使这些行业走出困境。并购重组对化解产能具有不可替代的作用，多兼并重组、少破产可以将存量资产盘活，避免下岗潮的出现。如首钢股份(000959)在剥离亏损业务的同时，以现金收购京唐钢铁，意在发挥两者间的协同效应，增强公司位于曹妃甸港口的物流成本优势，并大力发展非钢铁板块的盈利能力。

(3) 推动国有优质资产注入绩差国有上市公司。在宏观经济进入新常态的背景下，一些传统行业的国有上市公司盈利能力大幅下滑，部分上市公司甚至出现连续亏损。通过兼并收购剥离不良资产，注入优质资产，上市公司的盈利能力从根本上得到了提高，维护了公司上市地位的同时，使更多的国有优质资产能够充分利用资本市场这一融资平台。如蓝星新材(600299)通过资产置换置入母公司优质资产安迪苏，成功“摘帽”变身为行业领先企业，实现了主营业务转型和集团不良资产的“去库存”。

## 六、现金支付仍主导并购交易，多样化创新支付手段层出不穷

与美国等成熟发达国家相比，中国并购市场的并购价格支付手段类型仍显得单一，还是以现金支付为主导方式，但新型的并购融资工具逐渐开始出现在人们的视野之中。

### (一) 现金支付方式仍占据主导地位

从支付手段来看，2015年共有750宗并购交易使用纯现金作为支付手段，占总体交易数量的比例为62.03%，交易金额为2 884亿元；一共有459宗并购交易采用股票等一些创新方式支付，占比37.97%，交易金额为9 812亿元。2015年现金支付比例较2014年的64.95%有小幅度的下降，但现金收购手段仍然具

有它的优势和吸引力。原因有以下两点：首先，新版《上市公司重大资产重组管理办法》取消了对不构成借壳上市的上市公司重大购买、出售、置换资产行为的审批，现金收购的灵活性和速度的优势得以充分发挥，一系列上市公司通过更改重组方案中的支付方式降低行政审核次数，加快了重组进程。其次，在“一带一路”和我国企业“走出去”的背景下，作为国际并购最主要支付方式的现金使用范围较广。例如，长电科技（600584）以7.8亿美元现金“蛇吞象”式收购新加坡上市公司星科金朋。

### （二）多样化的创新支付手段

在并购价格支付手段方面，除了现金这种传统且常用的方式，上市公司常常还会借助定向增发、股权互换、资产置换等多种形式或者多种形式的组合支付对价。现金是企业的血液，单纯使用现金作为并购价格支付手段常会由于现金流不足而限制实施并购交易的规模。对于中国上市公司而言，支付并购对价的创新度还不高，主要是两种，即现金和股份支付的结合以及单独的股份支付；其他多样化的并购融资工具如债转股、股票期权、委托协议等，刚开始出现在人们的视野里；而对于国有上市公司而言，无偿划拨又是一种特殊的支付形式（见图f）。

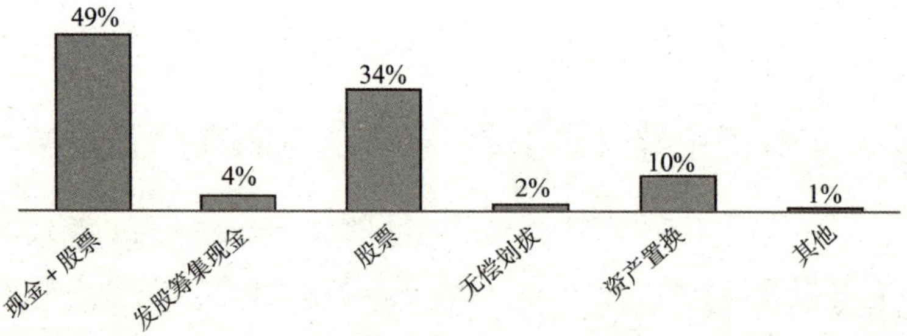


图f　2015年中国上市公司并购创新支付方式类型

第一，现金和股份支付的结合以及单独股份支付在创新支付中占主导。2015年，中国上市公司并购交易以现金和股份支付的结合体以及单独以股份作为支付对价的，分别有230起和159起并购交易，占创新支付交易总数的49%和33.9%；交易金额分别为2 084亿元和5 212亿元，占创新支付交易金额的比例为21%和53%。可以看出，股票支付方式在创新支付方式中有着举足轻重的地位，其交易金额超过创新支付总交易金额的一半。排在其后的创新支付方式为资产置换，共发生了47起，占比为10%，涉及交易金额为2 282亿元，占创新支付交易金额的比例为24%。

第二，多样化的并购支付方式显现。2015年也出现了一些更具创新色彩的支付方式，如：全新好通过签订借款协议，获得了零七股份(000007)25.99%的股权表决权的委托协议；德美化工(002054)通过债转股的形式，以9128万元的价格控制了中炜精细化工有限公司53.92%的股权；陕鼓动力(601369)通过现金和三年后买卖期权结合的方式，以37.4亿元收购了注册地在捷克的捷克EKOL公司100%的股权；威创股份(002308)通过现金及签订借款协议作为支付对价，以8.57亿元收购了北京金色摇篮教育科技有限公司100%股权。

第三，无偿划拨——国有上市公司并购交易的特殊支付手段。无偿划拨是国企并购交易中常常采取的支付手段。作为2015年并购重组"关键词"之一的国资国企改革在如火如荼地进行中。"整合优势项"和"合并同类项"是国企改革的两大主要并购范式。为了调整并理顺国有资本运营体系，明确国有上市公司管理层级，一系列国有上市公司股权或国有上市公司母公司股权发生了变动。无偿划拨在理顺国有资本运作体系中发挥了重要的作用。例如，上海市国资委将其持有的光明食品(集团)有限公司54.16%股权无偿划转给其全资子公司上海国盛(集团)有限公司，从而通过上海国盛间接持有光明食品77.06%的股权，理顺了三者之间的关系。与此同时，地方国资委与中央国资委间或各地方国资委之间的国有股权无偿划拨体现出国有企业间的强强联手以及以强扶弱，充分实现了国有资产的保值增值。例如，在滨州市国资委的推动下，将其持有的渤海活塞(600960)32.06%的股权无偿划转给由北京市国资委实际控制的北汽集团，实现滨州现有发动机零部件资源的整合和产业的规模化；中央国资委实际控制的合肥通用机械研究院在受让安徽省国资委持有的ST国通(600444)11.89%股权后，通过将旗下合肥通用环境控制技术有限责任公司注入上市公司，从根本上扭转上市公司的盈利能力，充分利用了"壳"资源。

## 七、2016年中国证券市场并购展望

2015年对于中国证券市场的并购交易来说，无疑是意义重大的一年。这一年在股市大起大落的背景下，并购市场如火如荼，无论是交易成交的数量还是交易涉及的金额都实现了大增长。中国上市公司并购大时代已悄然来临。展望2016年，我们认为并购仍将是证券市场的热点。

### （一）经济改革继续深化，并购仍将大放异彩

2016年是中国“十三五”规划的开局之年，亦是中国推进供给侧改革的攻坚之年。中国的经济在经历了高速发展之后已进入了产业结构升级、发展方式转变的历史时刻，依靠传统资源密集型的产业已不能支持经济的可持续发展。因此，产业的变更、调整、再布局成为转变经济发展方式的重要途径。而并购正是企业实现快速转型、解决产业结构失衡的重要方式。随着经济改革的持续深化，2016年中国围绕上市公司的并购仍将如火如荼。中国的并购交易金额占GDP总量仅为2%左右，而在成熟发达的美国市场，这一数字达到了10%。这表明，中国的并购市场还处于初级阶段，未来还有广阔的发展空间。

2016年中国将继续深化国资企业改革，实现政府和市场的职能转变。以政府为主导的并购仍会是上市公司并购交易的中坚力量之一。国企的重组、转型、整合将有助于实现国有资产的保值增值，优化国有企业的公司治理结构。

### （二）借力政策，搭船出海

中国的发展离不开世界，随着国家“走出去，引进来”战略、“一带一路”战略的实施及配套设施如亚投行的设立等，越来越多的企业将借力政策，搭船出海，通过海外并购实现外延性的增长。目前，部分企业已经积累了一定的并购海外资产的经验，它们将在海外并购中持续保持活跃。在对外投资过程中，投资标的会更加多元化。我们有理由相信，不久的将来，中国的超级跨国公司也会在这一轮的并购浪潮中诞生。

### (三)《中国制造 2025》,先进制造业并购将大举来袭

2015 年 5 月,国务院印发《中国制造 2025》,开始全面实施制造强国战略。中国是传统的制造业大国,制造业基数大但质量偏低,多为低附加值行业,可持续发展能力弱。在调整经济结构的背景下,制造业的改革势在必行。通过实施并购,可以整合制造业企业的优势资源,淘汰落后产能;通过并购也可以对接互联网等信息技术行业,将信息化与工业深度结合,优化制造业企业的经营业态。

《中国制造 2025》同时明确大力推动发展的重点领域,如新一代信息技术产业、机器人、航空航天装备、海洋工程装备及高技术船舶、先进轨道交通装备、节能与新能源汽车、电力装备新材料、生物医药及高性能医疗器械等十大重点行业。企业通过并购可以迅速进入这些新兴行业,获得新技术,而新兴行业也可通过并购获得发展壮大的资金。依托政府的政策福利,2016 年中国将迎来一波先进制造业的并购浪潮。

# 第一辑　国企重组并购

# 000557

## *ST 广夏:

## 借壳银广夏,宁东铁路整体上市

### 一、收购相关方简介

#### (一) 收购方:广夏(银川)实业股份有限公司

广夏(银川)实业股份有限公司是宁夏首家上市公司,是宁夏回族自治区党委、政府重点支持的21户优势骨干企业之一,是自治区确定的生态建设示范基地、现代化中药材和农业产业化龙头企业,是自治区培育的“十五”期间达到年销售收入过50亿元、利税过10亿元的大型企业集团。自1997年起进入葡萄种植与加工行业,是宁夏最早在贺兰山东麓发展酿酒葡萄规模化种植与加工的企业之一,具有酿酒葡萄种植和葡萄酒酿造的丰富经验,对贺兰山东麓葡萄酒产业的发展起到了带动作用。

#### (二) 标的资产:宁夏宁东铁路股份有限公司

宁夏宁东铁路股份有限公司成立于2008年5月30日,是按照宁夏回族自治区党委、政府确定的“政府主导、统筹规划、多方筹资、分步实施、集中管理、资源共享、科学发展”的原则,在原宁夏大古铁路有限责任公司的基础上,通过增资扩股组建的股份制公司,属自治区管理的大型国有企业,主要从事铁路开发建设和经营管理、仓储物流、机车维修、酒店餐饮等,担负着宁夏宁东能源化工基地煤炭、化工等物资的运输任务。

## 二、收购事件一览

● 2014年12月23日，银广夏召开关于本次重组的第一次董事会，审议通过了本次重组相关议案及重组预案，并于12月30日复牌。

● 2015年4月20日，银广夏召开关于本次重组的第二次董事会，审议通过了本次重组的具体议案及重大资产重组报告书。

● 2015年5月11日，上市公司2015年第一次临时股东大会审议通过了本次重组相关议案。

● 2015年10月22日，本次重组获得中国证监会有条件通过。

## 三、收购方案

本次重组前，宁东铁路持有银广夏100 430 245股股份，为避免重组后上市公司与子公司交叉持股情形，故本次交易拟采取银广夏定向回购宁东铁路持有的银广夏100 430 245股股份且注销上述股份的方式进行，为保护中小投资者利益，本次定向回购价格为宁东铁路依据重整计划取得前述股份而付出的成本320 090 554.14元；同时，宁国运公司、信达资产、神华宁煤、华电国际、宁夏能源铝业以其持有的宁东铁路全部股权在本次交易中评估作价的等值部分补偿银广夏历史上关联方占款处置与担保损失，对于宁国运公司、信达资产、神华宁煤、华电国际、宁夏能源铝业持有的宁东铁路全部股权评估作价超出银广夏原关联方占款处置与担保损失金额部分，由银广夏依据交易对方各自持有的宁东铁路股权比例向其发行股份及支付现金购买。重组完成后，宁东铁路将成为上市公司全资子公司。

**1. 标的资产估值及交易价格**

截至2014年6月30日，标的资产经审计的净资产为408 114.40万元，本次交易拟注入资产的评估值为448 742.02万元，较净资产账面价值增值约40 627.62万元，增值率约为9.95%。

### 2. 发行价格

银广夏已于2010年9月16日进入破产重整程序，因此，本次发行股份定价仍采用协商定价的方式。经公司董事会与相关方协商，兼顾各方利益，本次新增股份的发行价格拟定为4.96元/股，该价格已经公司股东大会审议通过。

### 3. 发行股份及支付现金数量

本次交易发行股份及支付现金购买资产具体情况见表1。

**表1　本次交易购买资产情况**

| 交易对方 | 发行股份数(股) | 支付现金数(元) | 支付对价合计(元) |
|---|---|---|---|
| 宁国运公司 | 429 820 178 | 0 | 2 131 908 085.78 |
| 信达资产 | 229 154 850 | 0 | 1 136 608 057.26 |
| 神华宁煤 | 71 526 908 | 20 000 000 | 374 773 467.53 |
| 华电国际 | 71 084 524 | 20 000 000 | 372 579 243.48 |
| 宁夏能源铝业 | 71 084 524 | 20 000 000 | 372 579 243.48 |
| 合　计 | 872 670 984 | 60 000 000 | 4 388 448 097.52 |

### 4. 本次交易对上市公司控制权及股权结构的影响

本次交易完成前，宁东铁路为公司第一大股东，宁国运公司为公司的实际控制人；本次交易完成后，宁国运公司将成为公司控股股东及实际控制人，公司的实际控制权仍属于自治区人民政府。

本次重组完成前后，上市公司股权结构变化见表2。

**表2　本次交易上司公司股权结构变化情况**

| 股东名称 | 重组完成前 | | 发行股份数 | 重组完成后 | |
|---|---|---|---|---|---|
| | 持股数(股) | 持股比例 | | 持股数(股) | 持股比例 |
| 宁东铁路 | 100 430 245 | 14.64% | | 0 | 0.00% |
| 其他股东 | 582 594 928 | 84.91% | | 582 594 928 | 39.95% |
| 宁东铁路股东合　计 | 3 108 823 | 0.45% | 872 670 984 | 872 670 984 | 60.05% |

续表

| 股东名称 | 重组完成前 | | 发行股份数 | 重组完成后 | |
|---|---|---|---|---|---|
| | 持股数(股) | 持股比例 | | 持股数(股) | 持股比例 |
| 其　中 | | | | | |
| 宁国运公司 | 0 | 0 | 429 820 178 | 429 820 178 | 29.47% |
| 信达资产 | 3 108 823 | 0.45% | 229 154 850 | 232 263 673 | 15.93% |
| 神华宁煤 | | 0 | 71 526 908 | 71 526 908 | 4.90% |
| 华电国际 | | 0 | 71 084 524 | 71 084 524 | 4.87% |
| 宁夏能源铝业 | | 0 | 71 084 524 | 71 084 524 | 4.87% |
| 合　计 | 686 133 996 | 100% | 872 670 984 | 1 458 374 735 | 100% |

## 四、案例评论

银广夏从事葡萄酒的生产与经营，由于多种因素影响，一直陷入严重的债务危机，经营业绩下滑，面临严峻的退市风险。重整并注入优质资产是改变公司现状的唯一出路，公司本次重组拟注入的资产宁东铁路，凭借宁东能源化工基地丰富的煤炭资源及大量大型煤炭用户等诸多优势，具备良好的盈利能力和盈利空间，现金流量较好，财务风险较低，有助于化解上市公司财务危机。

其次，上市公司将通过本次重组获得宁东铁路葡萄酒相关资产，全面恢复葡萄酒业务，利用宁夏自然与政策条件继续发挥葡萄酒产业优势，有助于提升本次交易完成后上市公司的盈利水平，避免同业竞争。

此外，国家战略"一带一路"的发布，提升了公司发展预期。宁夏回族自治区是"丝绸之路"沿线的重要区域，作为自治区内唯一的专业化地方铁路公司，宁东铁路连接了宁夏宁东地区主要矿区、电厂以及化工厂区，承担着宁东能源化工基地的铁路建设和运营管理重任。

通过本次重组，消除了上市公司暂停上市甚至退市的风险，有利于保护上市公司股东特别是中小股东利益，成功保壳。而宁东铁路通过本次重组，实现了相关资产整体上市，有利于利用资本市场进行资源配置，做大做强现有主业，实现国有资产的保值增值，带动西北地区经济发展。通过上市引入社会公众股东，实现深化混合所有制改革和资产证券化。

## 五、市场表现(000557)

银广夏重组前后的股价变化情况见图1。

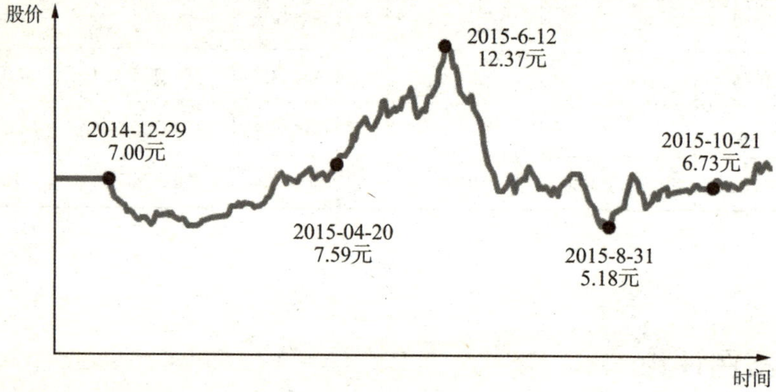


图1　银广夏重组前后股价走势

# 000987
# 广州友谊：
# 定增并购，广州友谊“金融＋”

## 一、收购相关方简介

### （一）收购方：广州友谊

广州友谊集团股份有限公司（以下简称“广州友谊”）是一家国有控股的大型综合性百货零售业上市公司，是广东省流通龙头企业。公司目前的业务结构以百货零售为主，物业租赁为辅；在百货零售业务方面则坚持以经营中高档商品为主，走时尚精品路线。公司VIP客户的消费目前已占到公司销售总额的60%以上。凭着出色的经营能力和一流的管理水平，广州友谊创造出一项项骄人成绩，实现连续多年业绩持续较快增长。属下的广州市三家门店均获得国家商务部颁发给零售企业的最高荣誉——“金鼎百货店”称号。

### （二）标的公司：越秀金控

广州越秀金融控股集团有限公司（以下简称“越秀金控”）成立于2012年1月18日，注册资本40.5亿元，是越秀集团国内金融产业的持股平台。目前，公司总资产超过400亿元，初步形成了以证券、租赁为核心的多元化非银行金融控股公司的发展格局。其全资持有广州市融资担保中心有限责任公司（以下简称“广州担保”），绝对控股广州证券股份有限公司（以下简称“广州证券”）、广州越秀融资租赁有限公司（以下简称“越秀租赁”）、广州越秀产业投资基金管理有限公司（以下简称“越秀产投”），相对控股广州越秀小额贷款有限公司（以下简称“越秀小贷”）。

广州担保成立于2013年3月7日，注册资本5.15亿元，是广州市可全面开展各项担保业务的融资性担保机构。截至2014年9月，广州担保累计担保金额已超过170亿元。

广州证券成立于1988年，为一家全国性、全牌照的综合类券商企业集团，是国内最早设立的证券公司之一，打造了大经纪、大投行、大资管、大投资四大业务板块，其中承销业务在中小型券商中排名前列——2013年股票主承销家数排名18，债券主承销家数排名16。公司资产规模和盈利能力近几年也有所提高，2013年公司总资产、净资产、营业收入和净利润在中小型券商中排名分别为33、43、59和66名，综合排名在40名左右。经纪业务、自营业务、投行业务是广州证券收入的主要来源，这三项业务收入占比近三年来分别为89.8%、79.5%、80.01%。

越秀租赁成立于2012年5月，是广州资本规模最大的融资租赁公司，注册地为香港，为外资担保公司，业务范围已拓展至全国。成立至今，业务始终保持快速增长。2014年1—9月，业务投放额为53亿元，同比增长30%；截至2014年9月，融资规模71亿元，形成融资租赁资产100.7亿元，同比增长107%和78%。

越秀产投成立于2011年8月，主要业务包括以战略新兴产业为投资方向的私募股权投资和以国资基金为代表的固定收益类金融投资。经过多年发展，越秀产投已在华南地区房地产投资基金行业与私募股权投资基金行业处于领先地位。截至2014年9月，管理7只国资产业基金、3只PE基金和1只房地产基金，基金规模分别为121.78亿元、7.20亿元和1.01亿元，合计规模约130亿元，其中国资基金贡献收入达90%。

越秀小贷设立于2012年5月29日，为广州市内依法成立、正常经营的企业、经济组织、个体工商户，以及具有独立民事行为能力的自然人提供房产抵押贷款、应收账款质押贷款、商户联保贷款、过桥贷款、商铺租赁权质押贷款、个人信用贷款、货物质押贷款等各项业务。从近两年的客户结构来看，个人客户是越秀小贷最主要的收入来源。截至2014年9月，越秀小贷总资产为5.16亿元，净资产为3.22亿元，在贷项目283笔，在贷余额4.55亿元。

### （三）关联方：广州市国资委

广州市人民政府国有资产监督管理委员会（以下简称“广州市国资委”）成立于2005年2月2日，是广州市人民政府的直属特设机构，依法对广州市市属经营性国有资产进行监督和管理，经授权管理的国有资产规模庞大，数量众多。本次发行完成前后其均为公司控股股东及实际控制人。

## 二、收购事件一览

- 2014年9月1日，公司公告筹划重大事项，公司股票开始停牌。
- 2014年12月9日，董事会审议通过非公开发行股票预案，公司股票复牌。
- 2014年12月26日，非公开发行股票事宜获广东省国资委批复。
- 2015年1月6日，股东大会审议通过本次非公开发行股票事项。
- 2015年10月23日，非公开发行股票获中国证监会审核通过。

## 三、收购方案

公司向控股股东广州市国资委以及广州国资发展控股有限公司、广州地铁集团有限公司、广州电气装备集团有限公司、广州市城市建设投资集团有限公司、广州交通投资集团有限公司、广州万力集团有限公司共七名特定对象，非公开发行面值为1.00元的普通股（A股），发行价格为8.90元/股，发行股票合计不超过1 123 595 502股，募集资金总额不超过100亿元，其中882 988.27万元用于购买越秀金控100%股权，117 011.73万元用于向越秀金控增资，以补充广州证券营运资金。本次非公开发行股票自发行结束之日起36个月内不得转让。发行对象的认购情况及发行完成前后广州友谊的股本结构变化情况分别见表3、表4。

表3 发行对象的认购情况

| 序号 | 发行对象 | 认购股份数量(股) | 认购金额(元) |
|---|---|---|---|
| 1 | 广州市国资委 | 617 977 528 | 5 499 999 999.20 |
| 2 | 广州国发 | 280 898 876 | 2 499 999 996.40 |
| 3 | 广州地铁 | 112 359 550 | 999 999 995.00 |
| 4 | 广州电器装备 | 28 089 887 | 249 999 994.30 |
| 5 | 广州城投 | 28 089 887 | 249 999 994.30 |
| 6 | 广州交投 | 28 089 887 | 249 999 994.30 |
| 7 | 万力集团 | 28 089 887 | 249 999 994.30 |
| 合计 | | 1 123 595 501 | 9 999 999 967.80 |

表4 发行完成前后广州友谊股本结构变化情况

| 股东名称 | 本次发行前 | | 本次发行后 | |
|---|---|---|---|---|
| | 持股数量(股) | 持股比例 | 持股数量(股) | 持股比例 |
| 广州市国资委 | 186 266 107 | 51.890 8% | 804 243 635 | 54.247 2% |
| 广州国发 | — | — | 280 898 876 | 18.947 0% |
| 广州地铁 | — | — | 112 359 550 | 7.578 8% |
| 广州电器装备 | — | — | 28 089 887 | 1.894 7% |
| 广州城投 | — | — | 28 089 887 | 1.894 7% |
| 广州交投 | — | — | 28 089 887 | 1.894 7% |
| 万力集团 | — | — | 28 089 887 | 1.894 7% |
| 其他股东 | 172 692 000 | 48.109 2% | 172 692 000 | 11.648 3% |
| 合计 | 358 958 107 | 100.00% | 1 482 553 609 | 100.00% |

## 四、案例评论

### （一）主营业绩下滑，定增募资改革

广州友谊是广州市国资委旗下的大型综合性百货零售企业，业务以百货零售为主，物业租赁为辅，其中百货零售以经营高端商品为主。虽然广州友谊是传统高端百货品牌的代表，但依旧受到宏观经济增速下行、消费增长疲软、三公消费控制等多种外部因素影响。与此同时，电子商务等零售新业态、新渠道也使得行业内部环境恶化，竞争分流加剧，成本持续高企。内外部环境的恶化使得公司自2012年以来经营业绩明显下滑，其中净资产收益率由2012年的18.71%降至2014年的10.59%。传统的经营模式难以为继，同类上市公司纷纷转型，公司也面临着转型发展的压力与挑战。

2013年11月，随着中共十八届三中全会的召开，新一轮国资国企改革的序幕也正式拉开，这为优质国有资产整合带来了新的契机。具有国资背景的广州友谊把握时机，以非公开发行股份募集资金的方式收购了越秀金控100%股权并对其进行增资。采用非公开发行股份募集资金的方式进行收购，一方面可以巩固控股股东的控制权，另一方面也为公司引入了一批大型国有企业作为战略投资者。在优化股东结构的同时，进一步加强了产业资本和金融资本的完美融合，为市属金融产业的做大做强提供了强大的股东支持。

### （二）双主业运营，推动国企改革

收购完成后，公司将由单纯的百货零售上市公司转型为“百货+金融”双主业运营的控股型公司。这是广州友谊落实转型升级的战略性举措，将对公司盈利能力和可持续发展能力产生积极影响。

此外，这也是广州市属国有企业利用资本市场推动新一轮国企改革迈出的重要一步。本次收购完成后，越秀金控整体进入广州友谊，增加了广州友谊的金融业务，实现了广州国资金融产业证券化的历史性突破。一方面，实现了国有资产的优化布局，有助于提升国有上市公司资产规模、业务规模及核心竞争力；另一方面，通过金融资产的上市，不断扩大广州市属金融机构的行业影响力，可助推广州区域金融中心的建设。

## 五、市场表现（000987）

广州友谊重组前后的股价变化情况见图2。

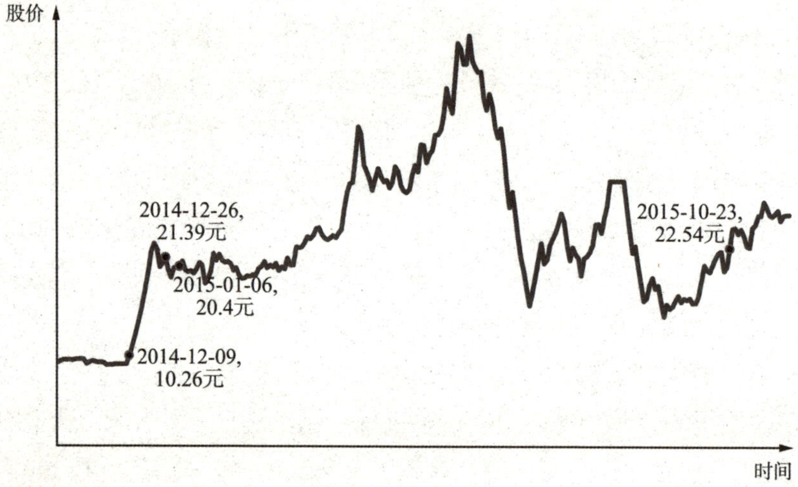


图2　广州友谊重组前后股价走势

# 002506

# 协鑫集成(原*ST超日):集团整体上市,ST乌鸡变凤凰

## 一、收购相关方简介

### (一)收购方:协鑫集成(原*ST超日、*ST集成)

公司全称协鑫集成科技股份有限公司,上市公司前身为上海超日太阳能科技股份有限公司,2014年破产重整后更名。协鑫集成成立于2003年,注册地为上海市,注册资本为504 640.00万元,2015年3月31日经审计的资产总额为427 929.10万元。本次交易前,朱共山通过江苏协鑫持有公司21.00%的股份,为公司实际控制人。公司是一家研究光伏材料制造和新能源开发的高科技民营企业,是光伏产业领域的龙头企业。由于上市公司前身超日太阳在进行破产重整过程中已将主要生产制造类资产进行了拍卖,生产能力有限,重整后急需通过重组获得优质资产。

### (二)标的公司一:江苏东昇

公司全称江苏东昇光伏科技有限公司,成立于2014年,2015年3月31日经审计的江苏东昇资产评估值为122 500.00万元。上海其印和江苏协鑫分别持有公司51%和49%的股权。江苏东昇主营业务为电池组件的受托加工,且产供销经营模式独立完善,具有较强的盈利能力。

### （三）标的公司二：张家港其辰

公司全称张家港其辰光伏科技有限公司，是上海其印的全资子公司。2015年3月31日经审计的张家港其辰资产评估值为79 788.09万元。张家港其辰的主要产品电池组件是光伏电站的核心设备。公司在建项目适应行业最新发展趋势，市场前景广阔，投产后有望成为公司新的利润增长点。

### （三）关联方：江苏协鑫

公司全称江苏协鑫能源有限公司，为协鑫集成的控股股东，同时持有江苏东昇49%股份。江苏协鑫是协鑫集团有限公司境内投资平台。其实际控制人为自然人朱共山。

### （四）关联方：上海其印

公司全称上海其印投资管理有限公司，持有张家港其辰100%股权和江苏东昇51%股权。公司的实际控制人朱钰峰是朱共山的一致行动人。

相关收购公司具体关系可见图3。

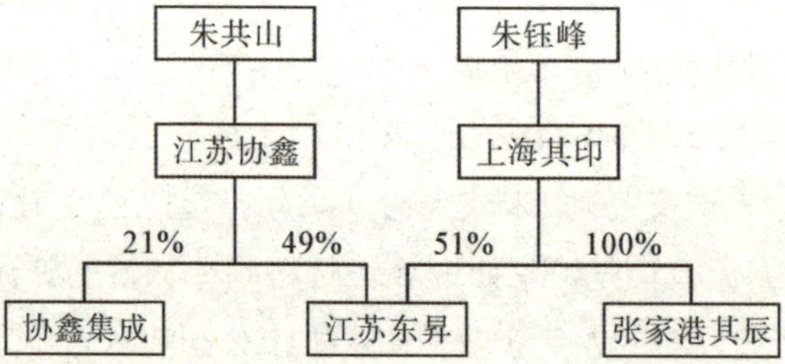


图3 相关收购公司关系图

## 二、收购事件一览

● 2014年4月28日，*ST超日公告停牌。

因2011年、2012年和2013年连续亏损三年，根据深交所规定，公司股票自公告日起停牌。

● 2014年5月23日，发布公告：深交所决定自5月28日起公司股票暂停上市。

因公司2011年、2012年、2013年连续三个经审计的会计年度报告显示净利润为负值，根据深交所规定，深圳证券交易所决定公司股票自2014年5月28日起暂停上市。

● 2014年6月26日，上海市第一中级人民法院受理*ST超日的破产重整计划。

上海市第一中级人民法院裁定受理申请人上海毅华金属材料有限公司对超日公司的重整申请。

● 2014年12月27日，*ST超日重整计划执行完毕，终结公司破产程序。

重整期间，12月19日上海市第一中级人民法院裁定江苏协鑫等九方投资人以14.6亿元认购重整计划中资本公积转增的16.8亿股股份。本次股份认购完成后，江苏协鑫持有公司21.00%的股份，成为公司的控股股东，自然人朱共山成为公司实际控制人。

● 2015年3月9日，公司更名。

公司中文名称由“上海超日太阳能科技股份有限公司”变更为“协鑫集成科技股份有限公司”，公司证券简称由“超日太阳”变更为“协鑫集成”。但由于公司目前仍处于退市风险警示阶段，公司简称暂为“*ST集成”。

● 2015年4月11日，*ST集成在停牌期间发布了《关于筹划重大资产重组的公告》。

● 2015年6月4日，披露交易报告书，公司拟以发行股份方式购买上海其印持有的江苏东昇51%股权和张家港其辰100%股权、江苏协鑫持有的江苏东昇49%的股权

● 2015年6月2日，本次交易方案经公司第三届董事会第十五次会议审议通过。

● 2015年6月19日，本次交易方案经公司2015年第二次临时股东大会审议通过。

● 2015年8月12日，公司股票恢复上市。公司股票简称由“*ST集成”变更为“协鑫集成”。

● 2015年12月4日，协鑫集成科技股份有限公司关于发行股份购买资产并募集配套资金事项，获得中国证监会核准批复。

## 三、收购方案

公司以发行股份方式购买上海其印持有的江苏东昇51%股权和张家港其辰100%股权、江苏协鑫持有的江苏东昇49%股权，并募集配套资金不超过6.3亿元。经交易各方协商，确定标的资产交易金额为202 288万元，其中江苏东昇100%股权作价122 500.00万元，张家港其辰100%股权作价79 788万元。公司拟按照1元/股的价格全部以发行股份的方式支付。其中向上海其印发行142 263万股，向江苏协鑫发行60 025万股，共计发行202 288万股。

同时，为提高本次交易的整合绩效，支持标的公司的业务发展，公司拟按照1.26元/股向融境投资、裕赋投资、长城国融、辰祥投资和东富金泓非公开发行股份募集配套资金，发行股份不超过5亿股，配套资金总额不超过6.3亿元，不超过拟购买资产交易价格的100%。

本次交易前，朱共山通过江苏协鑫持有上市公司21.00%的股份，为公司实际控制人。本次交易完成后，朱共山通过江苏协鑫持有公司113 025万股股份，持股比例为22.40%；其一致行动人朱钰峰通过上海其印持有上市公司142 263万股股份，持股比例为28.19%。本次交易完成后，上市公司控股股东仍为江苏协鑫，实际控制人为朱共山，实际控制人未发生变更。

本次交易发行股份前后的股权结构明细对比见表5。

**表5　发行完成前后协鑫集成股权结构情况**

| 股东名称 | 本次重组完成前 | | 本次重组完成后 | |
|---|---|---|---|---|
| | 持股数量（万股） | 持股比例 | 持股数量（万股） | 持股比例 |
| 江苏协鑫 | 53 000.00 | 21.00% | 113 025.00 | 22.40% |
| 倪开禄 | 31 527.88 | 12.48% | 31 527.88 | 6.25% |
| 嘉兴长元 | 24 000.00 | 9.51% | 24 000.00 | 4.76% |
| 启明投资 | 15 000.00 | 5.94% | 15 000.00 | 2.97% |
| 辰祥投资 | 12 000.00 | 4.76% | 15 000.00 | 2.97% |
| 马珺 | 10 000.00 | 3.96% | 10 000.00 | 1.98% |

续表

| 股东名称 | 本次重组完成前 | | 本次重组完成后 | |
|---|---|---|---|---|
| | 持股数量(万股) | 持股比例 | 持股数量(万股) | 持股比例 |
| 安波投资 | 9 322.00 | 3.69% | 9 322.00 | 1.85% |
| 茅智华 | 8 000.00 | 3.17% | 8 000.00 | 1.59% |
| 梁山 | 5 778.00 | 2.29% | 5 778.00 | 1.14% |
| 文鑫投资 | 5 000.00 | 1.98% | 5 000.00 | 0.99% |
| 加辰投资 | 5 000.00 | 1.98% | 5 000.00 | 0.99% |
| 上海其印 | — | — | 142 263.00 | 28.19% |
| 融境投资 | — | — | 31 000.00 | 6.14% |
| 裕赋投资 | — | — | 9 500.00 | 1.88% |
| 长城国融 | — | — | 4 000.00 | 0.79% |
| 东富金泓 | — | — | 2 500.00 | 0.50% |
| 其　他 | 73 724.12 | 29.21% | 73 724.12 | 14.61% |
| 合　计 | 252 352.00 | 100.00% | 504 640.00 | 100.00% |

## 四、案例评论

### (一) 破产拯救者,名利双收

2014年4月29日,协鑫集成的前身*ST超日宣布停牌。上海超日太阳能科技股份有限公司,是国内中等规模的光伏企业,公司股票因公司连续三年巨亏自2014年5月28日被暂停上市,随后被法院裁定破产。2014年10月,江苏协鑫等九家投资人介入超日太阳的重组整合工作,九方投资人通过支付14.6亿元受让超日股份全体出资人无偿让渡的16.8亿股转增股份,用于支付重整费用、清偿债务等。公司重整后,江苏协鑫持有上市公司21%股权,成为公司的实际控制人。在完成债务偿还后，协鑫重新定位于专注光伏系统的集成领域并更名为协鑫集成。在成为大股东之后，江苏协鑫又通过一次重组注入资产——2015年6月披露预案，上市公司拟发行股份收购江苏东昇、张家港其辰各100%股权；同时，拟以1.26元每股向部分关联股东发行不超过5亿股，募集6.3亿元配套资金。经过重整后的协鑫集成2014年度实现净利润26.9亿元，净资产为正，利润为正。在业绩持续向好的支撑下，协鑫集成关于恢复上市的申请于2015年8月成功获批。在恢复上市首日，协鑫集成股票大涨986.1%，惊艳回归。

作为全国首例公司债违约的上市公司破产重整案，在面对58亿元的巨额债务和资不抵债、濒临破产边缘的状况时，公司首先通过破产重整一次性解决债务问题；其次，引入重组方和战略投资者帮助其恢复经营，以此保证2014年底*ST超日净资产为正、利润为正，满足2015年恢复上市的基本要求；最后，向上市公司注入优质资产，实现可持续盈利模式。

超日太阳破产重整后急需通过重组获得优质资产，*ST超日的重组方案兼顾多方利益，影响力深远，既圆满解决了*ST超日危机，保住了壳资源，又实现了协鑫集团境内外资本市场的对接与整合。对于江苏协鑫来说，一方面，增持超日太阳在挽救超日太阳的财务和经营危机的同时，不仅获得融资平台和产业发展平台，而且以江苏协鑫为首的一众“拯救者”在不到一年半的时间内持有的协鑫集成股份的价值已经增值为222.6亿元。如果仅以其入股*ST超日的成本计算，期间收益高达208亿元，收益率高达14.25倍。另一方面，恢复上市时的惊艳回归赚足了眼球，使协鑫集成成为投资者中家喻户晓的名字，起到了极大的宣传效果。协鑫集成本次的重组，可谓名利双收。

### （二）整体上市进一步控股

超日太阳破产重整后急需通过重组获得优质资产。公司的控股股东江苏协鑫，是协鑫集团有限公司的境内投资平台。江苏协鑫在成为大股东之后，又通过一次新的并购重组注资，获得公司更多的低价筹码。根据2015年6月披露的重组方案，上市公司拟发行股份收购江苏东昇、张家港其辰各100%股权，交易价格20.23亿元，发行价格仅为每股1元，大幅低于暂停上市前的股价1.91元。同时，拟以每股1.26元向部分关联股东发行不超过5亿股，募集6.3亿元配套资金。本次并购重组的标的公司江苏东昇、张家港其辰背后的实际控制人都是协鑫集成实际控制人朱共山父子。经过此番资本运作之后，江苏协鑫及其关联方合计持股比例将达到50%以上，进一步控股上市公司。

本次交易标的之一江苏东昇具有较强的盈利能力，其主营业务为电池组件的受托加工，2015年2月上海其印和江苏协鑫收购江苏东昇后，凭借深厚的行业经验和实力对江苏东昇进行了业务的整合以及经营模式的升级，将其打造成具备自主市场开发能力、产供销职能独立完善的公司。江苏东昇成为公司的全资子公司，不仅将提升公司组件产能，而且增强了公司资产的持续盈利能力。

标的公司之二的张家港其辰投资的高效光伏电池组件产品前景广阔。光伏电站的建设投资巨大，而电池组件作为光伏电站的核心设备，约占电站建设成本的50%，其技术和质量的差异决定着电站发电效率的高低。因此，电池组件质量和效率是系统集成业务竞争优势的根本，且高效电池组件更是能够提升系统集成业务的竞争力。公司系统集成业务的快速发展需要打造坚实的高效电池组件生产能力。

经由本次重组，江苏协鑫将借鉴协鑫集团有限公司成熟的新能源行业运作经验，为协鑫集成后续发展注入新动力，不仅有效提升公司的整体实力和盈利能力，还能够与上市公司现有业务产生良好的协同效应，促进集成业务的快速发展，同时加强江苏协鑫对于上市公司的控制，实现控制人公司的整体上市。

### （三）摘帽概念股中的“新神话”

协鑫集成的浴火重生，让潜伏其中的投资者苦尽甘来。在IPO暂停的背景下，借壳*ST股对于一些急于上市的公司不失为一条融资捷径。一投行人士指出，*ST公司通过资产重组上演重生后股价暴涨的案例在A股市场并不少见。但是并不是所有的*ST公司都能复制协鑫集成这样的神话。虽然押宝*ST公司可能会获得超额收益，但此类公司普遍面临退市风险，业绩改善困难，重组难度较大，潜伏此类公司往往面临“血本无归”的风险。即使押宝成功，重组复牌的漫长过程也是投资者需要考虑的问题。江苏协鑫本身作为光伏行业领头羊，对于*ST超日的业务和经营模式较为了解，占尽天时地利人和，才能书写“乌鸡变凤凰”的神话。

## 五、市场表现(002506)

协鑫集成并购前后的股价变化情况见图4。

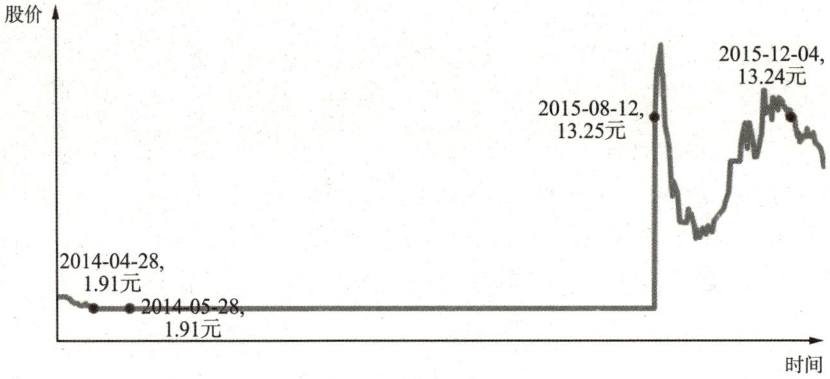


图4　协鑫集成并购前后股价走势

# 002627
# 宜昌交运：
# 国有股划转，宜昌交运换主

## 一、收购相关方简介

### （一）收购方：交旅集团

公司全称宜昌交通旅游产业发展集团有限公司，成立于2015年，注册资本10亿元。公司控股股东、实际控制人均为宜昌市国资委，公司是根据宜昌市人民政府关于市级国有投融资公司改革重组方案批复文件的精神，由宜昌市国资委出资设立的国有资产运作平台。公司主要业务是对宜昌市属的公交、港口、旅游等国有资产进行运营和管理，实现国有资产的保值增值。

### （二）标的公司：宜昌交运

公司全称湖北宜昌交运集团股份有限公司，成立于1998年，注册地为湖北省，注册资本为1.34亿元。公司的控股股东和实际控制人均为宜昌市国资委。宜昌交运是一家以旅客运输服务、汽车经销为主营业务的国有独资公司，公司是中国道路运输协会评定的道路旅客运输一级企业，交通运输部重点联系企业。

## 二、收购事件一览

● 2015年3月18日，宜昌交通旅游产业发展集团有限公司（收购方）成立，该公司作为宜昌市政府的直属企业，授权宜昌市国资委履行出资人职责，为国有独资企业。

● 2015年4月9日，宜昌市国资委主任办公会审议同意本次收购。

● 2015年5月21日，公告披露收购报告书，宜昌市国资委拟将其所持有的宜昌交运全部国有股份47 604 636股，全部无偿划转至交旅集团，占宜昌交运总股本的35.66%。

● 2015年6月4日，国务院国资委批复同意本次收购。

● 2015年7月10日，中国证监会核准豁免本次要约收购义务。

## 三、收购方案

本次交易的标的为宜昌市国资委持有的宜昌交运47 604 636股股份，占宜昌交运总股本的35.66%。股份收购方案为国有股权的无偿划转，不需要支付对价。股份的划出方为宜昌市人民政府国有资产监督管理委员会，划入方为宜昌交通旅游产业发展集团有限公司。

本次收购完成后，宜昌市国资委不再直接持有宜昌交运股份，交旅集团成为宜昌交运的控股股东，宜昌交运实际控制人没有发生变化，仍为宜昌市国资委。

收购前的股权控制关系见图5。

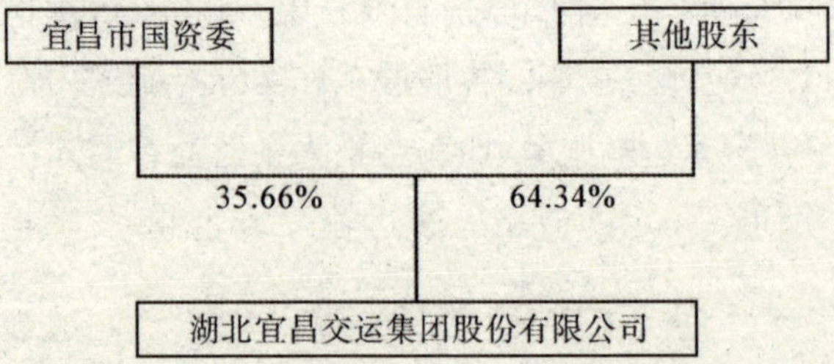


图5　宜昌交运被收购前股权关系

收购完成后的股权控制关系见图6。

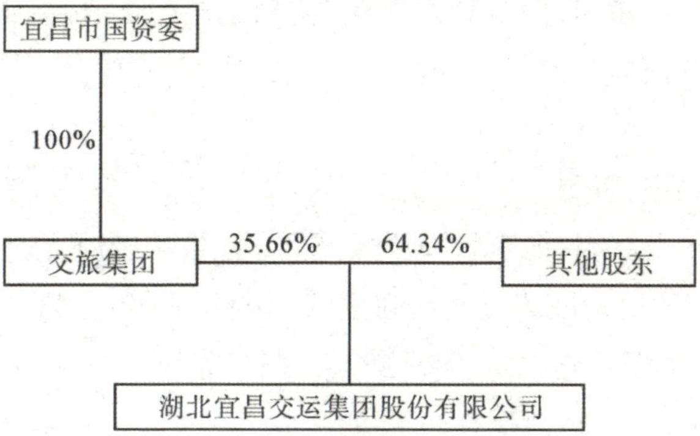


图6　宜昌交运被收购后的股权关系

## 四、案例评论

### （一）上市公司待转型

宜昌交运作为一家区域性的国有交通运输企业，公司的主营业务包括旅客运输及运输服务、汽车销售服务。公司所在地宜昌为三峡大坝所在城市，在地理位置上处于从湖北省中东部进入湖北省西部及重庆和四川的交通咽喉。对于一个交通运输企业来说，公司占据了优越的地理条件，然而几年前汉宜高铁的开通对这种优势造成了巨大的冲击，沿线的客流迅速下滑。因此，从2008年起，公司就开始进行转型，转型的措施之一是改变客运线路，与高铁形成错位和互补以谋求新的客源；措施之二则是发展水上客运，依托其所在的长江流域，涉足水上旅游运输业务。2014年《国务院关于依托黄金水道推动长江经济带发展的指导意见》的出台加速了长江沿线交通运输企业的转型。而随着水上客运行业的发展，同行业竞争逐渐激烈，公司的业务也进入了转型的关键点。想要让公司彻底摆脱高铁和公路运输给其带来的影响，将水运结合旅游板块的资源整合会更有潜力。宜昌交运虽然有着国资的背景，但控股股东宜昌市国资委并不从事具体业务的管理。若仅依靠公司自身，不一定能抓住太多政策上的机会，宜昌交旅集团应运而生。交旅集团的入局，让市场寄予厚望。

宜昌交通旅游产业发展集团成立于2015年3月，是宜昌市针对几个国有投融资公司改革所设立的隶属于宜昌市国资委的国有独资企业。交旅集团成立后明确了其三峡旅游平台的定位，宜昌市前旅游局局长亲自挂帅。主要业务是对宜昌市属的公交、港口、旅游等国有资产进行运营和管理，实现国有资产的保值增值。

### （二）国资改革盘活资源

交旅集团作为国有投融资管理平台，是宜昌市政府为了贯彻落实国家、省、市关于深化改革的决策部署，加快剥离融资平台公司政府融资功能，进一步理顺政府和市场关系的需要。对于国资企业来说，相对于直属国资委的架构，交旅集团的设立可以更好地梳理宜昌市的旅游资源。国资委将其所持有的35.66%国有股划入交旅集团后，宜昌交运作为交旅集团旗下唯一的上市公司同时也是三峡旅游唯一的上市平台，交旅集团必将不遗余力地打造宜昌交运三峡旅游的定位，助其完成水上旅游客运的转型。同时宜昌市国资委将宜昌旅游相关的国有资产整合到交旅集团，由交旅集团统一运营管理。宜昌交运作为交旅集团旗下的“带头大哥”，也可以起到带动作用，对旅游资产的盘活有着积极作用，方便三峡旅游资产的资本运作。

### （三）无偿划转优化配置

宜昌市国资委除将宜昌交运国有股权无偿划转至交旅集团外，还将宜昌公交集团、宜昌三峡旅游度假区开发有限公司的相关经营性国有资产整合后一并划入交旅集团。在划转前，宜昌国资委手中有同一行业不同公司的股权，会导致各子公司同业竞争的问题，但是由于国资委本身只履行出资职责却不从事具体业务经营，这些问题并不能得到解决。因此，通过行政划拨的方式，将股权划转给国资委旗下的交运集团，将其手中的经营性资产均由交旅集团统一运营管理。借由交旅集团之手，可以理顺国有旅游资产之间的关系，既可以将有重复业务的旅游资产合并管理，防止同业竞争，便于将来引入外部战略投资者，又可以让交旅集团旗下业绩好的公司去带动经营差的公司，发挥协同效应。国资委通过这种行政划转的方式，成立一个中间公司管理国有资产，既不改变对上市公司宜昌交运的控制权，不影响上市公司的独立性，又可以加强对手中资产的管理和协调，优化资源配置，增强国有企业的竞争力，能够有效实现国有资产的保值增值。

## 五、市场表现(002627)

宜昌交运公司股权变化前后的股价变动情况见图7。

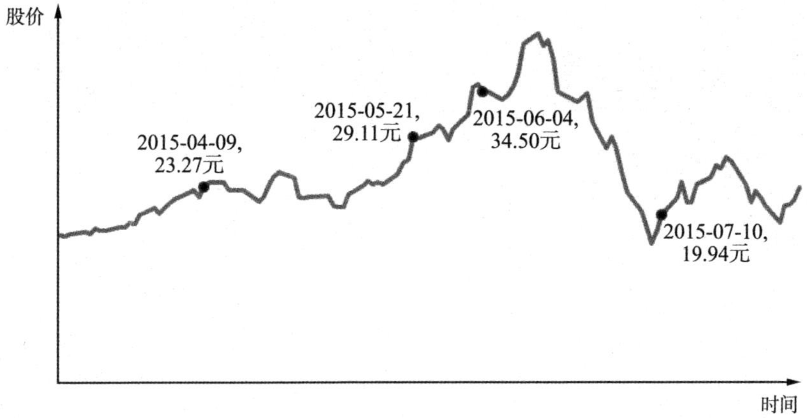


图7　宜昌交运股权变动前后股价走势

# 600000

# 浦发银行：政府主导，浦发银行进军信托业

## 一、收购相关方简介

### （一）收购方：浦发银行

浦发银行成立于1992年，于1999年在上交所上市。公司自上市以来，不存在控股股东及实际控制人。公司的合并持股第一大股东为上海国际集团，合并持股24.32%。截至2015年6月30日，上海信托持有浦发银行5.23%股份，后上海信托将此股份剥离至上海上国投。

公司主要从事经中国人民银行和中国银监会批准的商业银行业务，业务板块主要包括公司金融业务、个人金融业务、资金业务和中小微企业业务等。

2012—2014年度公司营业收入分别为829.52亿元、1 000.15亿元和1 231.81亿元，年复合增长率达21.86%。

### （二）标的公司：上海信托

上海信托成立于1981年，现注册资本为人民币25亿元。上海国际集团原来持有上海信托66.33%的股权。2015年3月11日，完成存续分立，新设立上海上国投公司承接上海信托除信托主业以外的业务。

上海信托的信托业务主要品种包括：金融产品配置组合类信托，不动产金

融类信托,证券投资类信托,股权信托及并购信托,国际理财类信托,固定收益类信托,公司及项目金融类信托,另类投资信托,养老保障、福利计划等信托服务,资产证券化信托服务;自营业务主要包括固定收益业务、股权投资业务、证券投资业务等。

2012—2014年上海信托的信托资产规模的同比增速分别达到55.52%、59.86%和100.93%,信托业务收入的同比增速分别为65.78%、31.62%和19.85%,增速均高于行业平均水平。2014年度,在全国68家信托公司排名中,上海信托注册资本位列第17名,信托业务收入位列第18名,信托资产规模位列第11名,净利润位列第7名。

### (三) 关联控股股东:上海国际集团

上海国际集团成立于2000年,现注册资本为人民币105.588 4亿元,由上海国资委全资控股,是浦发银行的合并持股第一大股东,原持有上海信托66.33%股份。

上海国际集团具有投资控股、资本经营和国有资产管理三大功能,主营业务涵盖金融及非金融业务。金融业务包括:银行业务(经营实体为浦发银行和上海农商银行)、信托业务(经营实体为上海国际信托)、证券业务(经营实体为国泰君安证券和上海证券)、基金业务(经营实体主要为上投摩根基金等);非金融业务包括:港口/交通基础设施业务(经营实体为上海同盛投资集团)、房地产业务(经营实体主要为上投房产、上海通达房产等)。

### (四) 关联股东:上海上国投(上海信托分立新设公司)

上海上国投资产管理有限公司是上海信托在此次并购交易中预先分立新设的公司,经营范围包括资产管理、实业投资、企业管理咨询、财务咨询。目前主要以股权投资为主,承接自上海信托剥离出来的浦发银行、国泰君安证券、上海证券有限责任公司、华安基金管理有限公司以及申联国际投资公司等企业股权或股份。

## 二、收购事件一览

● 2014年3月17日，浦发银行与上海国际研究受让上海信托控股权事宜并停牌。

● 2014年7月7日，浦发银行与上海国际签署受让上海信托控股权备忘录。

● 2014年11月25日，浦发银行第五届董事会第二十九次会议通过《公司关于收购上海国际信托有限公司方案的议案》，收购上海信托分立完成后的存续公司股权。在上海信托分立完成后，上海国际、上海久事、上海锦江投资、上海地产（集团）拟向公司分别出让其所持有的存续的上海信托66.332％、20％、1.334％和0.667％的股权，公司届时将通过向其发行境内上市人民币普通股（A股）方式支付标的股权之对价。

● 2015年2月4日，银监会批准上海信托非信托资产分立的事项。

● 2015年6月15日，浦发银行第五届董事会第三十八次会议审议通过《发行股份购买资产暨关联交易报告书（草案）》，同日，公司与交易对方签订附条件生效的《发行股份购买资产协议》。

● 2015年6月25日，上海国资委同意公司非公开发行999 510 332股人民币普通股用以收购上海国际信托有限公司97.33％股权的方案。

● 2015年7月1日，浦发银行2015年第一次临时股东大会审议通过本次交易方案及相关议案。

● 2015年8月18日，银监会同意公司向上海国际等11家企业发行股份，募集资金收购上海信托有限公司97.33％的股权。

● 2015年10月23日，中国证监会上市公司并购重组审核委员会同意公司发行股份购买资产暨关联交易事项。

● 2015年11月23日，证监会通过公司发行股份购买资产暨关联交易事项。

## 三、收购方案

### （一）交易方案

本次浦发银行收购上海信托主要分为两步：

（1）上海信托预先进行存续分立。上海信托的法人主体存续，保留金融许可证及其他业务许可，继续经营信托业务；同时设立一家新公司（上海上国投资产管理有限公司）承接从上海信托分立出的资产和负债。两家公司的股权结构与分立前的上海信托保持完全一致，不涉及转让作价。

存续的上海信托原则上保留信托主业相关业务和资产、负债，以及三家控股子公司的股权，即上投摩根、国利货币和上信资产；上海信托持有的除前述股权外的其他长期股权投资及其相关资产、负债，以及与信托主业基本不存在相关性或者因其他原因不适宜纳入上市公司资产收购范围的资产、负债将全部由新设公司持有。

（2）浦发银行拟向国际集团、上海久事、申能股份、锦国投、石化城建、上海地产、国网英大、东方航空、双钱股份、爱建股份、百联股份共11名交易对方发行999 510 332股股份，购买其合计持有的上海信托97.33%股权。交易完成后，上海信托将成为浦发银行的控股子公司。

本次交易构成关联交易，不构成重大资产重组，不构成借壳上市。

### （二）交易价格

上海信托97.33%股权对应的交易价格为人民币1 635 198.90万元。标的资产的评估方法采用市场法。上海信托股东全部权益评估值为1 631 200.00万元，相比其合并报表归属于母公司所有者权益的账面价值606 430.22万元，评估增值率为168.98%。

发行股份购买资产的定价基准日为第五届董事会第三十八次会议决议公告日，即2015年6月8日，发行价格为定价基准日前60个交易日的股票交易均价，即17.12元/股。

### （三）股权变化

发行股份购买资产前后，浦发银行股权结构变化情况见表6。

表6　交易完成前后浦发银行股权结构情况

| 股东 | 本次发行股份购买资产前 | | 本次发行股份购买资产后 | |
|---|---|---|---|---|
| | 持股数（股） | 持股比例 | 持股数（股） | 持股比例 |
| 国际集团 | 3 157 513 917 | 16.93% | 3 838 684 828 | 19.53% |
| 上海久事 | — | — | 205 378 973 | 1.05% |
| 申能股份 | — | — | 51 344 743 | 0.26% |
| 锦国投 | 25 203 199 | 0.14% | 38 896 472 | 0.20% |
| 石化城建 | — | — | 13 691 261 | 0.07% |
| 国网英大 | — | — | 6 846 637 | 0.03% |
| 东方航空 | — | — | 6 846 637 | 0.03% |
| 上海地产 | — | — | 6 846 637 | 0.03% |
| 双钱股份 | — | — | 5 476 759 | 0.03% |
| 爱建股份 | 2 347 278 | 0.01% | 6 454 528 | 0.03% |
| 百联股份 | 78 838 500 | 0.42% | 82 945 751 | 0.42% |
| 其他股东 | 15 389 568 521 | 82.50% | 15 389 568 521 | 78.31% |
| 合　计 | 18 653 471 415 | 100.00% | 19 652 981 747 | 100.00% |

## 四、案例评论

新经济常态下，随着金融改革的深入、我国资本市场的不断开放，对金融服务的综合化需求日益增强。净利息差收窄，扩大中间业务，优化收入结构已经成为传统银行转型的必然选择。而中间业务来源的拓展很大程度上依赖于投资银行、信托、保险、基金、期货等多元化业务平台的协调，为企业及客户提供一站式的全方位金融服务。

此次浦发银行收购上海信托就是新常态下传统银行转型的一个典型案例。

### (一) 预先分立,避免相互持股

在收购之前,上海信托持有浦发银行超过5.23%的股份,如果浦发银行直接收购上海信托,将造成上海信托与浦发银行的相互持股。如果两家公司相互持股,根据浦发银行2014年的利润分配方案,每十股分红7.57元,总分红130亿元,上海信托可以从其持有的5.23%浦发股份中获得7亿元分红;由于浦发银行控股上海信托,这部分分红又将成为浦发银行的利润,即浦发银行可以通过分红虚增自己的利润,这样不利于理顺公司利润来源。出于此考虑,浦发银行此次收购上海信托的前提是首先让上海信托进行存续分立,剥离其除信托业务以外的业务,但保留上投摩根、国利货币和上信资产三家公司的控股权。

### (二) 信托牌照稀缺,浦发是第四家拥有信托牌照的商业银行

由于当前我国金融行业实行的是分业经营、分业监管的制度,每个行业都要受到极其严格的约束。但是信托投资的经营范围却相对宽泛,是唯一一个可以涉足资本市场、货币市场和产业市场的金融行业,可以说信托公司是中国真正的实体投行,产融结合最紧密,信托牌照的这种灵活性一直深为银行所艳羡。到目前为止,全国仅有68枚信托牌照,银监会一直没有增加新的牌照,而主要都是通过清理债权、债务和引进外部战略股东等方式加快信托公司重组。因此,从市场上来看,信托牌照存在极大的稀缺性。

此次浦发银行完成对上海信托的收购后,将成为继建设银行、交通银行、兴业银行之后第四家拥有信托牌照的商业银行。

### (三) 银信联姻获双赢

收购完成后,浦发银行与上海信托双方均获得不少好处。

首先,上海信托业务领先,财务稳健,此次收购是强强联合。2014年度,在全国68家信托公司排名中,上海信托注册资本位列第17名,信托业务收入位列第18名,信托资产规模位列第11名,净利润位列第7名。根据其2012年的年报,上海信托净资产58.28亿元,净利润9.6亿元,管理的信托资产超过1 200亿元,在行业整体负债率高企的情况下,上海信托2012年的负债仅4.9亿元,负债

率不到10%。

其次，上海信托除了拥有稀缺的信托牌照，还控股多家金融类公司，帮助浦发集齐了全牌照。上海国际信托还持有陆家嘴（600663）、爱建股份（600643）等上市公司股份，以及上投摩根基金管理有限公司51%股权、上信资产管理有限公司100%股权、华安基金管理有限公司20%股权、上海证券33.33%股权。浦发银行控股上海信托后，不仅获得了信托牌照，还能获得上市公司股权，间接持有资产管理公司、证券公司、基金公司的牌照。

第三，浦发银行可以借助上海信托拓宽业务渠道。控股信托业务，浦发银行可以全面整合资产证券化、本外币理财、企业年金以及不良资产处置信托等创新业务。对于浦发的客户来说，存款客户可以投资信托产品，贷款客户若无法在银行融资，则可以从信托公司实现融资。因此，浦发银行依靠上海信托大大拓展了自己的业务空间，实现其综合化经营、一站式金融服务的目标，同时增强了抵御系统性金融风险的能力，提高了竞争力。

最后，对于上海信托来说，收购完成后，将获得两方面优势：一是通道业务收益，二是客户资源、销售渠道获得协同效应。银行一般有许多非标业务，有大量的表外融资需求，需要信托公司提供通道服务。另外，银行客户资源强大，上海信托的投资人与融资人也将因此增多。

### （四）政府主导，上海金控集团三足鼎立

在收购之前，上海国际集团持有浦发银行约24%股份，持有上海信托66.33%股份，浦发银行与上海信托均受上海国际集团控股，而上海国资委全权控股上海国际集团。此次收购是同一控股权下的企业合并，也可以说是上海国资委将上海信托"左手"换"右手"。联系之前2014年国泰君安收购上海证券，此次收购举动是上海金融国资的再一次整合，也是国资委打造全牌照金融控股集团经营模式的进一步体现。

浦发银行除了控股此次收购的上海信托，还分别控股了浦银安盛基金管理有限公司、浦银金融租赁有限公司以及由其发起设立的21家浦发村镇银行，拥有华一银行30%股权、浦发硅谷银行50%股权，并在香港收购了南亚投资管理有限公司100%股权。此次收购成功后，浦发银行将与国泰君安、中国太保成为上海三大金融控股集团。

## 五、市场表现(600000)

浦发银行股权变化前后的股价变动情况见图8。

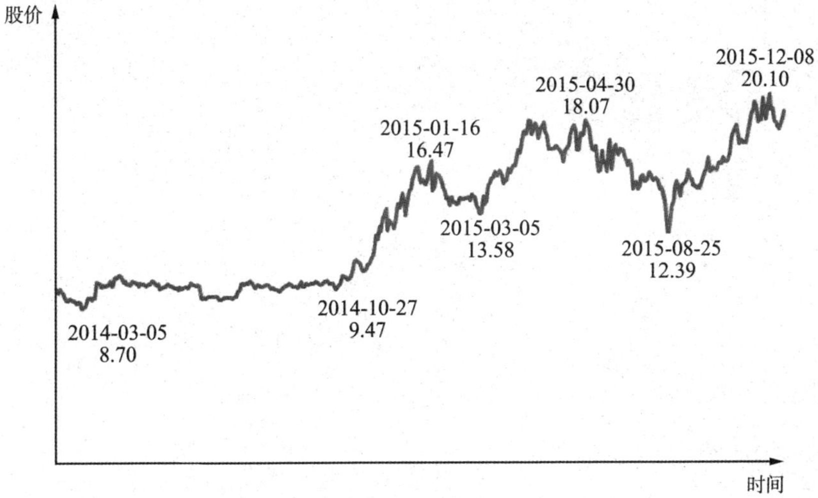


图8　浦发银行股权变动前后股价走势

# 600126

# 杭钢股份：政府主导，钢企战略转型

## 一、收购相关方简介

### （一）收购方：杭钢股份

杭州钢铁股份有限公司，控股股东为杭钢集团，实际控制人为浙江省国资委。本次交易前，杭钢股份的主营业务为热轧圆钢、热轧带钢、热轧盘条、热轧型钢、热轧带肋钢筋等系列产品的生产和销售。

### （二）控股股东：杭钢集团

杭州钢铁集团公司，由浙江省国资委全资控股，是一家以钢铁、贸易流通、房地产为核心业务，环境保护、再生资源产业为培育业务，酒店餐饮、科研设计、矿山开采冶炼、高等职业教育等多元产业协调发展的大型企业集团。截至2015年6月30日，杭钢集团旗下有33家一级子公司，包括宁波钢铁、紫光环保。

### （三）标的资产：宁波钢铁、紫光环保、再生资源、再生科技

#### 1. 宁波钢铁有限公司

控股股东为杭钢集团，实际控制人为浙江省国资委，下属公司为宁波宁钢国际贸易有限公司，主营业务为热轧卷板及副产品的生产和销售等。

**2. 浙江富春紫光环保股份有限公司**

控股股东为富春公司，实际控制人为浙江省国资委。公司及其子公司专注于国内城镇水务事业的发展建设，主要通过与各地政府主管部门签署污水处理项目特许经营协议，取得污水处理特许经营权，以BOT、TOT、PPP、委托运营等模式积极开发国内水务市场，主营业务为污水处理。截至2015年6月30日，紫光环保共控股16家项目公司，另有1家参股公司泰州紫光。

**3. 浙江新世纪再生资源开发有限公司**

控股股东为杭钢商贸，实际控制人为杭钢集团，下属德清再生资源，主要业务包括报废汽车的回收、废旧金属的回收与销售。

**4. 浙江德清杭钢富春再生科技有限公司**

合营公司，合营方为杭钢商贸和富春公司，实际控制人为杭钢集团。再生科技作为杭钢集团间接控制100%股权的下属公司，设立的目的是拟作为5万辆报废汽车回收拆解项目的实施主体。本次重组完成后，再生资源和再生科技将进行整合，共同发展金属再生相关业务。

## 二、收购事件一览

- 2014年12月17日，杭钢股份控股股东杭州钢铁集团公司明确2014年底前完成对宁钢控股，2016年年底前关停半山基地全部产能，对杭钢股份完成升级转型。同日，杭钢股份因重大事项停牌。
- 2015年3月27日，杭钢股份第六届董事会第九次会议通过《杭州钢铁股份有限公司重大资产置换及发行股份购买资产并募集配套资金暨关联交易方案》。
- 2015年7月15日，浙江省国资委同意重大资产置换事项。
- 2015年10月22日，杭钢股份决定停产半山基地的钢铁生产线。
- 2015年10月27日，中国证监会并购重组委员会通过公司重大资产置换及发行股份购买资产并募集配套资金暨关联交易事项。
- 2015年11月24日，中国证监会通过公司重大资产置换及发行股份购买资产并募集配套资金暨关联交易事项。

## 三、收购方案

### （一）交易方案

重组方案包括三部分：

**1. 资产置换**

以2014年12月31日为评估基准日，杭钢股份将置出资产与杭钢集团持有的宁波钢铁60.29%股权和紫光环保22.32%股权中的等值部分进行置换。

杭钢股份的置出资产为杭钢股份持有的：(1)股权类资产，包括高速线材66%股权、杭钢动力95.56%股权、杭钢小轧60%股权；(2)非股权类资产，除非受限货币资金、部分应收票据、网络交换设备相关固定资产以外的全部资产；(3)除应交税费外的全部负债。

合计置入的资产有：(1)宁波钢铁100%股权；(2)紫光环保87.54%股权；(3)再生资源97%股权；(4)再生科技100%股权。

**2. 发行股份购买资产**

杭钢股份与杭钢集团进行资产置换后，拟置出部分作价不足的差额部分，由杭钢股份向杭钢集团发行股份补足；同时，杭钢股份向杭钢商贸、冶金物资、富春公司、宝钢集团、宁开投资、宁经控股发行股份购买其各自持有的宁波钢铁、紫光环保、再生资源和再生科技的相应股权。

杭钢股份向杭钢集团及相关交易对方发行1 290 149 011股股份。

**3. 募集配套资金**

募集配套资金总金额为280 000.00万元，不超过拟购买资产交易价格的100%，按照发行股票价格5.28元/股测算，公司向包括杭钢集团在内的8位投资者募集配套资金发行股份数量为530 303 024股。

上述重大资产置换、发行股份购买资产互为条件、同时进行。重组完成后，公司控股股东仍为杭钢集团，实际控制人仍为浙江省国资委。本次交易构成重大资产重组及关联交易。

### （二）交易价格

本次重组置出资产作价合计242 968.30万元，置入资产的作价合计

924 166.98万元。

截至2014年12月31日，置入资产的账面净资产为613 778.87万元，评估值为924 166.98万元，评估增值率为50.57%。置出资产的账面净资产为－8 208.29万元，评估值为242 968.30万元。置出资产的评估中，由土地租赁权形成的无形资产评估增值合计116 704.47万元。其中，杭钢股份母公司的无形资产评估增值73 056.52万元，下属公司的无形资产评估增值43 647.95万元。

根据本次重组的交易方式及标的资产的评估值，本次杭钢股份将向杭钢集团及相关交易对方发行股份总量为1 290 149 011股，其中：向杭钢集团发行497 707 527股，向宝钢集团发行524 274 236股，向杭钢商贸发行67 078 348股，向冶金物资发行3 968 621股，向富春公司发行109 073 048股，向宁开投资发行62 604 511股，向宁经控股发行25 442 720股。发行定价基准日为第六届董事会第九次会议决议公告日，发行价格为5.28元/股，为定价基准日前20个交易日杭钢股份股票交易均价的90%。

## （三）股权变化

本次交易前后股权变化情况见表7。

**表7　杭钢股份交易前后股权结构情况**

| 公司 | 本次交易前 | | 募集配套资金前 | | 募集配套资金后 | |
|---|---|---|---|---|---|---|
| | 持股数量（股） | 持股比例 | 持股数量（股） | 持股比例 | 持股数量（股） | 持股比例 |
| 杭钢集团 | 549 532 150 | 65.50% | 1 047 239 677 | 49.19% | 1 160 876 040 | 43.65% |
| 杭钢商贸 | — | — | 67 078 348 | 3.15% | 67 078 348 | 2.52% |
| 冶金物资 | — | — | 3 968 621 | 0.19% | 3 968 621 | 0.15% |
| 富春公司 | — | — | 109 073 048 | 5.12% | 109 073 048 | 4.10% |
| 宝钢集团 | — | — | 524 274 236 | 24.62% | 524 274 236 | 19.71% |
| 宁开投资 | — | — | 62 604 511 | 2.94% | 62 604 511 | 2.35% |
| 宁经控股 | — | — | 25 442 720 | 1.20% | 25 442 720 | 0.96% |
| 天堂硅谷久融投资 | — | — | — | — | 123 106 060 | 4.63% |

续表

| 公司 | 本次交易前 | | 募集配套资金前 | | 募集配套资金后 | |
|---|---|---|---|---|---|---|
| | 持股数量（股） | 持股比例 | 持股数量（股） | 持股比例 | 持股数量（股） | 持股比例 |
| 同和君浩 | — | — | — | — | 75 757 575 | 2.85% |
| 富爱投资 | — | — | — | — | 66 287 878 | 2.49% |
| 金砖投资 | — | — | — | — | 56 818 181 | 2.14% |
| 华安基金 | — | — | — | — | 56 818 181 | 2.14% |
| 艮盛投资 | — | — | — | — | 28 409 090 | 1.07% |
| 钢钢网 | — | — | — | — | 9 469 696 | 0.36% |
| 其他股东 | 289 406 600 | 34.50% | 289 406 600 | 13.59% | 289 406 600 | 10.88% |
| 合　计 | 838 938 750 | 100.00% | 2 129 087 761 | 100.00% | 2 659 390 785 | 100.00% |

## 四、案例评论

2014年，钢价“跌跌”不休，一路跌至白菜价。钢铁产量高居不下，供需严重失衡，国内钢企纷纷陷入困境。在钢铁行业的这个寒冬里，钢铁类上市公司要么通过资产重组升级转型，改善营收，要么被迫卖壳，作他人嫁衣。

杭钢股份由于下游行业需求不足，钢铁产能过大，钢材市场供大于求的矛盾突出，公司年度业绩亏损。尽管2013—2014年，公司积极应对市场的各种困难与挑战，年度净利润仍然只能达到微利水平。2014年年底，浙江省国资委决定对杭钢股份进行重大资产重组，置出半山基地的主要钢铁资产，并从控股股东杭钢集团置入宁波钢铁、紫光环保，向其他交易方发行股份购买各自持有的宁波钢铁、紫光环保、再生资源和再生科技的相应股权，同时募集配套资金28亿元用于金属贸易电商平台、IDC建设项目、紫光环保污水处理项目、宁波钢铁节能环保项目等。

### （一）关停半山基地，收购宁波钢铁，保留钢铁业务

虽然杭钢股份有意升级转换自身的业务，但此次收购重组并没有完全放弃

原先的业务。杭钢股份此次置出的半山基地在关停前，年产量400万吨，浙江省内钢铁产能约1 000万吨，年需求量约4 000万吨，杭钢半山基地关停后浙江省内产能将进一步下降，宁波钢铁面临浙江省内需求较好的地域优势。另一方面，宁波钢铁地处天然优质良港附近，有着优越的地理位置，物流便利，铁矿石物流成本低于同行业，其盈利能力在同行业中处于领先地位，2013年和2014年宁波钢铁的加权平均净资产收益率高于同行业上市公司。

尽管钢铁行业存在产能过剩、需求减弱的情况，但由于铁矿石供求关系长期拐点的出现，铁矿石价格下降幅度大于钢铁价格的下降幅度，我国钢铁行业的盈利状况不久将会明显回升——根据中国钢铁工业协会的统计，2014年我国大中型钢铁企业利润增四成。

### （二）寒冬季节，杭钢股份战略转型升级

此次重组，置入资产除去宁波钢铁100%股权，还置入了紫光环保87.54%股权、再生资源97%股权、再生科技100%股权，并且发行股份募集配套资金以建设金属贸易电商平台、IDC建设项目、紫光环保污水处理项目、宁波钢铁节能环保项目等。

经过此次重组，杭钢股份意图实现战略转型和产业升级，由传统的钢铁企业转型为以钢铁为基础，环保和金属贸易电商平台及IDC为重点，再生资源为补充的产业和资本平台。

我国的环保和污水处理行业正处于重要的发展和上升阶段，环境保护治理行业的前景看好。此次置入的紫光环保在污水处理、供水、污泥处理等领域积累了大量的先进技术与项目管理经验，其旗下现有污水处理规模为79.1万吨/天，在建污水处理能力20万吨/天，自来水供水规模2.5万吨/天，业务遍及浙江、江苏、湖北、安徽、河南等多个省市。

金属贸易电商平台的建设是为顺应钢铁及有色金属行业销售渠道的升级转型，从传统的贸易商向依托互联网技术的电商平台转变。以上市公司现有的线下现货市场为依托，以本次注入的宁波钢铁400万吨产能为基础，整合上市公司现有控股的浙江兰贝斯信息技术有限公司和宁波钢铁内部信息化建设方面的计算机应用服务能力，通过本次募集配套资金投资建设自有的金属贸易电商平台，能够显著提高上市公司对行业形势变化的适应能力，提高自身销售能

力，增强风险抵御能力。上市公司将在建设金属贸易电商平台的同时配套建设IDC项目，在保障金属贸易电商平台运行的同时进一步丰富上市公司未来的盈利来源，完善产业布局，实现持续稳定发展。

此外，再生资源所处的循环经济和资源节约行业面临较好的产业和政策环境。近年来，中国的汽车产业在经历高速发展期和国民汽车保有量的高速增长之后，未来废旧汽车的拆解和回收业务的前景良好。

通过本次重组，杭钢股份将实现以钢铁为基础，环保、金属贸易电商平台、IDC及再生资源四轮共同驱动发展的新产业格局。

## 五、市场表现（600126）

杭钢股份交易完成前后的股价变化情况见图9。

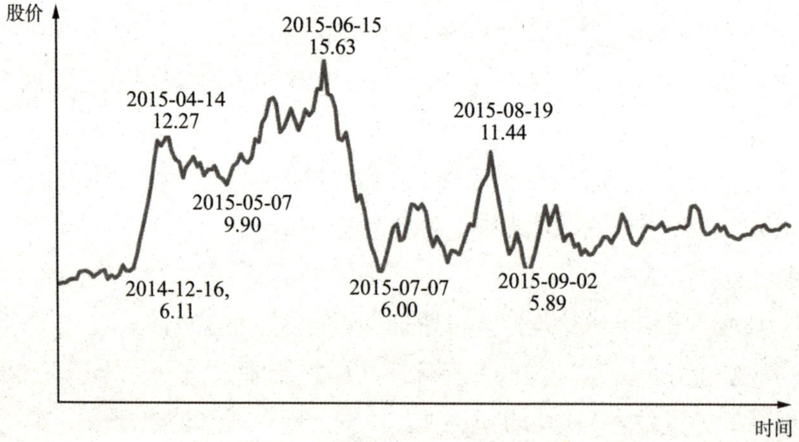


图9 杭钢股份交易前后股价走势

# 600299

# 安迪苏(原蓝星新材):“妈咪”支持,儿子“摘帽”

## 一、收购相关方

### (一)收购方:蓝星新材

蓝星化工新材料股份有限公司是本次交易的收购主体,原名星辰化工新材料股份有限公司,1999年5月31日成立,2000年4月首次公开发行股票并于上海证券交易所挂牌上市。蓝星新材注册资本为522 707 560元,主要生产有机硅单体及相关产品、化学合成材料和化工产品,是我国有机硅、工程塑料、彩色显影剂最大的生产商。2014年9月29日,蓝星新材与蓝星集团、中蓝石化签署了《重大资产转让协议》,将上市公司所持有的中国蓝星哈尔滨石化有限公司100%股权、蓝星(北京)化工机械有限公司100%股权出售给蓝星集团,将蓝星化工新材料股份有限公司工程承包和设计相关业务的资产和负债(连海院和长沙院)出售给中蓝石化。出售的相关资产已于2014年12月26日完成交割。

### (二)收购标的:安迪苏

蓝星安迪苏营养集团有限公司是此次交易的收购标的。2005年11月21日,中国蓝星(集团)总公司在香港注册成立了蓝星国际投资控股有限公司,注册资本为100万欧元,投资总额为4亿欧元,专门从事投资控股业务,负责收购

Drakkar Holdings S.A. 100%股权。收购完成后，蓝星国际拥有法国安迪苏集团全部的资产。2010年，蓝星国际更名为蓝星安迪苏营养集团有限公司。蓝星安迪苏营养集团有限公司主要从事动物营养添加剂的研发、生产和销售，主要产品包括蛋氨酸、维他命、酶制剂等，运营总部位于法国，生产基地分布于法国、西班牙以及中国。蛋氨酸的制造方法存在技术壁垒，是将许多潜在参与者拒之门外的门槛，在过去十年中，蛋氨酸的生产一直被为数不多的生产商控制。安迪苏是该行业全球领先的企业，继续保持垄断地位，具有较强的盈利能力和广阔的发展空间。

### （三）关联控股股东：蓝星集团

中国蓝星（集团）股份有限公司分别持有蓝星新材53.96%的股权和安迪苏100%的股权，是上市公司的控股股东，也是此次并购交易的交易对手方。此次交易所涉及的各关联方之间的关系见图10。

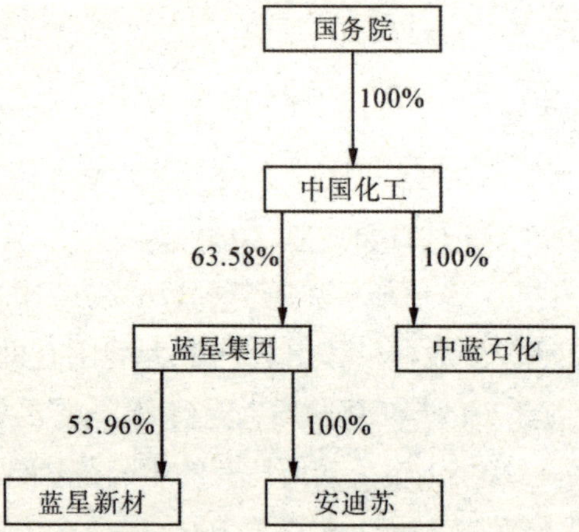


图10　交易各关联方关系图

## 二、收购事件一览

● 2014年4月28日，蓝星新材接到控股股东蓝星集团通知将策划重大事项，蓝星新材于2014年4月29日起开始停牌。

● 2014年9月29日，蓝星新材董事会审议通过了《蓝星化工新材料股份有限公司重大资产置换及发行股份并支付现金购买资产并募集配套资金暨关联交易预案》等相关议案。

● 2015年4月8日，国务院国资委出具了《关于蓝星化工新材料股份有限公司重大资产重组及配套融资有关问题的批复》（国资产权〔2015〕175号），原则同意蓝星新材重大资产重组及配套融资的总体方案。

● 2015年4月15日，蓝星新材2015年第一次临时股东大会审议通过了此次重大资产重组相关的议案。

● 2015年6月3日，商务部颁发了《企业境外投资证书》，蓝星新材收购安迪苏取得商务部对境外投资事项变更的备案。

● 2015年6月25日，国家发改委出具了《项目备案通知书》（发改办外资备〔2015〕209号），同意对蓝星新材收购蓝星安迪苏营养集团有限公司项目予以备案。

● 2015年7月24日，蓝星新材收购蓝星安迪苏营养集团有限公司获得中国证监会《关于核准蓝星化工新材料股份有限公司向中国蓝星（集团）股份有限公司发行股份购买资产并募集配套资金的批复》（证监许可〔2015〕1770号）的核准。同意蓝星新材向蓝星集团以2 107 341 862股股份购买相关资产，并通过非公开发行不超过83 932 853股新股募集该次发行股份购买资产的配套资金。

● 2015年10月8日，安迪苏集团85%普通股股权已变更登记至蓝星新材名下，相关变更登记手续已于当日办理完毕。

● 2015年10月22日，蓝星新材2015年第二次临时股东大会召开，选举Gerard Deman、王大壮、Jean Marc Dublanc、杨芳为上市公司董事，选举Jean Falgoux、宋立新、周国民为上市公司独立董事，选举裴桂华、陈一夫为上市公司监事。

● 2015年12月18日，公司名称由“蓝星化工新材料股份有限公司”变更为“蓝星安迪苏股份有限公司”。公司证券简称自2015年12月29日起由“蓝星新材”变更为“安迪苏”，公司证券代码“600299”不变，公司行业类别不变。

## 三、收购方案

此次交易方案包括重大资产置换、发行股票并支付现金购买资产和发行股份募集配套资金三部分组成。具体来看，蓝星新材拟通过资产置换、发行股票和支付现金的方式收购蓝星集团所持有的安迪苏85%的股权。置入的资产为安迪苏85%的股权，作价1 064 880万元；置出的资产为上市公司扣除所持有哈石化100%股权、北化机100%股权、工程承包和设计相关业务的资产及负债以及167 100.04万元其他应付款之外的全部资产及负债，作价170 084.52万元；资产置换的差价以现金和发行股份的方式支付，其中，以现金支付3.5亿元，以发行股份方式支付剩余部分。按照每股4.08元的价格计算，蓝星新材拟向蓝星集团发行股份总数为2 107 341 862股。同时，上市公司拟向不超过10名特定投资者非公开发行股票募集不超过7亿元的配套资金，其中不超过3.5亿元用于向蓝星集团支出股份转让对价，不超过3.5亿元用于补充上市公司流动资金。按照每股13.5元的价格，蓝星新材向特定投资者发行股份总数为51 851 851股。交易前后上市公司的股东变动情况见表8。

**表8　交易前后蓝星新材股东变动情况**

| 股东名称 | 本次交易前 | | 本次交易后 | |
|---|---|---|---|---|
| | 持股数量（股） | 持股比例 | 持股数量（股） | 持股占比 |
| 蓝星集团 | 282 045 298 | 53.958 5% | 2 389 387 160 | 89.093 0% |
| 北京橡胶工业研究设计院 | 3 737 262 | 0.715 0% | 3 737 262 | 0.139 4% |
| 上市公司董事、监事、高级管理人员及其关联人 | 13 000 | 0.002 5% | 13 000 | 0.000 5% |
| 其他公众股东 | 236 912 000 | 45.324 0% | 236 912 000 | 8.833 7% |
| 配套融资对象 | — | — | 51 851 851 | 1.933 4% |
| 合　计 | 522 707 560 | 100.00% | 2 681 901 273 | 100.00% |

## 四、案例评论

### （一）并购的动机

蓝星化工新材料股份有限公司通过资产置换、发行股票并支付现金的方式收购蓝星安迪苏营养集团有限公司，具有如下的意义：

**1. 维护公司上市地位**

蓝星新材主要经营化学原料和化学制品的制造，近几年来，化工新材料市场需求持续疲软，相关产品价格持续下跌，公司盈利能力大幅萎缩。蓝星新材经营在2012年、2013年连续两个会计年度的净利润为负值，资产负债率大幅上升，已被上海证券交易所实施退市风险警示处理。由于短期内难以摆脱主营业务亏损的局面，通过剥离不良资产，置换入盈利能力较强的优质资产，有利于提升公司核心竞争力，实现主营业务的整体转型和盈利，以保持公司上市地位。

**2. 实现集团内优质资产上市**

为了享受资本市场平台，拓宽融资渠道，提升品牌的市场影响力，推动企业可持续发展，安迪苏曾于2010年在香港启动IPO，后因当时股市疲弱，发行价格相对较高，市场反响冷淡等因素，安迪苏香港IPO计划被搁置。通过将安迪苏注入蓝星新材，蓝星集团使安迪苏"借壳"成功，实现了集团内优质资产上市，既省去了IPO繁琐的程序，节约了时间，突破了上市额度的限制，实现了境外注册公司在A股上市，又把将死的"壳"盘活，实现了集团不良资产的"去库存"。

## （二）资产置换的技巧

**1. 出售资产—资产置换两步走为"借壳"争取了时间**

蓝光新材已于2012年、2013年两年连续亏损，并于2014年4月17日被上交所实施退市风险警示。蓝星新材于2014年上半年继续亏损，如果当年无法扭转连续亏损的局面，蓝星新材将面临暂停上市的风险。通过将哈石化、北化机的股权、蓝星新材工程承包和设计相关业务的资产与负债先行出售，蓝星新材实现了约111 633.08万元的利润，成功在2014年扭亏为盈，实现净利润24 887万元，并于2015年4月10日成功撤销了退市风险警示，为后续成功完成安迪苏的收购争取到了宝贵的时间。

**2. 仅收购安迪苏85%股权，防止上市公司不符合股票上市条件**

此次资产重组原方案打算收购安迪苏100%股权，但由于交易前蓝星新材控股股东蓝星集团已持蓝星新材53.958 5%的股权，若置换入安迪苏100%股权将导致交易完成之后蓝星集团所持蓝星新材股权比例超过90%，公众股比例低于10%，从而导致上市公司不符合股票上市条件。因此蓝星新材将收购比例调整至85%，既不影响交易标的资产及业务的完整性，对安迪苏生产经营不构成实质性影响，又在对安迪苏的控制权最大化的同时，使交易完成之后蓝星集团所持蓝星新材股权比例降至“红线”下，防止上市公司不符合股票上市条件。如果后续上市公司经营状况好转，财务状况得到改善，上市公司可以择机进一步收购安迪苏剩余股权，实现100%控制权，上市公司将拥有更灵活的选择。

## （三）蓝星新材—安迪苏案例的意义

蓝星新材成功收购了安迪苏具有十分重要的意义：

（1）运用资本运营手段，实现集团内优质资产的上市与不良资产的剥离，蓝星新材成功“摘帽”。

蓝星新材充分利用集团内优质资源的整合与资本运作手段，提高了资源配置效率，使公司主营业务转型、公司质量提高、盈利能力加强，成功摆脱“ST”。

（2）借集团内的“壳”，安迪苏摆脱境外注册身份束缚成功登陆A股。

虽然现行的证券法没有明确规定境外注册的公司不能在A股融资，但由于证券法规定设立股份有限公司、公开发行股票应当符合公司法规定的条件，而公司法则将调整对象明确设定为“依照本法在中国境内设立的有限责任公司和股份有限公司”，因此目前A股并无境外注册的上市公司。安迪苏通过借“壳”，摆脱了境外注册的身份的束缚，成功回归国内资本市场，具有一定的创新性和启示性。

（3）积极落实国务院国资委指导思想，支持国有优质企业实现整体上市，使更多国有企业享受资本市场的红利，为将来国有企业改革提供了新出路。

国务院国资委在《关于推进国有资本调整和国有企业重组指导意见的通知》中指出：“大力推进改制上市，提高上市公司质量。积极支持资产或主营业务资产优良的企业实现整体上市，鼓励已经上市的国有控股公司通过增资扩股、收购资产等方式，把主营业务资产全部注入上市公司。”国有企业改革是未来几年国有企业发展的主旋律。“蓝星新材—安迪苏”这一模式为盘活面临退市风险的国有上市公司，实现国有上市公司不良资产“去库存”、优化国有企业资源的配置指出了新的道路。

## 五、市场表现(600299)

蓝星新材交易前后的股价变化情况可见图11。

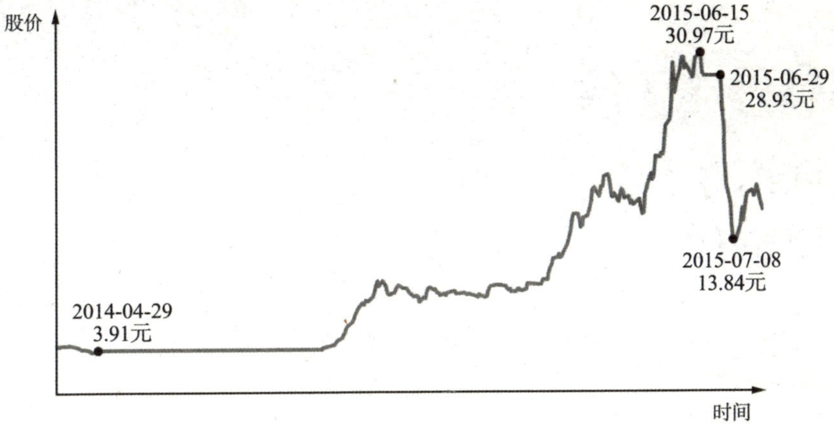


图11 蓝星新材交易前后股价走势

# 600418
# 江淮汽车：集团整体上市

## 一、收购相关方简介

### （一）收购方:江淮汽车

安徽江淮汽车股份有限公司为本次交易的收购方,其于1999年9月30日设立,并于2001年7月首次公开发行股票在上海证券交易所上市交易,是国有控股的企业,注册资本为128 490.582 6万元,主要经营商用车、乘用车以及汽车底盘的生产和销售。江淮汽车坚持围绕“以效益为中心,以战略为导向,以发展为主线,以变革为动力”的工作纲要,积极发展新能源汽车,采取了一系列富有成效的重大举措,市场占有率稳步提升,成为了我国国产汽车品牌中的领先者。

### （二）标的公司:江汽集团

安徽江淮汽车集团有限公司为本次交易的收购标的,也是上市公司的控股股东,于1997年8月26日成立,注册资本为193 001.079 2万元,主要经营货车、客车、农用车及其配件的制造和生产。江汽集团持有江淮汽车35.43%股份,为江淮汽车的控股股东。2013年9月11日,据安徽省国资委下发的通知(皖国资改革〔2013〕106号),由江汽集团负责具体筹建,安徽省国资委出资成立了国有独资公司安徽江淮汽车集团控股有限公司,注册资本为3 000万元。江汽控股成立后，江汽集团将其受托管理的江汽集团医院等非经营性资产全部无偿划转至江汽控股。2014年5月7日，安徽省国资委出具了《省国资委关于无偿划转安徽江淮汽车集团有限公司70.37%股权有关事宜的批复》(皖国资产权函〔2014〕278号)，将其持有的江汽集团70.37%股权无偿划转至江汽控股。股权划转完成后，江汽集团的控股股东变更为江淮控股，建投投资、实勤投资分别持有江汽集团25%和4.63%的股权(见图12)。

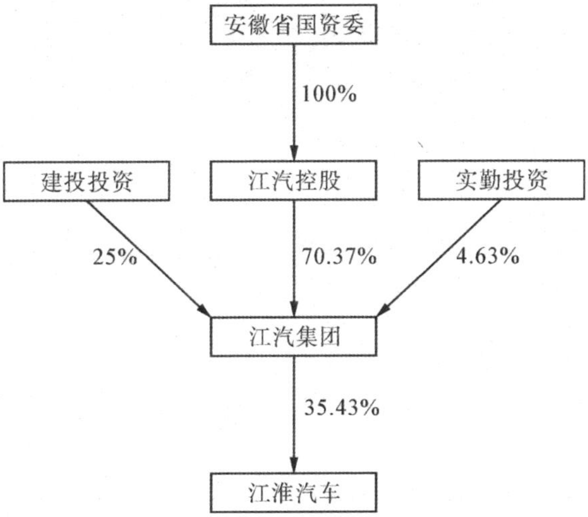


图12　江淮汽车股权结构

## 二、收购事件一览

● 2014年4月15日，江淮汽车因策划重大资产重组事项开始停牌。

● 2014年7月10日，江淮汽车召开第五届董事会第21次会议，审议通过了《安徽江淮汽车股份有限公司吸收合并安徽江淮汽车集团有限公司并募集配套资金暨关联交易预案》以及相关议案。

● 2014年8月28日，安徽省国资委出具了《关于安徽江淮汽车集团有限公司整体上市方案的批复》(皖国资改革函〔2014〕644号)，原则同意江汽集团提出的《关于安徽江淮汽车股份有限公司以新增股份换股吸收合并安徽江淮汽车集团有限公司并募集配套资金的方案》。

● 2014年9月5日，江淮汽车召开2014年第三次临时股东大会，审议通过了吸收合并江汽集团的方案及相关议案。

● 2014年12月10日，江淮汽车召开五届26次董事会会议，审议通过了《关于调整公司以新增股份换股吸收合并安徽江淮汽车集团有限公司并募集配套资金暨关联交易方案的议案》，对江淮汽车吸收合并江汽集团并募集配套资金暨关联交易方案进行了调整，取消了募集配套资金安排。

● 2014年12月24日，中国证监会上市公司并购重组审核委员会召开2014年第75次并购重组委工作会议，对公司吸收合并安徽江淮汽车集团有限公司暨关联交易方案进行审核，本次交易获得无条件通过。江淮汽车于2015年1月16日收到中国证券监督管理委员会《关于核准安徽江淮汽车股份有限公司吸收合并安徽江淮汽车集团有限公司的批复》。

● 2015年4月9日，商务部出具了审查决定通知《商反垄审查函〔2015〕第21号》，上市公司吸收合并安徽江淮汽车集团有限公司涉及经营者集中反垄断审查事项获得商务部审查通过。

● 2015年4月20日，江汽集团的全部资产、负债、业务及与业务、资产直接相关的员工已全部并入江淮汽车，其持有的股权投资、房产、土地等资产已过户至江淮汽车名下。

● 2015年4月27日，江汽集团持有的上市公司455 288 852股股份注销，公司向安徽江淮汽车集团控股有限公司、建投投资有限责任公司、合肥实勤股权投资合伙企业（普通合伙）发行的633 616 047股股份在中国证券登记结算有限责任公司上海分公司登记。

● 2015年7月16日，江淮汽车2015年第一次临时股东大会召开，选举安进、戴茂方、项兴初、严刚、佘才荣、赵文武、黄劲杉为上市公司董事，选举储育明、黄攸立、李晓玲、梁昌勇为上市公司独立董事，选举周刚、瞿咏梅、濮国立为上市公司监事。

## 三、收购方案

江淮汽车通过向江汽集团全体股东发行股票的方式吸收合并江汽集团，江淮汽车为吸收合并完成后的存续方，江汽集团将注销。此次交易的价格为6 412 194 396.92元，按照调整后的发行价格10.12元/股计算，发行股份数量为

633 616 047股，其中向江汽控股、建投投资、实勤投资分别发行445 874 888、158 404 012、29 337 147股，鉴于交易后江汽集团现持有的江淮汽车35.43%比例的股份(455 288 852股)将注销，该次交易实际新增股份为178 327 195股。江淮汽车原计划向不超过10名特定投资者以非公开发行股份的方式进行配套融资，以补充上市公司流动资金。后考虑到此次重组完成后，江淮汽车的资产状况、公司实力和行业影响力将有很大的提升，获得商业银行信贷支持的能力加强，江淮汽车有能力以新增银行贷款方式解决上市公司对资金的需求，因此经董事会审议通过，对交易方案进行了调整，取消了募集配套资金的安排。此次交易前后江淮汽车股权变动情况见表9。

**表9　江淮汽车交易前后股权变动情况**

| 股东名称 | 吸收合并前 | | 吸收合并后 | |
|---|---|---|---|---|
| | 持股数量(股) | 持股比例 | 持股数量(股) | 持股比例 |
| 江汽集团 | 455 288 852 | 35.43% | — | — |
| 江汽控股 | — | — | 445 874 888 | 30.47% |
| 建投投资 | — | — | 1584 04 012 | 10.83% |
| 实勤投资 | — | — | 29 337 147 | 2.00% |
| 其他公众投资者 | 829 616 974 | 64.57% | 829 616 974 | 56.70% |
| 合　计 | 1 284 905 826 | 100.00% | 1 463 233 021 | 100.00% |

## 四、案例评论

### (一) 整体上市的动机

**1. 通过集团整体上市整合集团资源，发挥协同效益，有利于增强上市公司核心竞争力**

江汽集团是一家集研发、制造、销售和服务于一体的全产业链综合型汽车集团。江淮汽车通过吸收合并江汽集团，实现了集团内汽车生产制造及相关业务的全面上市，不仅提高了上市公司的资产规模和业务规模，使得上市公司凝聚了集团内的核心资源，充分享受规模经济；还能够完善上市公司汽车制造业产业链条，充分发挥材料采购、生产制造、技术研发、市场销售、营销管理、融资渠道等方面的协同效应和优势互补，使上市公司获得范围经济，有利于上市公司丰富和优化产品体系，降低生产经营成本，增强抗风险能力，提升核心竞争力，提高盈利水平，使上市公司保持可持续发展。

**2. 整体上市有利于减少关联交易，优化上市公司治理结构**

随着企业的快速发展、整体实力的不断增强和业务范围的不断拓展，江汽集团旗下子公司的数量不断攀升，集团内各子公司之间的关联交易也逐渐增多，集团经营管理层级逐渐加长，信息的传递和决策的制定效率降低。根据华普天健出具的会审字〔2014〕3136号备考审计报告，在假设江淮汽车拟吸收合并的江汽集团资产、负债和组织架构及相关业务于备考合并财务报表最初列报日（2013年1月1日，若子公司的实际购入或设立在该日之后，按其实际购入日或设立日列入备考财务报表）已存在于江淮汽车并被其一直拥有，且在报告期内未发生重大变化的假设条件下，2014年1月至9月，上市公司和其控股股东出售商品、提供劳务的关联交易将减少90.26%；采购商品、接受劳务的关联交易将减少93.28%，因此，本次吸收合并完成后，集团的层级得到了简化，上市公司结构优化，信息在集团内的传递速度加快，关联交易将大幅度减少，能有效节约交易成本。另一方面，汽车制造及相关业务的整体上市既避免了同业竞争，也使得上市公司与集团的利益更为一致，避免集团控股股东损害上市公司利益的事情发生。

## （二）吸收合并的条件

集团业务整体上市的途径有多种，并购后公司的整合方式也不一，江汽集团选择与江淮汽车吸收合并来实现集团整体上市，主要是考虑到如下的一些因素：

**1. 集团上市平台较少**

从某一上市公司的层面来说，在集团所控制的上市公司数目较少的情况下，集团利益和该上市公司利益的一致性比较高，因此将集团资产注入该上市公司以实现整体上市的概率较大。江汽集团所控制的上市公司只有两家：江淮汽车和安凯客车（股票代码：000868）。而安凯客车在资产规模、业务范围和市场影响力方面远不及江淮汽车，因此通过江淮汽车这一上市平台实现整体上市是明智的选择。

**2. 集团主业与上市公司主业一致性强或相关性非常强**

当集团的主业与上市公司主业具有较强的一致性或相关性时，吸收合并整体上市后才能产生显著的规模效应或协同效应，从而有力地提升上市公司的核心竞争力，提高其盈利能力。江淮汽车和江汽集团的主业均为汽车制造业，且江汽集团资产相较江淮汽车资产较大，注入空间较强，因此江淮汽车通过吸收合并江汽集团实现整体上市后的发展空间会更大。

### （三）整体上市的技巧

（1）安徽省国资委出资设立了江汽控股，推动江汽集团整体上市顺利进行。江汽集团整体上市在实践上分两步走：第一步在集团层面剥离非经营性资产和一些不良资产；第二步通过吸收合并实现集团经营性资产的整体上市。一方面江汽集团通过将提出受托管理的江汽集团医院、安徽汽车工业技师学院、职工住宅等非经营性资产全部划转给江汽控股，实现集团层面的非经营性资产剥离，使得最终注入上市公司的资产都是与上市公司主营业务息息相关的经营性资产；另一方面安徽省国资委将其持有的江汽集团70.37%的股权无偿划拨给江汽控股，避免了上市公司吸收合并江汽集团后，安徽省国资委直接持有上市公司的股权，理顺了吸收合并后上市公司股东的关系。

（2）设立实勤投资替换旺众投资入股江汽集团，扫清吸收合并完成后上市公司股东的法律障碍。江淮集团原参股股东旺众投资系2006年9月公司改制时为实施股权激励，由其经营管理人员、科技人员和自愿入股职工共同设立的投资性企业。由于实际持有旺众投资股权的人数众多，实际管理中由8位工会委员作为工商登记的股东代表前述员工持有旺众投资的股权，若旺众投资作为吸收合并完成后上市公司的股东，与中国证监会《关于职工持股会及工会能否作为上市公司股东的复函》等有关文件精神不符。实勤投资系由江汽集团及其下属子公司的主要管理人员及骨干员工按照《中华人民共和国合伙企业法》等有关规定成立的普通合伙企业，成为上市公司股东不存在法律障碍。

与此同时，旺众投资的持股股东不仅包括了经营管理人员和科技人员，还包括了普通职工，作为员工持股平台的激励效果不佳；而实勤投资的合伙人均为主要管理人员和骨干员工，股权结构更加清晰、完整，能够起到更好的激励作用。

（3）曲线引入战略投资者，减少审批手续。根据一般经验，上市公司引入战略投资者有利于优化股权结构，健全公司法人治理并提高公司资源整合能力，增加公司的核心竞争力。如果江淮汽车直接向合格投资者非公开发行股票引入战略投资，该项交易需获得证监会的批复。2013年9月，江汽集团引入中国建银投资有限责任公司所属建投投资有限责任公司为战略投资者。通过江汽集团先引入战略投资者，再与江淮汽车合并，上市公司实现“曲线救国”，减少了审批手续，并能借助战略投资者的资源、理念、市场等优势，保证上市公司的长远发展。

（4）提供现金选择权，保护异议股东利益，推动并购交易顺利进行。异议股东是指在江淮汽车2014年第三次临时股东大会中对此次吸收合并江汽集团交易方案的议案投出有效反对票的股东，异议股东所持股份数量为2 010 755股，占江淮汽车总股份的0.16%。江汽集团承诺对成功申报行使现金选择权的江淮汽车异议股东，将按照《报告书》中规定的江淮汽车换股价格无条件受让其申报行使现金请求权的股份，并向其支付现金对价。江汽集团出具的承诺函不仅为异议股东的利益提供了保障，并通过承诺的方式有效增强了其他小股东和市场对此次交易的信心，有利于并购交易顺利进行。

### （四）江汽集团整体上市的意义

（1）通过引进战略投资者和实施管理层持股来推进股权多元化改革，加大集团层面的公司制改革力度。

党的十八届三中全会《决定》明确提出要积极发展混合所有制经济，允许非国有资本参股，允许混合所有制经济实行企业员工持股，形成资本所有者和劳动者利益共同体。江汽集团在此背景下抓住契机推进股权多元化，能够吸收不同所有制资本的优势，取长补短、相互促进，提高上市公司的核心竞争力，从而能更好地实现国有资本的保值增值。

（2）整体上市的成功打响了皖国资改革第一炮，提高了国有资产证券化率，为未来推进国有企业改革奠定了良好的基础。

作为安徽省首家国企改革试点，江汽集团整体上市的成功不仅加强了国有企业改革的信心，推动国企改革步伐加速，并且其整体上市的模式能为将来的国企改革起到一个示范的作用。

## 五、市场表现(600418)

江淮汽车交易前后的股价变化情况见图13。

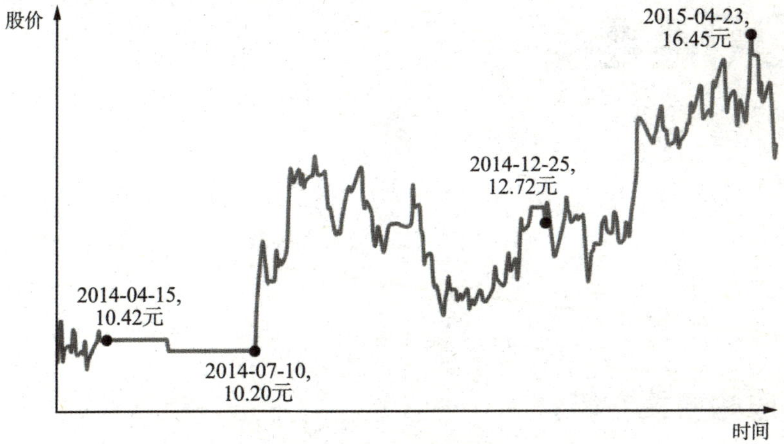


图13　江淮汽车交易前后股价走势

# 600444

## 国通管业：借力央企，管业“脱胎换骨”

### 一、收购相关方简介

#### （一）收购方：国通管业

国通管业，全称安徽国通高新管业股份有限公司，1993年12月30日成立，并于2004年1月30日在上海证券交易所成功上市。国通管业注册资本为10 500万元，主要从事PVC波纹管、PE波纹管、燃气管、给水管的研发、生产以及销售业务。2012年11月8日，经国务院国资委批准，巢湖市第一塑料厂将其所持有的安徽国通高新管业股份有限公司11.89%股权（1 248 528股）无偿转让给合肥通用机械研究院（简称合肥院）。无偿划拨前，安徽国风集团有限公司与其全资子公司巢湖一塑分别持有国通管业11.43%和11.89%的股权；划转完成后，国通管业的控股股东变更为合肥院，中国机械工业集团有限公司成为上市公司的实际控制人。

#### （二）标的公司：合肥通用环境控制技术有限责任公司

合肥通用环境控制技术有限责任公司，简称环境公司，于1998年12月31日成立，注册资本为18 200万元，主要从事流体机械相关产品的研发制造、技术服务、技术咨询、工程设计及设备成套服务等业务。环境公司生产制造的产品主要为根据客户需求自行设计的非标产品，其产品特点为批量小、订制化、技术含量高、利润率高。2012年5月，控股股东合肥院将其持有的除环境公司以外所有关于流体机械业务的资产全部以无偿划拨和增资的方式注入环境公司。

### （三）控股股东：合肥院

合肥院，是国通管业的控股股东，也是此次交易收购标的的控股股东。合肥院前身为第一机器工业管理局通用机械研究所，设立于1956年6月，后经合并、迁址、转制、改名后成为了现在的合肥院。合肥院的注册资本为28 705万元，主要经营以压力容器、流体机械和通用机电产品为主的通用机械的科研开发、设备成套、产品生产、检测检验、工程承包及职业教育，在塑料管道等流体业务领域具有雄厚的技术优势和资源实力，是资产优质的国有企业。国通管业的股权结构可见图14。

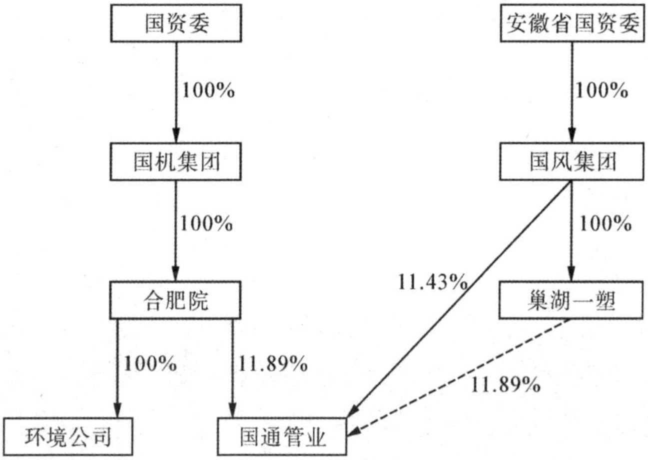


图14　国通管业股权结构

## 二、收购事件一览

- 2013年12月12日，国通管业因策划重大资产重组事项开始停牌。
- 2014年4月15日，国通管业召开第五届董事会第十次会议，审议通过了《安徽国通高新管业股份有限公司发行股份购买资产暨关联交易报告书（预案)》等关于本次交易的相关议案。关联董事回避表决，公司独立董事发表了独立意见。

● 2014年12月25日，国通管业召开2014年第二次临时股东大会，审议通过了关于此次重组交易的相关议案，并同意合肥通用机械研究院免于以要约方式增持公司的股份，关联股东合肥通用机械研究院回避表决。

● 2015年7月27日，国通管业收到了中国证监会《关于核准安徽国通高新管业股份有限公司向合肥通用机械研究院发行股份购买资产的批复》(证监许可〔2015〕1733号)，核准上市公司向合肥通用机械研究院发行4 142 932股股份购买相关资产。

● 2015年7月30日，合肥市工商行政管理局核准了环境公司的股东变更，并签发变更后的《营业执照》，环境公司100%股权过户手续已办理完成。

● 2016年2月19日，国通管业2016年第一次临时股东大会同意将原公司名称“安徽国通高新管业股份有限公司”变更为“国机通用机械科技股份有限公司”，并审议通过了对控股子公司合肥机通工程科技有限公司进行清算注销的相关议案。

## 三、收购方案

国通管业拟通过向其控股股东合肥院发行股票购买合肥院全资子公司环境公司100%的股权。由于环境公司2013年12月31日资产总额占上市公司最近一个会计年度经审计的合并财务会计报告期末资产总额的比例为103.00%，且占上市公司控制权发生变更的前一个会计年度经审计的合并财务会计报告期末资产总额的比例为112.44%，此次交易构成重大资产重组并构成借壳上市。收购标的环境公司100%的股权作价51 653.15万元，按每股12.47元的价格，国通管业共计发行股票41 421 932股。合肥院承诺，自本次发行结束之日起36个月内不转让其在本次发行中认购的公司股份。此次交易不会导致上市公司控股股东和实际控制人发生变化，交易完成前后公司股东的变动情况见表10。

表10　交易完成前后国通管业股东变动情况

| 股东名称 | 本次发行完成前 | | 本次发行完成后 | |
| --- | --- | --- | --- | --- |
| | 持股数量(股) | 持股比例 | 持股数量(股) | 持股比例 |
| 合肥院 | 12 485 280 | 11.89% | 53 907 212 | 36.82% |
| 国风集团 | 11 997 360 | 11.43% | 11 997 360 | 8.19% |
| 其他社会公众 | 80 517 360 | 76.68% | 80 517 360 | 54.99% |
| 总股本 | 105 000 000 | 100% | 146 421 932 | 100% |

## 四、案例评论

### (一) 并购的动机和收购标的选择因素

国通管业的主营业务为塑料管材的生产和销售,虽然塑料管材的应用范围较广,但随着塑料管材行业竞争加剧,上市公司主要产品的价格和利润空间被大幅压缩,经营处境艰难。近几年来,国通管业一直处于亏损或微利的状况,面临较大的退市压力。因此,此次收购其控股股东合肥院旗下的环境公司,对国通管业具有如下的意义:

**1. 注入优质资产,恢复国通管业持续盈利能力**

至2009年起,国通管业的盈利能力急剧下降,2012年安徽省国资委将巢湖一塑持有的国通管业11.89%股权无偿划拨给国务院国资委旗下的合肥院,意在结合合肥院的技术优势,充分利用央企的市场、资源与管理能力,改善上市公司的经营状况。虽然在合肥院的带领下国通管业的经营状况有所好转,但无法从根本上改善上市公司的资产质量和盈利能力。因此,迫切需要向国通管业注入优质的资产,从根本上摆脱困境,恢复上市公司持续的盈利能力,维护其上市的地位。

**2. 环境公司借助资本市场谋求进一步的发展,提高国有资本运作效率**

环境公司具有雄厚的技术实力,截至收购发生时,环境公司持有专利数51项,并有11项正在进行专利申请,是一家优质的国家创新性企业。根据实践经验,公司蓬勃的发展离不开充足的资本。因此,借助资本市场雄厚的资本,环境公司能突破资本的瓶颈，使没有完全发挥的科研优势得到充分发挥。

合肥院旗下的控股子公司数量较多，合计有16家，要从中选出合适的子公司注入上市公司需要考虑众多因素。国通管业最终选择收购环境公司主要考虑到：

第一，环境公司业务能完善上市公司主业，实现业务和资源的整合。合肥院旗下子公司的主要业务可以分为流体机械业务板块、压力容器业务板块和检测服务板块三大板块，其中流体机械业务与上市公司主业相关性最强。借助合肥院流体机械方面的技术优势和市场优势，国通管业产品的生产效率和质量能够得到巨大的提升，上市公司的产品结构得到丰富和完善，能够充分发挥协同效应。因此，选择环境公司作为收购目标对上市公司是最有利的，双方可以共同开发市政工程（如城市燃气工程、污水工程）等领域的市场，共同研发金属复合管类等高附加值的新产品，开拓石化领域的应用市场，为管材业务创造新的利润增长点，增强上市公司核心竞争力。

第二，环境公司资产规模大，资产负债率低，能够更好地改善上市公司资本结构。由于长期亏损，国通管业从2012年末起所有者权益为负，截至2014年12月31日，国通管业负的净资产高达5 012万元。而环境公司2014年末年总资产规模高达50 406万元，但总负债规模仅为17 167万元，资产负债率仅为34%左右。通过收购环境公司，上市公司能够大大改善资不抵债的情况，恢复其债务融资的能力，并能够大幅提高其资产和业务规模。表11是上市公司收购环境公司前后主要财务数据的对比表。

**表11　国通管业收购前后主要财务数据对比表（万元）**

| | 2014/12/31 | 2013/12/31 | 2014/12/31（备考数） | 2013/12/31（备考数） |
|---|---|---|---|---|
| 资产总额 | 46 211 | 50 147 | 96 617 | 95 781 |
| 负债总额 | 51 223 | 51 958 | 68 390 | 69 294 |
| 所有者的权益 | －5 012 | －1 811 | 28 227 | 26 487 |
| 营业收入 | 37 742 | 42 150 | 78 687 | 70 346 |
| 净利润 | －3 207 | －196 | 2 182 | 3 260 |

### （二）整合技巧

国通管业原主营业务占重组完成的上市公司总业务不到30%。对于原来的存量业务，国通管业采取了以下措施：(1)对还具有盈利潜能的业务进行整合，降低生产成本从而达到盈利。例如，产品PVC排水管和PE波纹管的主要生产线均系进口设备，生产的产品成本比国产设备生产的产品成本高，通过对部分设备进行改造，提高设备生产效率，降低产品生产成本。(2)对于无效或低效率的不良资产予以剥离，将存量资产盘活以补充上市公司营运资金，从而改善公司财务状况，为公司后续经营提供所需资金。国通管业董事会已决定依法对控股子公司合肥机通工程科技有限公司进行清算注销，从而优化公司的资产结构，降低管理成本，提升管理运营效率，之后国通管业将继续展开一系列剥离不良资产的动作。

### （三）国通管业收购环境公司案例的意义

（1）利用央企的综合资源优势改善地方国企上市公司基本面，充分发挥“以强扶弱”的目的，达到国有资产保值增值的目标。

国通管业原控股股东国风集团因自身所拥有的资源有限，无法从根本上改善上市公司的资产质量和经营状况。通过国有股权的划拨，让管理能力强、管理经验丰富的领导班子来带领公司脱胎换骨，从而使面临退市的上市公司焕发生机。

（2）为资本市场资金流向高效率非上市国有企业提供渠道，为合肥院将自身科技成果产业化、证券化打下基础。

合肥院通过将环境公司注入国通管业，把上市公司这一融资平台提供给真正的优质国有企业，优化了资源的配置效率，不仅实现了环境公司资产的证券化，还进一步巩固了其对上市公司的控制权，对未来进一步借助上市公司这一资本平台，实现其他科技成果的逐步产业化与证券化奠定基础，促进自身良好的、可持续发展。

## 五、市场表现（600444）

国通管业交易前后的股价变化情况见图15。

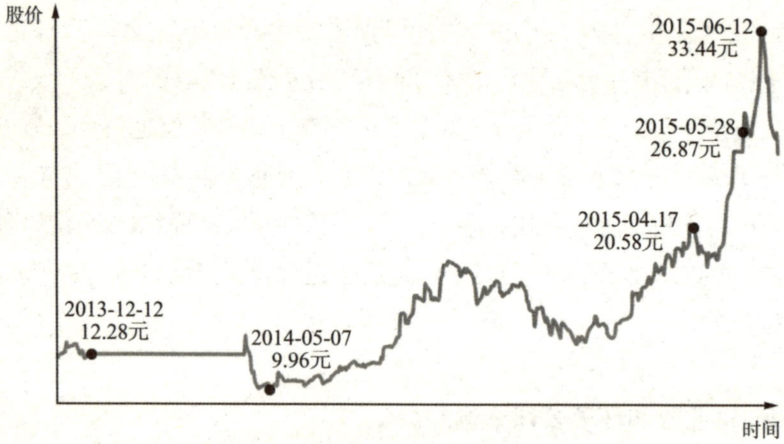


图15　国通管业交易前后股价走势

# 600629

## 华建集团（原棱光实业）：国企重组，棱光实业"旧壶装新酒"

### 一、收购相关方简介

#### （一）收购方：上海现代建筑设计（集团）有限公司

上海现代建筑设计（集团）有限公司（简称"现代集团"）是一家已有60多年发展历史的国有独资企业，注册资本为1.28亿元。它是以建筑设计为主的现代科技服务型企业。在2012年年底，现代集团与旗下的全资子公司华东建筑设计研究院有限公司（简称"华东设计院"）进行了业务重组，将集团内所有和建筑设计业务相关的公司和机构都整合到了华东设计院旗下，因此华东设计院成为现代集团旗下唯一从事建筑设计业务的专业平台。在此次借壳上市的交易中，现代集团将华东设计院注入上市公司平台。

#### （二）置入资产：华东建筑设计研究院有限公司

华东建筑设计研究院有限公司成立于1993年，注册资本为3 000万元。其业务领域涵盖建筑、水利市政和规划等行业，形成以建筑设计为核心的，包含工程技术管理服务、工程设计、工程承包、工程勘察等项目全过程的一体化服务。该公司在行业里颇具影响力，曾多次入选美国《工程新闻纪录》公布的"全球工程设计公司150强"榜单。目前旗下有华东建筑设计研究总院、现代都市建筑设计院、上海建筑设计研究院公司、现代工程建设咨询公司、Wilson等20余家国内外专业公司和机构。自成立以来，华东设计院曾主持或参与完成了上海70%以上的地标性建筑项目，包括东方明珠电视塔、环球金融中心、中央电视台新大楼等极具影响力的设计方案。华东设计院为了推进国际化的战略目标，曾在2014年2月借助上海自贸区平台，全资收购了美国Wilson室内设计公司100%的股权，创造了上海国企依托自贸区成功开展跨境收购的第一单。Wilson作为一家全球顶级的室内设计公司，在酒店室内设计领域的表现十分突出。收购Wilson能有效填补华东设计院在该领域的业务空白。此次借壳上市后，华东设计院将按照"全面市场化、深度国际化、跨界集成化、高新专业化"的发展战略，借助资本市场拓展竞争优势，向成为一家提供高品质综合解决方案的集成服务供应商的目标迈进。

### （三）标的公司：棱光实业（600629）

上海棱光实业股份有限公司（简称"棱光实业"），前身是始建于1958年的上海石英玻璃厂，后来其在1992年改制成为股份制有限公司并进行了IPO。棱光实业从上市至今，尽管其控股股东经历了多次更换，但最终控制权都属于上海市国资委。在本次交易完成之前，该公司主要经营岩棉制品、混凝土及风力叶片的制造及销售。从2011年之后，随着岩棉产品行业参与者的增加，市场竞争日益激烈，棱光实业的市场份额逐渐萎缩。不仅如此，混凝土产品受地域性基建建设项目的局限，棱光实业收到的订单数量不足，导致营业收入在2013年出现大幅下降。然而祸不单行，受产能过剩及下游风力发电行业增速放缓的影响，风力叶片的营业规模也大幅下降。总体来说，宏观经济增速的下降和市场竞争的加剧，都给棱光实业的主业经营带来了重重困难。在上海国企进一步深化改革的背景下，上海市国资委积极推动华东设计院的借壳上市，在该交易完成后，上市公司将转型成为建筑设计行业的领军企业，盈利能力和经营绩效将会大幅提升。

## 二、收购事件一览

- 2014年3月28日，棱光实业因筹划重大事项停牌。
- 2014年5月27日，国务院国资委同意国盛集团无偿转让棱光实业股份。
- 2014年12月13日，棱光实业董事会审议通过相关重组方案。
- 2014年12月26日，上海市国资委批准相关重组方案。
- 2015年1月5日，棱光实业股东大会通过相关重组方案。
- 2015年1月28日，中国证监会豁免现代集团的要约收购义务。
- 2015年7月3日，中国证监会核准此次重组方案。
- 2015年8月18日，国盛集团将49.44%的棱光实业股份无偿转给现代集团。
- 2015年9月10日，棱光实业定向增发股份。
- 2015年10月10日，公司更名，由“上海棱光实业股份有限公司”变为“华东建筑集团股份有限公司”。
- 2015年10月30日，公司简称由“棱光实业”变更为“华建集团”。

## 三、收购方案

此次重组方案由股份无偿划转、重大资产置换及发行股份购买资产等三部分构成。

### （一）股份无偿划转

棱光实业的控股股东国盛集团将其持有的棱光实业172 060 550股A股股份无偿划转给现代集团，占上市公司总股本的49.44%。

### （二）重大资产置换

棱光实业以全部资产与负债同现代集团持有的华东设计院100%股权进行置换。以2014年3月31日为评估基准日，华东设计院100%股权的交易价格为108 927.41万元，棱光实业全部资产和负债的交易价格为96 926.90万元。双方交易标的作价的差额部分为12 000.51万元。

## （三）发行股份购买资产

上述资产置换的差额由棱光实业向现代集团发行股份进行购买。棱光实业按照10.85元/股的发行价格，向现代集团发行11 060 377股股份，对应12 000.51万元的置换差额，并于2015年9月10日完成了新增股份的登记手续。

本次交易完成后，现代集团将华东设计院注入上市公司，原棱光实业的全部资产和负债由现代集团承接。同时，现代集团持股上市公司51%股份，成为上市公司控股股东，国盛集团变为第二大股东，持股21.79%。

在本次重组前后，棱光实业股东的持股情况如表12所示。

**表12　重组前后棱光实业的股权情况**

| 前十大股东 | 收购之前（截至2015年6月30日） | | 收购之后（截至2015年9月30日） | |
|---|---|---|---|---|
| | 股东名称 | 股份占比 | 股东名称 | 股份占比 |
| 1 | 国盛集团 | 71.93% | 上海现代建筑设计（集团）有限公司 | 51.00% |
| 2 | 全国社保基金一一二组合 | 1.03% | 上海国盛（集团）有限公司 | 21.79% |
| 3 | 中国农业银行—富国中证国有企业改革指数分级证券投资基金 | 0.97% | 全国社保基金一一二组合 | 0.70% |
| 4 | 中国农业银行—长信内需成长股票型证券投资基金 | 0.71% | 中国建设银行—国泰金马稳健回报证券投资基金 | 0.51% |
| 5 | 中国农业银行—长盛国企改革主题灵活配置混合型证券投资基金 | 0.36% | 梁彬 | 0.29% |
| 6 | 中国建设银行—博时中证淘金大数据100指数型证券投资基金 | 0.30% | 高潮 | 0.28% |
| 7 | 高潮 | 0.29% | 中国银行—国泰金鹏蓝筹价值混合型证券投资基金 | 0.27% |
| 8 | 徐誉恒 | 0.25% | 上海嘉宝实业（集团）股份有限公司 | 0.24% |
| 9 | 上海嘉宝实业（集团）股份有限公司 | 0.24% | 中国农业银行—富国中证国有企业改革指数分级证券投资基金 | 0.23% |
| 10 | 上海第一医药股份有限公司 | 0.19% | 侍倩 | 0.21% |

## 四、案例评论

在上海国企新一轮改革的背景下，此次现代集团旗下的华东设计院借壳上市，在建筑设计行业的发展和国企混合所有制改革等方面都有借鉴意义：

### （一）现代集团成首家大型建筑设计上市企业，推进了行业发展

作为国内第一家大型建筑设计上市企业，现代集团此次通过置入华东设计院的方式成功涉足资本市场，不仅可以借助资本力量积极推动自身业务，进一步开展国际化的收购兼并，同时其致力于提供一体化集成服务的目标也会对建筑设计行业的发展产生一定的影响。现代集团期望借助核心技术优势展开一体化业务，从先前只做建筑设计，逐渐扩展至园林设计、室内设计、水利设计、市政设计等领域，未来将进一步提供建筑项目的整体服务，同时完成全国化的战略目标，将集团业务在全国范围内进一步渗透。另外，集团还希望可以通过资本运作快速展开海内外的横纵向并购，一来可以延伸服务产业链，二来可以让现代集团逐渐登上国际建筑市场的舞台，满足上海市国资委提出的“走出去”的要求。总之，现代集团有着打通建筑设计行业全产业链的雄心，也有进军国际建筑市场的大格局，资本市场可以助其一臂之力。如此看来，现代集团的发展将会在一定程度上牵引着国内其他同样具备竞争力的优秀建筑设计企业集成化、国际化，给该行业的生态环境带来改变。

### （二）借助资本市场推进国企混合所有制改革

#### 1. 整理存量上市平台，充分利用壳资源

2015年9月发布的国企改革顶层方案表明，国企将积极引入各类投资者以实现国有企业股权多元化和混合所有制的改革。其实早在2013年12月上海版“国资改革20条”发布后，上海国资国企就担当了此次国企改革浪潮中的先行者，率先在改制上市、优化产业结构、合理布置人才资源方面积累经验。上海在混合所有制改革方面的重要举措主要表现为：通过盘活上市公司壳资源，推动国企整体或核心资产上市，充分利用上市公司平台让优质资源发挥更大的价值。此次棱光实业的重组也表明上海国企改革在实践层面更进了一步。

可以看到，棱光实业三大板块的主营业务市场都不景气，经营业绩表现不佳。在国企改革这样的大背景下，上海国资委当机立断，剥离棱光实业全部原有资产及负债，同时注入现代集团旗下的核心资产华东设计院。通过此次重组，上市公司“脱胎换骨”，变成了建筑设计行业的领军企业，盈利能力将快速得到改观；对华东设计院而言，在上市之后也会有更加广阔的发展空间，上市公司股东也将因此受益。作为上海国有资本流动平台的国盛集团，有整合耀皮玻璃和棱光实业这两家上市公司的重要任务，此前由国盛集团控股的耀皮玻璃（600819），现已划转至地产集团旗下，以给予耀皮玻璃新的产业支持，更好地发挥产业协同效应。

**2. 市值管理成国企混合所有制改革新动力**

此次国企混合所有制改革的目的在于，通过吸纳各类资本的参与，引入多元化的投资主体，进一步降低国有股所占的高比例，从而提升公司价值，提高公司治理的效率。在新一轮的混合所有制改革中，资本市场作为一个很重要的平台被加以运用，因为它不仅可以解决定价的公平性问题，还可以为各类投资者提供便利的退出通道。更重要的是，资本市场中的市值管理也为混合所有制改革注入新动力。此番改革中资本的运作方式非常多元，比如，中石化是将已经整体上市的公司进行分拆，而绿地集团则选择在公司上市前完成改革。但相比于这两种方式，更多的地方性国资委都倾向于直接在上市公司平台上进行重组改革。例如，在此次借壳上市的过程中，上海市国资委就积极推动现代集团在棱光实业的平台上进行整合。通过将上市公司壳资源与未上市的优质资产进行重组，这样的方式会有更大的资产腾挪空间，并且伴随产业的转型与升级。但美中不足的是，这样会牵扯到不同的利益主体，在巨大的压力下需要平衡协调各方利益。

## 五、市场表现(600629)

棱光实业在重组前后的股价变化情况见图16。

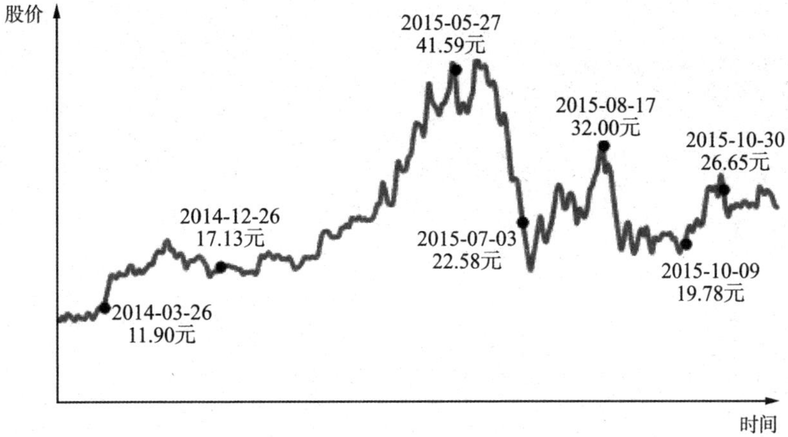


图16　棱光实业重组前后股价走势

# 600637

# 东方明珠(原百视通):强强联合,打造传媒航母

## 一、收购相关方简介

### (一) 吸收合并方:百视通新媒体股份有限公司(600637)

百视通是由上海广电信息产业股份有限公司在2011年实施重大资产重组后变更而来。2011年,东方传媒向仪电集团收购了其持有的广电信息股份,将广电信息原有的资产业务出售的同时又注入了新媒体业务。在2011年重组后,公司注册资本增至111 373.60万元,并将公司更名为"百视通"。2014年12月,东方传媒的控股股东文广集团(SMG)通过国有股权划转的方式将东方传媒吸收合并,从而直接持有百视通41.92%股份,成为百视通的控股股东。百视通目前主要从事"四屏"(电视、PC、手机、Pad)的新媒体主营业务,同时大力拓展智能电视与互联网产业链,进入家庭游戏娱乐"新领域"。

### (二) 被吸收合并方:上海东方明珠(集团)股份有限公司(600832)

东方明珠于1992年5月9日在上海市注册成立,注册资本为4.1亿元,并于1994年2月24日在上交所上市。文广集团是东方明珠的控股股东,持有其55.32%的股份。东方明珠的主营业务涉及旅游现代服务、媒体业务、国内外贸易及投资三大板块,具体包含:广播电视传播服务,电视塔设施租赁,实业投资,

房地产开发经营，物业管理，建筑装潢材料，广告设计、制作，会议及展览服务，并从事货物及技术进出口业务、投资管理、商务咨询等。目前正在开拓的游戏领域也会为以后的发展提供新动力。

### （三）关联控股方：上海文广集团

上海文广集团，全称上海文化广播影视集团（简称“大文广”），是在2014年撤销了事业单位建制后设立的国有独资集团，同时上海市国资委以国有股权划转的方式，将“大文广”控股的上海东方传媒集团有限公司（简称“小文广”）并入了文广集团。SMG作为大小文广整合的产物，一方面存在集团旗下公司的同业竞争问题；另一方面，SMG本身就是一个集内容、渠道、服务于一体的集团，但各个业务部门却处于不同的上市公司中，使得沟通成本非常高昂。集团出于这两个原因会积极推动此次重组计划，但重组目的不仅是为了优化内部结构，更重要的是将SMG打造成中国第一家垂直化的娱乐集团，并实现向互联网新媒体转型的战略目标，成为中国最具创新活力和国际影响力的综合文化产业集团。本次重组完成后，新的上市公司将涵盖除广播电视、演艺以外的其他基本业务。从财务表现上来看，2014年SMG的营业收入中逾70%来自上市公司，这意味着上市公司与SMG的战略将完全吻合。随着技术发展，电视内容传播不断向互联网渠道演进，并且基于互联网电视平台的衍生业务仍有巨大的增长空间，这些都将为集团未来的发展贡献不可小觑的力量。

上述相关方的关系如图17所示。

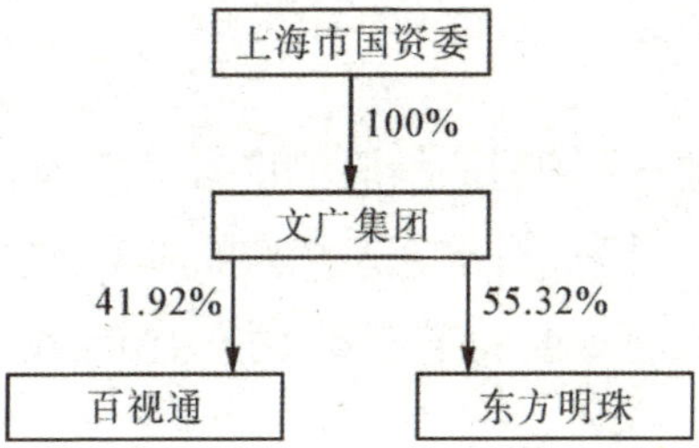


图17　关联交易方关系图

## 二、收购事件一览

- 2014年5月29日，公司停牌，拟筹划重大事项。
- 2014年11月21日，董事会通过本次重组的相关议案。
- 2014年12月2日，国家新闻出版广电总局批准此次重组。
- 2014年12月24日，上海市国资委批准重组方案。
- 2014年12月26日，临时股东大会表决通过此次重组相关议案。
- 2015年4月1日，通过商务部反垄断审查。
- 2015年4月17日，中国证监会核准实施此次重大资产重组。
- 2015年5月18日，募集配套资金。
- 2015年5月27日，百视通吸收合并东方明珠。
- 2015年6月5日，控股股东将优质资产注入百视通。
- 2015年6月19日，重组后，“百视通”更名为“东方明珠”。

## 三、收购方案

本次收购的总体方案包括三个部分：(1)东方明珠与百视通进行换股吸收合并；(2)百视通以发行股份及支付现金的方式购买文广集团控股的资产；(3)向特定对象发行股份募集配套资金。

### （一）换股吸收合并

经除权除息调整后，百视通的换股价格为32.43元/股，东方明珠的换股价格为10.63元/股。东方明珠全体股东所持有的股票，将按照3.05∶1的比例转换为1 044 699 958股百视通A股股票，实现两家上市公司的换股合并。合并后，百视通存续，原东方明珠注销。

### （二）发行股份和支付现金购买资产

百视通以32.43元/股的价格非公开发行了159 746 126股，用于购买尚世影业100%股权、五岸传播100%股权、文广互动68.067 2%股权、东方希杰

45.211 8%股权，又用部分募集资金购入东方希杰38.944 2%股权。截至2015年6月5日，四家公司全部过户至百视通名下。这四家不同领域的公司均受文广集团控制，集团旗下的这些优质资产注入上市公司后，一方面整合了集团旗下资产，另一方面可以给集团带来更大的经济效益。

### （三）募集配套资金

百视通向文广投资中心、上海国和基金、交银文化基金、绿地金控、上汽投资、上海光控投资、长江养老、招商基金、国开金融和中民投资本等10家特定对象非公开发行了308 356 457股A股股票，每股价格32.43元，募集资金总额为人民币100亿元，发行费用为7 500万元。该配套资金部分用于购买东方希杰股份，其余的将用于重组后上市公司的主营业务发展。

百视通在重组前后的前十大股东变动情况如表13所示。

**表13 重组前后百视通股东变动情况**

| 前十大股东 | 收购之前（截至2014年12月31日） | | 收购之后（截至2015年12月31日） | |
|---|---|---|---|---|
| | 股东名称 | 股份占比 | 股东名称 | 股份占比 |
| 1 | 上海文化广播影视集团有限公司 | 41.92% | 上海文化广播影视集团有限公司 | 45.12% |
| 2 | 上海诚贝投资咨询有限公司 | 2.68% | 上海文广投资管理中心（有限合伙） | 3.76% |
| 3 | 同方股份有限公司 | 2.51% | 中国证券金融股份有限公司 | 2.99% |
| 4 | 张坚 | 1.52% | 中央汇金投资有限责任公司 | 1.45% |
| 5 | 上海联和投资有限公司 | 1.36% | 上海国和现代服务业股权投资基金合伙企业 | 1.41% |
| 6 | 张蓓 | 1.28% | 绿地金融投资控股集团有限公司 | 1.17% |
| 7 | 成都元泓创新投资有限公司 | 1.27% | 交银文化（上海）股权投资基金合伙企业 | 1.17% |
| 8 | 全国社保基金六零四组合 | 0.81% | 上海上汽投资中心（有限合伙） | 0.94% |
| 9 | 新华都实业集团股份有限公司 | 0.60% | 同方股份有限公司 | 0.76% |
| 10 | 项光隆 | 0.59% | 宁夏诚贝投资咨询有限公司 | 0.75% |

## 四、案例评论

此次SMG的重组整合具有较大的市场影响力，尽管来自集团的内部调整及转型需求是最大的动机，但SMG依托上市平台进行垂直化整合，对国内传媒集团的发展极有启示意义。

### （一）集团经此次重组可以满足内部诉求

**1. 缓解同业竞争，改善内部结构**

就SMG的现状来看，集团通过此次整合可改善两个内部结构问题。一方面，合并之后可以缓解旗下公司存在的同业竞争压力。根据国家相关规定，一个集团不能拥有两家具有同业竞争业务的上市平台，而百视通和东方明珠在新媒体业务方面存在一定的竞争，综合内外环境的诉求，两家上市公司的合并是势在必行的。另一方面，此次重组还能理清公司之间的交叉业务，明确各部门的事务与责任，提高集团的运营效率。例如，微软与百视通在Xbox业务上存在合作关系，但微软经常遇到无法找到准确负责人的难题，因为百视通各部门均有涉及Xbox的业务。本次重组后，集团在新百视通里成立了一个专门负责主机游戏的部门，使之与微软方面的对接变得有效。

**2. 统一融资平台，提高资本运用效率**

SMG通过资本运作实现了政策允许范围内的资产批量上市，尽管仍然有部分优质资产存在于上市公司体外，但随着产业发展及政策的拓宽，后续不排除有持续注入的可能。此番整合将推动上市子公司上升到一个崭新的格局，因为在该公司的战略目标和集团整体规划高度一致的情况下，上市公司很可能动作频频。新的上市公司作为SMG统一的融资窗口，可以为集团后续的进一步转型提供强有力的资本支持。这将有利于集团集中管理资金，降低财务成本，也有助于集团未来开展更大规模的投资与并购。例如此次向市场募集的100亿元资金，就是在为互联网转型“输血”。另外，SMG透过上市公司平台，可以使资本和集团拥有的互联网媒体全牌照及物业地产等体制性稀缺资源，最大程度地发挥协作效应，快速提高资本的运用效率。

## （二）本次重组具有较大的市场影响力

### 1. 全产业链布局，推动行业加速发展

打造互联网媒体生态系统，发挥产业链中各环节的协同效应，是SMG对旗下公司进行整合的最重要的诉求。从行业地位上来看，整合后的新百视通将成为中国传媒产业链布局最全面、市值规模最大的新型互联网传媒集团。虽然目前东方明珠的最新市值约456亿元，但它在2015年年初时市值达到了上千亿元，可见新百视通远远超过了行业中的诸如华谊兄弟这样的佼佼者，注定成为文化传媒股中的“巨无霸”。尽管新百视通在新媒体业务上会和小米、乐视这样的互联网公司竞争，但其拥有互联网电视“全牌照”的竞争优势，这是其他非国资背景的公司不能比拟的。例如，2015年广电总局的严格监管就让许多公司措手不及，但这对于SMG而言反倒是利好。

从产业链布局方面来看，SMG将四家优质公司注入上市平台，实际上是把分散的资源整合成一个生态圈，形成内容、平台、渠道与服务的完整产业链。其中，尚世影视、五岸传播属于内容板块，文广互动为渠道资源，东方希杰则在于应用服务。与大多数传统公司所提倡的“内容为王”大不相同，SMG强调将集团资源垂直化整合，形成一个完整的生态圈，这样的理念与迪士尼、维亚康姆等国际传媒巨头的发展经验十分契合。因为相对于某一环节单独上市的公司，全产业链上市的公司市场表现更加稳定。

对于整个互联网电视行业来说，上下游资源的整合衔接才是一个生态圈良好循环的开端，而新百视通的诞生就像是一剂催化剂，在改变制播分离的产业结构的同时，推动着这个行业加速发展。从这次合并中也可以窥见，目前国资整合的思路不在于形成范围经济，而是更注重行业上下游的资源整合，而且产业链的整合也正在逐渐取代多元化收购成为并购市场的主流。

### 2. 以市场化手段治愈国企病

此次重组完成后，SMG对新百视通的高管进行了调整，使得上市公司与SMG的决策层相一致，从而减少管理层级，提高决策效率。另外，进军资本市场后SMG将面临较大的竞争压力，集团会比以往更加重视对核心人才的运用。因为资本带来的生产效率和企业竞争力的提升，会受到企业人才和运营机制的制约。如此看来，市场化压力能促进人力资源改革，在一定程度上治愈国企决策

效率不高、资源不能被充分利用的体制病。

## （三）整合技巧

### 1. 两上市公司合二为一，百视通靠其互联网基因“以小吃大”

目前我国的资本市场上IPO等待时间较长，上市公司的壳资源较为稀缺。在这样的背景下，SMG仍决定注销一家上市公司，将百视通与东方明珠合二为一，除了集团的内部诉求之外，部分原因还在于，若不通过合并进行资源整合，而是将一个壳的资产转移到另一个壳里，将会产生很大的相关税费。如此一来，集团与其在两个上市公司平台上布局不同的业务部门，倒不如在统一的上市平台上进行全产业链布局，这样无论是决策的有效性还是业务发展的协同性均有较大的提升。但何以让规模较小的百视通作为存续方而非规模更大的东方明珠，根本原因在于百视通更加具备互联网基因，与集团向互联网新媒体转型的战略目标相契合。

### 2. 参与定增引入战略合作者，弥补短板环节

2015年，新百视通以自有资金参与了兆驰股份的定向增发，投资22亿元认购其9.37%的股份成为第二大股东。新百视通还与其签署了战略合作协议，共同拓展家庭和个人消费者(B2C)市场。以前百视通的业务模式不必直接面对消费者，机顶盒是和电信宽带进行捆绑销售的，自然不愁没有用户，这就导致了产品定价相对较高。但随着集团向互联网方向转型，SMG需对电视业务策略进行调整，要求新百视通开展B2C业务，此次与兆驰股份的合作就能弥补上市公司在硬件策略和营销方面的短板，巩固全产业链的布局。由此可见，新百视通引入战略合作者能避免在薄弱环节上的巨额投入，从而在市场竞争中获得一定的成本优势。

## 五、市场表现(600637)

百视通重组前后的股价变化情况见图18。

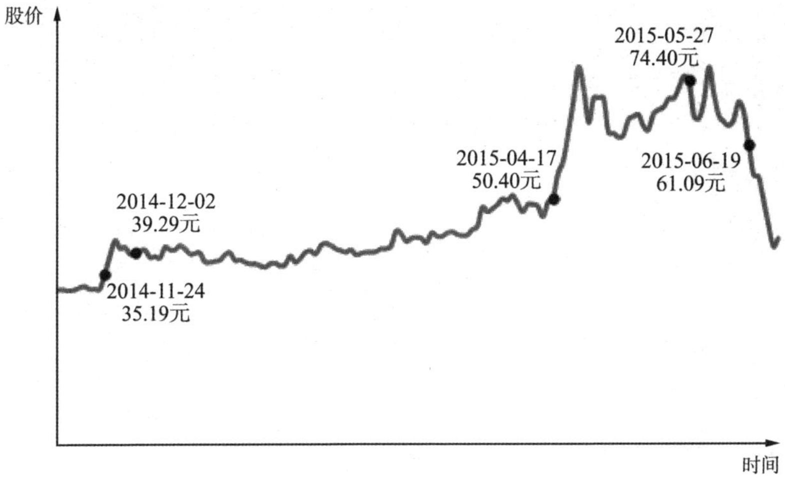


图18　百视通重组前后股价走势

# 600734

# 实达集团：
# 控股股东精心策划，实达集团“脱胎换骨”

## 一、收购相关方简介

### （一）收购方：实达集团

实达集团，全称福建实达集团股份有限公司，于1988年5月设立，最初成立时注册资本为25万元，之后于1996年8月8日在上交所挂牌交易，总股本增至1.3亿元，目前其控股股东是北京昂展置业有限公司（简称“昂展置业”）。该公司在上市初期主要经营计算机及其软件等电子信息技术产品的制造和销售，但由于市场竞争激烈，该公司从2004年之后就连续亏损，并在2007年5月被上交所叫停上市。2008年10月，公司实施股权分置改革后恢复上市，昂展置业和中兴鸿基将长春融创51%的股权注入了上市公司，此后该公司的主营业务就新增了房地产板块。2011年12月，该公司剥离了子公司北京实达科技发展有限公司，主营变更为房地产及打印机制造业务。为了平滑房地产业务的周期性波动，该公司又在2012年底引进了有色金属贸易业务。实达集团的各项主营业务是依托不同的子公司在经营，其中房地产业务主要由长春融创及其子公司运营，实达信息则专攻有色金属贸易，福建实达电子制造有限公司主要负责打印机制造。最近几年受宏观经济增速下降的影响，房地产行业的景气度也不比从前，同时国家的调控也增大了该行业发展的不确定性，于是实达集团在房地产经营方面承受着巨大压力。尽管该公司在2014年曾想通过收购矿业资产转型，但因证券市场上发生了较大波动，其被迫终止了定向增发股票以募集资金的计划。但实达集团仍旧坚定转型的决心，积极寻求其他潜在优质资产，最终其目光落到了深圳兴飞身上。在本次交易完成后，实达集团将不再经营房地产及有色金属贸易业务，而是彻底转变成一家移动智能终端产品解决方案提供商。

### （二）标的公司：深圳市兴飞科技有限公司

深圳市兴飞科技有限公司，简称“深圳兴飞”，由深圳市长飞投资有限公司（简称“深圳长飞”）与陈峰在2005年共同出资设立，注册资本为500万人民币，其中深圳长飞出资比例为80%，陈峰出资占比20%。经过多次股权变动后，在此次交易前，深圳长飞直接持有该公司54%的股权，为其控股股东。深圳兴飞主要经营移动通信智能终端及相关核心部件的研发、设计、生产和销售，随着技术的不断发展，现其业务范围已拓展至家庭数字娱乐、行业通信保障、加密通信、移动互联网金融支付等领域。深圳兴飞从手机维修起步，接着从来料加工、手机整机代工（OEM）逐渐成长为一家移动通信智能终端整体解决方案提供商。该公司具备较强的供应链整合能力，在产品开发和系统集成方面的能力也比较突出。随着互联网、物联网等技术的深入运用，手机作为一种典型的智能终端产品将拥有广阔的发展空间，同时深圳兴飞可以趁着“互联网＋”的战略热潮，以上市公司平台作为新的发展契机，不断提高核心技术的研发，提升自己的竞争力，为自身的长远发展注入源源不断的新动力。

## 二、收购事件一览

- 2015年5月5日，实达集团停牌，筹划重大事项。
- 2015年8月14日，实达集团董事会审议通过了该重组的相关议案。
- 2015年9月8日，实达集团股东大会表决通过相关重组议案。
- 2015年12月10日，中国证监会并购重组审核委员会给予有条件通过。
- 2015年12月31日，中国证监会正式核准该重大重组的实施。
- 2016年1月28日，深圳兴飞过户至实达集团名下。

## 三、收购方案

实达集团的此次重组方案由出售资产、发行股份购买资产及募集配套资金三部分构成。

### （一）出售资产

实达集团向其控股股东昂展置业出售了实达信息100%的股权、长春融创23.5%的股权、实达设备17%的股权，上述所有资产的售价合计为22 123.74万元。

### （二）发行股份购买资产

通过向深圳兴飞全体股东发行股份及支付现金的方式，购买深圳兴飞100%的股权。深圳兴飞100%股权的评估值为150 189.39万元，经协商后作价为15亿元。其中，实达集团向腾兴旺达、中兴通讯、陈峰、隆兴茂达等四名股东合计增发了86 978 505股A股股票，发行价格为每股7.91元，同时向全体股东支付了81 200万元人民币的现金对价。

### （三）非公开募集配套资金

实达集团以每股7.91元的价格，向昂展置业发行147 281 921股A股股票，向天利2号发行4 424 778股A股股票，即合计发行238 685 204股，总共募集到12亿元人民币现金。其中，天利2号是由天风证券为深圳兴飞管理层及核心业务人员设立的集合资产管理计划。募集到的资金部分用于支付深圳兴飞股权的现金对价，另一部分将为实达集团新项目的实施提供资金。

上述交易完成后，实达集团将不再持有实达信息、长春融创、实达设备的股权，同时深圳兴飞将成为实达集团的全资子公司，但实达集团的控股股东仍是昂展置业。

在本次交易前后，实达集团的股东结构变化情况如表14所示。

表14　交易前后实达集团股东结构情况

| | 股东名称 | 交易前占比 | 交易后占比 |
|---|---|---|---|
| 1 | 昂展置业 | 22.51% | 38.36% |
| 2 | 腾兴旺达 | — | 10.57% |
| 3 | 中兴通讯 | — | 1.61% |
| 4 | 陈峰 | — | 1.60% |
| 5 | 隆兴茂达 | — | 0.96% |
| 6 | 天利2号 | — | 0.75% |
| 7 | 其他股东合计 | 77.49% | 46.16% |
| 合　计 | | 100% | 100% |

## 四、案例评论

此次实达集团的资产重组达成一个多方共赢的局面，在资本运作过程中有以下几点表现突出，可以为相关有转型需求但又想避免被借壳上市的公司提供一些参考建议。

### （一）控股股东购买原资产

在此次重组中，由实达集团的控股股东昂展置业购买上市公司原有的资产，不仅可以帮助上市公司剥离房地产业务，还有助于昂展置业消除一直与实达集团存在的同业竞争关系。此前昂展置业一直希望可以将其房地产板块的资产注入上市公司体内，由于种种原因未能得偿所愿。但在目前房地产行业波动剧烈的情况下，昂展置业也认为实达集团有转型的必要，房地产业务不再适合放进上市公司平台，应该让资本在更具发展活力的移动通信智能终端业务中发挥作用。另外，昂展置业是实达集团原资产最理想的承接方，可以在不稀释其控股比例的情况下，为实达集团提供资金。

### （二）交易双方共同参与增发，平衡各方利益

此次配套资金的募集对象是昂展置业以及深圳兴飞的管理层和核心业务人员。对昂展置业而言，此次推进实达集团的重组，只是想实现其业务转型，尽管此次上市公司的经营业绩并不理想，但还未到退市这样的严重局面，因此作为控股股东，昂展置业并不愿意轻易放弃这样一个珍贵的上市公司壳资源。通过参与配套资金的定向增发，昂展置业可以避免对上市公司控股比例的稀释。对于深圳兴飞的股东而言，因为凭借目前的实力恐怕还不能直接进行买壳上市，而且现在借壳上市与申请IPO的要求是同等程度的严格，同时深圳兴飞也不愿登陆略微有些冷场的新三板。为了能够借助上市公司平台协助公司的进一步发展，深圳兴飞还是选择与实达集团合作，尽管不能完全地借壳上市，但管理层通过参与定向增发，也能增加对上市公司的持股比例，保障自身的利益。虽然中小投资者被稀释了股份，但持股数量并未发生变化，只要重组后的上市公司股价表现良好，他们依然可以获得一定的收益。昂展置业与深圳兴飞共同参与定向增发，是双方在此次合作中对利益分配方面达成的一致。

### （三）实达集团“脱胎换骨”

实达集团通过剥离原有盈利能力不足的资产和业务，同时收购具备良好发展前景的资产，达到了自身期盼已久的转型目标。实达集团在面临主营业务经营困难的情况下，曾多次谋求重组以扭转此前不理想的盈利状况。实达集团对此番与深圳兴飞的重组寄予了厚望，可喜的是，这次整合终于如愿以偿。可以看到，实达集团出售的资产规模约为2.2亿元，而深圳兴飞100%股权的估值为15亿元，故实达集团将深圳兴飞作为注入资产的目标，是考虑到两者规模相近，可以在“脱胎换骨”的同时，依然为原控股股东效力。

## 五、市场表现(600734)

实达集团重组前后的股价变化情况见图19。

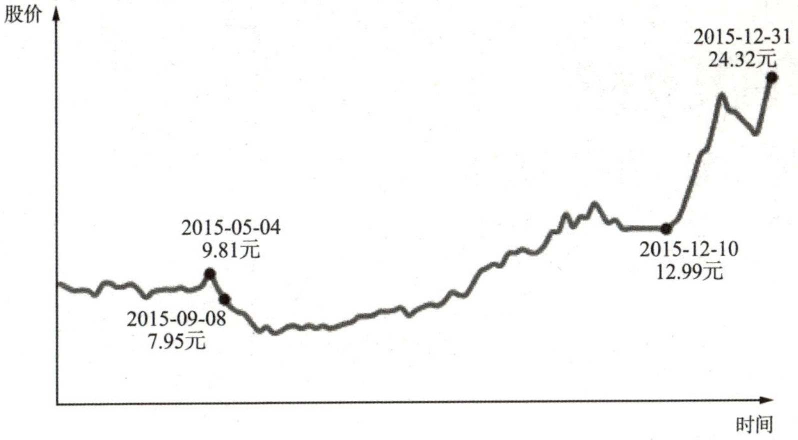


图19　实达集团重组前后股价走势

# 600981

# 汇鸿集团(原汇鸿股份):母借子壳,集团整体上市

## 一、交易相关方简介

### (一) 收购方:汇鸿股份

汇鸿股份前身系江苏省纺织品进出口集团股份有限公司,于2004年6月30日在上海证券交易所上市,股票简称“江苏纺织”。2006年经过股权分置改革及资本公积金转增资本后,公司更名为江苏开元股份有限公司,股票简称“江苏开元”。2011年,江苏开元国际集团将持有的江苏开元的股份无偿划拨给江苏汇鸿国际集团有限公司。无偿划转后,汇鸿集团成为江苏开元的控股股东。2012年,江苏开元再次更名,变更为江苏汇鸿股份有限公司,股票简称“汇鸿股份”,证券代码不变。从上市至今,汇鸿股份的实际控制人均为江苏省国资委,未曾改变。

汇鸿股份主要从事各种商品的贸易业务,业务范围辐射全世界120多个国家和地区,公司在国际纺织品贸易界素享良好声誉和较高知名度。同时,公司坚持多元发展战略,目前已形成贸易、房地产、投资三大业务板块。

### （二）标的公司：汇鸿集团

汇鸿集团成立于1996年，为江苏省省级国有独资公司。2014年12月，为实现汇鸿集团优质资产整体上市，汇鸿集团国有股东变更为苏汇资产管理有限公司。经营方面，汇鸿集团母公司为控股型企业，自身不经营具体业务，其具体业务均由下属子公司经营。各子公司的主营业务包括自营和代理商品及服务的进出口贸易、国内贸易、仓储、公路货运、房地产开发、室内外装饰及咨询服务等。各子公司之间同质化竞争严重。

## 二、收购事件一览

- 2014年10月10日，汇鸿股份收到江苏省国资委关于汇鸿集团重大资产重组暨整体上市的实施意见。
- 2014年12月2日，江苏苏汇资产管理有限公司成立，由江苏省国资委100%控股。
- 2014年12月12日，汇鸿股份收到江苏省国资委关于汇鸿集团资产重组有关资产剥离的批复；同意汇鸿集团资产重组剥离方案，资产剥离基准日为2014年5月31日；同意汇鸿集团将共计所有者权益270 015.10万元予以剥离，剥离出的资产产权持有人变更为江苏苏汇资产管理有限公司。
- 2014年12月24日，苏汇资管受让汇鸿集团100%股权，间接控股原汇鸿股份。
- 2015年1月23日，汇鸿股份董事会通过了关于公司吸收合并江苏汇鸿国际集团有限公司并募集配套资金暨关联交易方案。
- 2015年4月8日，江苏省国资委回复同意汇鸿股份吸收合并汇鸿集团。
- 2015年4月10日，汇鸿股份股东大会通过了关于公司吸收合并江苏汇鸿国际集团有限公司并募集配套资金暨关联交易方案。
- 2015年7月28日，中国证监会核准同意汇鸿股份发行股份吸收合并汇鸿集团并募集配套资金的事项。
- 2015年8月24日，江苏汇鸿股份有限公司更名为江苏汇鸿国际集团股份有限公司，简称“汇鸿集团”，证券代码不变。

## 三、收购方案

此次交易是由原汇鸿股份吸收合并控股股东汇鸿集团。吸收合并的方式是原汇鸿股份通过向汇鸿集团股东江苏苏汇资产管理有限公司(苏汇资管)发行股份吸收合并汇鸿集团。吸收合并完成后，汇鸿集团全部资产、负债、业务并入汇鸿股份，汇鸿集团予以注销，汇鸿集团持有的汇鸿股份的股份也相应注销。汇鸿股份发行股份的价格为4.11元/股，发行股票数量为165 706.92万股。

为提高本次重组绩效，增强重组完成后上市公司的盈利能力和可持续发展能力，汇鸿股份拟采用锁价发行方式向战略投资者博时基金、国药投资、赛领博达、赛领并购、京道天甘、兴证资管非公开发行股份募集配套资金，总金额不超过200 000万元，公司募集配套资金发行股份数量不超过486 618 004股。

换股吸收合并完成募集配套资金后，苏汇资管成为上市公司控股股东，江苏省国资委仍为上市公司实际控制人。

## 四、案例评论

原汇鸿股份吸收合并控股股东汇鸿集团，是在江苏省国资委推进国有企业改革的大背景下进行的一次国企并购重组，最终吞并大股东77亿元资产，实现集团主要、优质资产整体上市。本次案例中最大的看点有两部分：一是政府主导下的国企改革，同时引入战略投资者，改善国有企业的治理结构；二是吸收合并过程的复杂性，江苏省国资委为此次汇鸿集团整体上市设计了一整套的方案，确保集团优质资产上市。

### （一）借力国企改革东风，实现集团整体上市

2014年，我国启动了新一轮的国企改革，主要思路包括加快推进混合所有制经济改革、并购重组整合等。在此背景下，江苏省也相继提出“推进具备条件的企业集团实现整体上市或核心业务资产上市”。这些政策为汇鸿集团实施改革重组提供了良好的政策契机。借助改革重组，汇鸿集团一方面可以实现集团核心业务资产的证券化，另一方面可以推动集团的业务整合、转型升级，从而提

升集团的持续盈利能力，实现国有资产的保值增值。

汇鸿集团下属各子公司主要经营贸易、房地产等业务，各子公司同质化竞争情况较为严重。传统贸易业务受2008年金融危机、国内生产成本上升等因素影响，生存空间受到挤压；而房地产业务整体规模较小，尚未形成良好的品牌效应。整体来看，目前的主营业务行业形势已经对汇鸿集团及汇鸿股份的发展造成了压力，转型升级成为必然选择。

在实现汇鸿集团整体上市的同时，募集配套资金引入战略投资者。战略投资者的进入将优化改善上市公司治理结构，同时为上市公司带来产业、资本运作经营管理等优秀经验，加快推进集团业务转型升级。在国企混合所有制改革中，引入战略投资者可以成为其他国企改革重组中可借鉴的经验。

### （二）精心布局，步步为营

从整个交易的过程来看，原汇鸿股份吸收合并控股股东汇鸿集团并不是一蹴而就的，而是设计了一整套方案——先剥离控股股东劣质资产，再向上市公司注入优质资产，可谓精心布局，步步为营。

第一步，剥离控股股东汇鸿集团不适宜注入上市公司的资产和业务。为此，2014年12月2日，江苏省政府出资成立了苏汇资管，由其承接汇鸿集团剥离出的“劣质”资产和业务。

第二步，变更资产剥离后拟注入上市公司的汇鸿集团100%国有股股权至苏汇资管。2014年12月24日，苏汇资管受让汇鸿集团100%股权，间接控股原汇鸿股份。

第三步，汇鸿股份向苏汇资管发行股份换股吸收合并汇鸿集团，同时以锁价发行的方式向不超过10名特定投资者非公开发行股份募集配套资金。完成吸收合并后，苏汇资管成为上市公司第一大股东，但实际控制人江苏省国资委未发生变化。

完成了这一系列动作后，原汇鸿股份吞并了大股东汇鸿集团77亿元资产，实现了集团主要优质资产业务的整体上市。上市公司承接的是集团内部与本公司主营业务优势互补的优质资产，整合内部业务板块，提高了上市公司资产的质量，优化资源配置，增强了市场竞争能力，提升了可持续经营能力。通过成立资产管理公司控股上市公司，优化上市公司股权结构，也为政企分开迈出了一步。其重组前后股东变动情况可见图20。

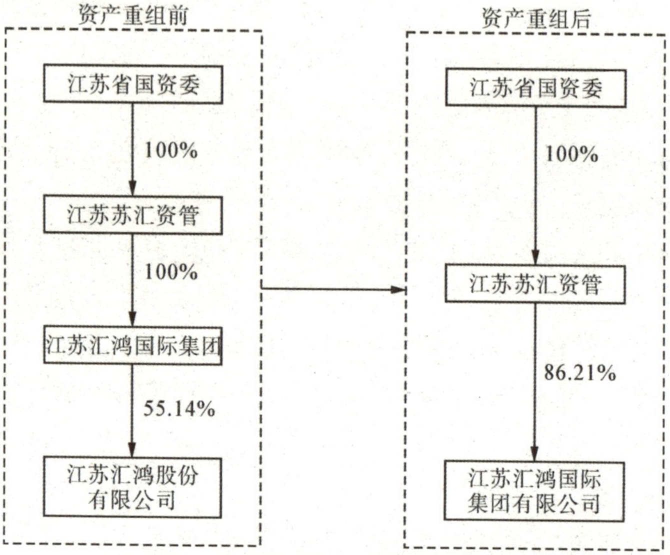


图20　汇鸿集团国企改革重组前后控股股东变化

## 五、市场表现(600981)

汇鸿集团重组前后的股价变化情况见图21。

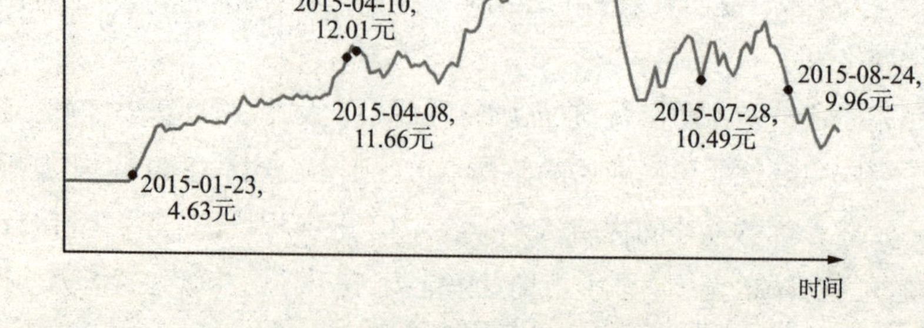


图21　汇鸿集团重组前后股价走势

# 第二辑　混合所有制改革并购

# 000547

# 航天发展(原闽福发A):军工混合所有制改革

## 一、收购相关方简介

### (一)收购方:闽福发A

闽福发A,即福建省福发股份有限公司,2002年6月更名为神州学人集团股份有限公司,证券简称仍为“闽福发A”。公司改制前为原国有企业福州发电设备厂。2002年11月福建国力民生科技投资有限公司成为公司第一大股东后,通过一系列资产重组和产业结构调整,公司的产业结构已由原有单一的柴油发电机组行业转为以通信产业为核心,同时以股权投资、机电产业及教育产业为辅助的新格局。

### (二)标的资产:南京长峰航天电子装备有限公司

南京长峰航天电子装备有限公司已于2012年通过合并并入南京长峰航天电子科技有限公司。合并后的南京长峰航天电子科技有限公司是由中国航天科工集团控股的高科技企业,隶属于中国航天二院,是国内军工企业改革试点单位,具有军事装备研制的全部资质。公司长期致力于军用电子系统的开发,专注于尖端武器系统的射频仿真及电子战模拟技术的研发。凭借多年的专业经验和基于客户需求的持续创新,已成为国内射频仿真及电子战模拟领域的绝对领导者。

## 二、收购事件一览

● 2014年5月5日，闽福发A因筹划重大资产重组事宜而停牌。

● 2014年9月3日，闽福发A召开第七届董事会第25次会议，披露并审议通过重组预案。

● 2014年12月4日，闽福发A召开第七届董事会第29次会议，审议通过了《关于公司发行股份购买资产并募集配套资金暨关联交易的议案》及其他相关议案。

● 2014年12月29日，闽福发A召开2014年第三次临时股东大会，通过相关议案。

● 2015年4月16日，重组事项获得证监会审核通过。

● 2015年8月20日，闽福发A证券简称变更为“航天发展”，公司名称、注册资本、经营范围变更。

## 三、收购方案

闽福发A向南京长峰全体股东发行股份，购买其持有的南京长峰100%股权；同时，公司向航天科工集团非公开发行股份募集配套资金，主要用于与本次重组标的公司主业相关的建设项目投资，募集配套资金总额不超过本次交易总额的25%。

本次交易完成后，南京长峰将成为上市公司的全资子公司，航天科工集团成为上市公司控股股东和实际控制人。

根据中联评估对标的资产出具的《资产评估报告》，以2014年5月31日为评估基准日，本次重大资产重组交易标的南京长峰100%股权的评估值为162 152.69万元。参考标的资产的评估值，交易各方协商确定南京长峰100%股权的购买价格为162 152.69万元。

闽福发A本次发行股份购买资产股票的数量根据以下方式确定：本次发行股份购买资产股票的总股数＝目标资产交易价格÷本次非公开发行股票认购资

产的发行价格；根据目标资产交易价格162 152.69万元和确定的发行价格4.30元/股计算，本次闽福发A向交易对方非公开发行A股股票总量为377 099 279股。同时，上市公司以发行价格5.20元/股向航天科工集团非公开发行103 944 032股股份进行配套融资，融资资金总额为540 508 966.40元，不超过本次交易总额的25%，主要用于与本次重组标的公司主业相关的建设项目投资。

本次重大资产重组前后公司股权的结构变化见表15。

**表15　闽福发A重组前后股权情况**

<table>
<tr><th colspan="3">股东名称</th><th>重组前持股数量（股）</th><th>重组前持股比例</th><th>重组后持股数量（股）</th><th>重组后持股比例</th><th colspan="2">合计持股比例</th></tr>
<tr><td rowspan="6">一致行动人</td><td rowspan="4">科工集团及下属单位</td><td>航天科工集团</td><td>—</td><td>—</td><td>103 944 032</td><td>7.27%</td><td rowspan="4">19.35%</td><td rowspan="6">29.01%</td></tr>
<tr><td>防御院</td><td>—</td><td>—</td><td>116 146 578</td><td>8.12%</td></tr>
<tr><td>航天资产</td><td>—</td><td>—</td><td>45 251 914</td><td>3.17%</td></tr>
<tr><td>晨光创投</td><td>—</td><td>—</td><td>11 312 978</td><td>0.79%</td></tr>
<tr><td colspan="2">基布兹</td><td>—</td><td>—</td><td>89 598 789</td><td colspan="2">6.27%</td></tr>
<tr><td colspan="2">康曼迪</td><td>—</td><td>—</td><td>48 419 547</td><td colspan="2">3.39%</td></tr>
<tr><td colspan="3">南京高新</td><td>—</td><td>—</td><td>53 095 578</td><td colspan="3">3.71%</td></tr>
<tr><td colspan="3">高鼎投资</td><td>—</td><td>—</td><td>13 273 895</td><td colspan="3">0.93%</td></tr>
<tr><td colspan="3">国力民生</td><td>180 660 819</td><td>19.05%</td><td>180 660 819</td><td colspan="3">12.64%</td></tr>
<tr><td colspan="3">佟建勋</td><td>64 006 866</td><td>6.75%</td><td>64 006 866</td><td colspan="3">4.48%</td></tr>
<tr><td colspan="3">新疆金谷融通股权投资有限公司</td><td>37 800 000</td><td>3.98%</td><td>37 800 000</td><td colspan="3">2.64%</td></tr>
<tr><td colspan="3">其他（二级市场）</td><td>666 117 901</td><td>70.22%</td><td>666 117 901</td><td colspan="3">46.59%</td></tr>
<tr><td colspan="3">总股本</td><td>948 585 586</td><td>100.00%</td><td>1 429 628 897</td><td colspan="3">100.00%</td></tr>
</table>

## 四、案例评论

### （一）上市公司兼并重组响应国家政策

从2010年9月以来，国务院及各部委不断出台国家政策支持上市公司兼并重组，明确表示要通过企业兼并重组，加快国有经济布局和结构的战略性调整，要求“十二五”期间提高国有资本的证券化率，以此提升我国经济的国际竞争力，进一步完善社会主义基本经济制度，提高资源配置效率。2012年，工信部提出要推动军民技术互通互用，优化电子信息产业组织结构的必要性，提出鼓励龙头骨干企业开展海外兼并重组和技术收购。

### （二）航天军工领域的强强联合

闽福发A现有的主要资产属于核心军工企业。第一，其全资子公司欧地安，是国内电磁领域安防与军工领导企业，多项业务进入业绩爆发期，市场尚未充分了解公司成长性。欧地安是我军二炮部队相关电磁防护标准的制定者，也是行业领军企业。第二，其绝对控股公司金美通信是国内主要战术通信设备商之一，新军事变革受益者。金美通信的核心业务是军用战术通信系统与设备，业务覆盖海陆空军。

通过本次交易，上市公司引进以航天科工集团、中国航天科工防御技术研究院为代表的航天军工领域的行业领军企业。收购完成后，航天科工集团将成为上市公司的控股股东和实际控制人。航天科工集团是中央直接管理的国有特大型高科技企业，主要从事关系国家安全的战略产业，是我国国防科技工业的中坚力量。航天科工集团大力发展航天防务技术，并在信息技术、装备制造等方面开发了一系列军民结合高技术产品。

### （三）持续实施并购战略，充分利用资本市场平台，向航天军工领域深入拓展

上市公司目前的主要业务是通信设备产品制造、柴油发电机组制造以及电磁防护产品制造业务，产品主要销往军工领域。南京长峰是我国“电子蓝军”主要的系统及设备供应商，特别在室内射频仿真试验系统、有源靶标模拟系统和仿真雷达系统等项目领域处于国际先进、国内领先地位。主要行业客户是军工

行业，与上市公司现有主要客户的行业相同，在技术、产品、客户等方面均具有整合及协同的空间。通过本次交易，上市公司完成产业整合，增强资产质量，提高收入规模和利润水平，进一步拓宽业务领域，提升市场竞争力，积极把握航天军工产业快速发展的良好契机，确保公司持续快速成长，实现业务的多元化发展，占据更大的市场空间。

### （四）混合所有制改革的新尝试

本次重组，航天科工集团没有选择将旗下资产注入到已经拥有的上市平台中，而是选择注入到一家非关联的民营企业中。这是一种新的混合所有制改革方式，是军工资产证券化的重要案例，为军企、国资系统混合所有制改革提供了可鉴之例。本次重组后，南京长峰原股东对具备央企背景的闽福发A实现控股，使其成为混合所有制平台，事实上是国有资本买进民营资产，实现国有经济扩张，将闽福发原有的军工产品一并纳入国家的国防力量体系。

## 五、市场表现（000547）

闽福发重组前后的股价变化情况见图22。

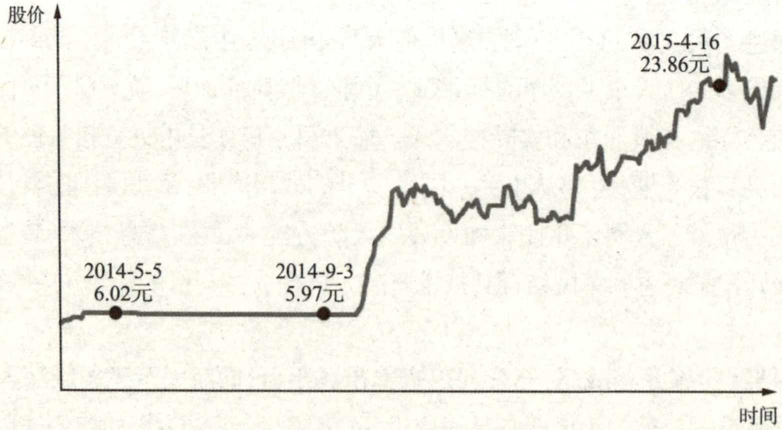


图22　重组前后闽福发股价走势

# 600606

## 绿地控股(原金丰投资):
## 绿地借壳金丰,"大象装进鸡蛋壳"

### 一、收购相关方简介

#### (一)收购方:金丰投资

作为本次交易的收购主体上海金丰投资股份有限公司,前身为上海嘉丰股份有限公司,于1991年12月10日由原上海嘉丰棉纺织厂改制成立,并于1992年3月27日在上海证券交易所挂牌上市。1998年6月25日,嘉丰股份将全部纺织类资产及负债同上海房地集团下属房地产业相关资产进行等额置换,置换完成后上市公司的主营业务变更为房地产开发。2004年12月31日,经国务院国资委的批准,上海房地集团将其持有的金丰投资55.45%股权(合计14 136.09万股)无偿划转给上海地产集团持有。截至交易发生前,金丰投资注册资本为518 320 089元,主要经营房地产流通服务、投资开发、金融服务和代建管理等业务。金丰投资控股股东为上海地产集团,持有上市公司38.96%的股权,上市公司实际控制人为上海市国资委。

#### (二)并购标的公司:绿地集团

绿地控股集团有限公司原名为上海市绿地开发总公司,成立于1992年6月

24日，注册资本为2 000万元，主要经营房地产开发业务。经历了改制和数次增资、股权变更后，绿地集团成为了上海市混合所有制特大型企业集团，注册资本为12 949 010 280元，形成了以房地产业及其衍生产业（物业、绿化、酒店等业务）为主业，能源、汽车、金融等相关产业并举发展的多元化产业布局。作为内地未上市的房地产龙头企业，绿地集团充分发挥集团内的各类资源优势，借鉴万科、招商地产、金地等大型房产企业在香港上市的成功经验，其全资子公司格隆希玛国际有限公司于2013年5月收购盛高置地（控股）有限公司（股票代码：00337）60%股权，借壳登陆香港证券交易所并更名为“绿地香港”，实现酒店集团和海外业务的上市，在房企内地融资渠道受阻的情况下，通过企业收购兼并等方式保证了公司的可持续发展。为了进一步增强资本规模和经营实力，顺应国有资产改革的导向，发展混合所有制经济，绿地集团于2014年1月通过上海联合产权交易所，以市场化竞争方式引进了深圳市平安创新资本投资有限公司、上海鼎晖嘉熙股权投资合伙企业（有限合伙）、宁波汇盛聚智投资合伙企业（有限合伙）、珠海普罗股权投资基金（有限合伙）、上海国投协力发展股权投资基金合伙企业（有限合伙）五家战略投资者。同年5月，上海格林兰投资企业（有限合伙）吸收合并绿地集团职工持股会，继受职工持股会全部资产、负债以及一切权利和义务，成为绿地集团大股东。截至交易前，绿地集团股权结构、收购相关方关联状况见表16、图23。

**表16　绿地集团股权情况**

| 绿地集团股东 | 出资额（万元） | 持股比例 |
|---|---|---|
| 中星集团 | 99 740.62 | 7.70% |
| 上海地产集团 | 258 868.08 | 19.99% |
| 天宸股份 | 29 922.19 | 2.31% |
| 上海城投集团 | 268 842.15 | 20.76% |
| 上海格林兰 | 376 655.21 | 29.09% |
| 国投协力 | 12 500.00 | 0.97% |
| 珠海普罗 | 13 122.78 | 1.01% |
| 鼎晖嘉熙 | 55 600.00 | 4.30% |

续表

| 绿地集团股东 | 出资额(万元) | 持股比例 |
|---|---|---|
| 宁波汇盛聚智 | 50 000.00 | 3.86% |
| 平安创新资本 | 129 650.00 | 10.01% |
| 合　计 | 1 294 901.03 | 100.00% |

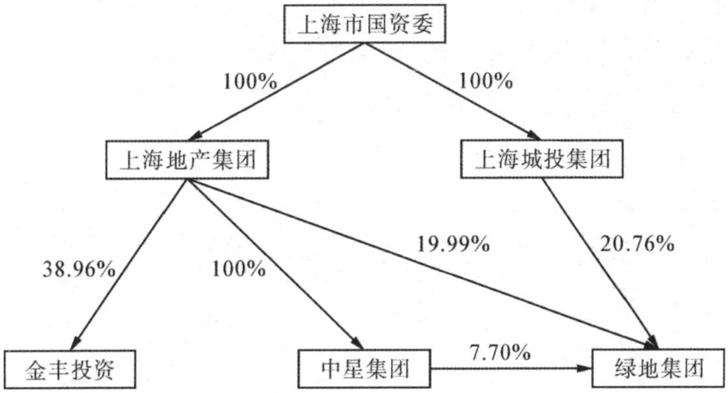


图23　绿地集团与相关方关系图

## 二、收购事件一览

- 2014年6月13日，金丰投资董事会逐项审议通过了《关于公司重大资产置换及发行股份购买资产暨关联交易方案的议案》，关联董事对于设计关联交易的议案回避了表决，该交易方案已经由绿地集团全部股东的内部权力机构审议通过。

- 2014年6月27日，金丰投资收到上海市国资委《关于上海金丰投资股份有限公司重大资产重组有关问题的批复》(沪国资委产权〔2014〕155号)，原则上同意此次交易。

- 2014年6月30日，金丰投资2014年第一次临时股东大会审议通过了《关于公司重大资产置换及发行股份购买资产暨关联交易方案的议案》。

- 2015年4月23日，上市公司重大资产置换及发行股份购买资产暨关联交易之重大资产重组事项在并购重组审核委员会2015年第32次工作会议中获得有条件通过。上市公司于2015年6月18日收到中国证监会的正式批复。

● 2015年6月30日，拟置入的绿地集团100%股权已过户至上市公司名下，过户手续及相关工商变更登记工作已完成。

● 2015年8月12日，上市公司召开了2015年第一次临时股东大会，会议审议通过了关于变更公司名称的议案、关于变更公司经营范围的议案、关于增加公司注册资本的议案以及关于修改公司章程的议案；选举张玉良、许敬、张蕴、田波、陆建成、汲广林、蔡顺明、何启菊、宋成立、周青为上市公司董事，选举陈晓漫、郑成良、华民、吴晓波、卢伯卿为上市公司独立董事，选举常达光、印学青、张燕、孙树峰、应伟、李文为上市公司监事。

● 2015年8月18日，经董事会和临时股东大会同意，上市公司名称由“上海金丰投资股份有限公司”更改为“绿地控股股份有限公司”，上市公司证券名称由“金丰投资”变更为“绿地控股”，证券代码和公司行业保持不变。

## 三、收购方案

金丰投资通过资产置换和发行股票的方式购买绿地控股集团有限公司100%股权，此次交易包括资产置换和发行股票购买资产两个部分。具体来看，金丰投资首先以其全部的资产与负债与上海地产集团置换其所持有的绿地集团等价的股权；其次，金丰投资向绿地集团全体股东非公开发行A股股票购买其所持有的绿地集团股权，其中向上海地产集团购买的股权为其所持绿地集团股权在资产置换后剩余的部分。此次交易置入资产绿地集团100%股权交易价格为6 673 205万元，置出资产交易价格为219 196.8万元，以发行价5.54元/股，共计发行11 649 834 296股新股票，其中向上海地产集团发行2 012 394 199股，向中星集团发行927 812 451股，向上海城投集团发行2 500 837 581股，向上海格林兰发行3 503 741 870股，向天宸股份发行278 343 754股，向平安创新资本发行1 206 037 043股，向鼎晖嘉熙发行517 205 241股，向宁波汇盛聚智发行465 112 627股，向珠海普罗发行122 071 374股，向国投协力发行116 278 156股。交易前后股东变动情况见表17。

表17　绿地集团交易前后股东情况

| 股东名称 | 本次交易前 | | 本次交易后 | |
|---|---|---|---|---|
| | 持股数量(万股) | 持股比例 | 持股数量(万股) | 持股比例 |
| 上海地产集团 | 20 195.81 | 38.96% | 221 435.23 | 18.20% |
| 其他公众股东 | 31 636.19 | 61.04% | 31 636.19 | 2.60% |
| 上海城投集团 | — | — | 250 083.75 | 20.55% |
| 中星集团 | — | — | 92 781.24 | 7.62% |
| 上海格林兰 | — | — | 350 374.18 | 28.79% |
| 天宸股份 | — | — | 27 834.37 | 2.29% |
| 平安创新资本 | — | — | 120 603.70 | 9.91% |
| 鼎晖嘉熙 | — | — | 51 720.52 | 4.25% |
| 宁波汇盛聚智 | — | — | 46 511.26 | 3.82% |
| 珠海普罗 | — | — | 12 207.13 | 1.00% |
| 国投协力 | — | — | 11 627.81 | 0.96% |
| 合　计 | 51 832.01 | 100% | 1 216 815.43 | 100% |

原交易方案获得了证监会有条件通过，根据证监会出具的反馈意见和并购重组审核委员会出具的审核意见，金丰投资对此次收购方案进行了修改和完善，主要在方案中增加了盈利承诺及补偿安排，承诺绿地集团2015年、2016年和2017年三年合计实现归属母公司股东净利润(扣除非经常性损益后)不低于165亿元，未能达到累积承诺利润，交易对方应进行补偿。

## 四、案例评论

### (一)“借壳上市”的动机以及“选壳”的技巧

(1) 除去借壳上市的一般优势，在内地房地产市场受到调控的背景下，绿地集团利用“借壳上市”登陆A股市场具有重要的意义：降低政策限制的影响。证监会在“国十条”发布后表示，房地产企业上市或再融资都需先征求国土资源部意见，并暂缓受理房地产企业重组的申请。从2010年至今，没有一家房地产开发公司通过证监会发审委审批，因此，绿地集团通过IPO登陆A股的希望渺茫，借壳上市是唯一可能的选择。绿地集团通过反向收购金丰投资实现借壳上市，不仅节约了上市排队的时间，还将政策限制的影响降至最低。

选择金丰投资作为"壳"公司，绿地集团主要考虑到以下两个因素：第一，上海地产集团同意承接或指定第三方主体承接置出的金丰投资全部资产和负债，通过资产置换绿地集团实现"壳"的清理，拿到了所谓无资产负债、无业务和无人员的"净壳"，省去了重组后的董事会对上市壳公司进行内部重组或剥离的麻烦；第二，绿地集团和金丰投资都是上海国资委的下属企业，作为上海市国资委主导的交易，在并购和整合过程中遇到问题和阻力的概率相对较小，交易能够更顺利地完成。

### （二）并购过程中的技巧

绿地集团在格隆希玛国际收购盛高置地的案例中积累了丰富的资本运作经验，并在此次的借壳上市中表现十分优异，其中有几点非常值得注意：

**1. 引入战略投资者，维护绿地集团"借壳上市"后的上市地位**

在引入战略投资者前，绿地集团股权由4家公司和职工持股会持有，绿地集团"借壳"金丰投资被市场广泛称为"大象装进鸡蛋壳里"。在两家公司资产规模悬殊巨大的情况下，绿地集团若直接上市，社会公众持股仅为原金丰投资的社会公众持股，社会公众持股比例将远远低于上市公司总股本10%，绿地集团将面临不符合上市条件的风险。为了化解这一风险，绿地集团引进5家战略投资者，增加公司注册资本2 086 982 206元，合计持有绿地集团上市前20.15%的股权。上市成功后，5家战略投资者和原金丰投资社会公众股东共计持有绿地控股22.54%的股权，保证了绿地控股符合上市条件。相较于战略投资者，引进5家新股东的作用更偏向财务投资者。战略投资者往往更注重被投资企业的长期投资利益，所以持股年限较长，一般都在5～7年左右；并且战略投资者一般也希望能够参与公司的经营管理，不仅带来资金，更发挥自身丰富的管理经验，使被投资企业做大做强。然而绿地集团引入的5家战略投资者中仅平安创新资本委派了一名董事，其他4家均不参与上市公司的经营，且所持上市公司股票的锁定期为12个月，因此较短的股票锁定期可能使这5家战略投资者谋求短期的收益最大化，使得它们更倾向于作为财务投资者。

**2. 成立上海格林兰吸收合并职工持股会，解决不规范问题，让职工持股会符合上市要求**

《中国证监会关于职工持股会及工会能否作为上市公司股东的复函》（法律部〔2000〕24号）明确表示，暂不受理工会作为股东或作为发起人的公司公开发行股票的申请。因此，绿地集团必须妥善解决好职工会持股问题才能顺利获得中国证监会的批准。一些公司在谋求上市时会对职工所持股进行清算，但此方法不仅使得绿地集团管理层和职工失去享受公司上市红利的机会，并且使得上市公司完全丧失了员工持股的激励作用。绿地集团职工持股会规范过程如下：(1)管理层43人共同出资10万元设立管理公司格林兰投资；(2)全体持股会员与格林兰投资成立32家有限合伙企业：上海格林兰壹投资管理中心（有限合伙）至上海格林兰叁拾贰投资管理中心（有限合伙），其中格林兰投资为普通合伙，全体持股会员为有限合伙；(3)格林兰投资以及32家合伙企业再共同出资设立有限合伙企业上海格林兰。其中格林兰投资为普通合伙，即绿地集团管理层负责上海格林兰的日常经营，承担较大风险。上海格林兰吸收合并职工持股会后成为绿地集团的股东，完美解决了职工持股会不规范的问题。

**3. 上海市国资委出具说明摆脱实际控制人身份，避免要约收购**

此次交易完成后，虽然上海格林兰、上海城投集团、上海地产集团及其全资子公司中星集团持有上市公司股权接近，且均未超过30%，没有任何单一股东能对上市公司形成控制关系，但上海地产集团和上海城投集团均为上海市国资委履行出资责任的国有独资公司，上海市国资委通过旗下全资公司上海地产集团和上海城投集团合计持有上市公司30%以上的股权，应发起要约收购。然而上海市国资委出具了说明，表明上海地产集团与上海城投集团在作为绿地集团股东时按照各自的决策机制独立进行经营管理决策，分别独立持有相关股权，互不干涉，互不影响，两者不构成一致行动人行使股东权益。因此，上海市国资委不参与绿地集团的经营管理，上市公司无实际控制人，上海市国资委避免了要约收购。

## （三）并购整合技巧

### 1. 剥离低效资产

由于近年来绿地集团发展迅速，资产规模和营业收入大幅增长，投资项目数量增长也很快。在高负债率高净资产收益率（ROE）的运营模式下，随着融资渠道受限和房地产市场周转率下降，投资项目后续资金受到一定程度的影响，一些投资项目效率较低。2015年12月5日，绿地控股董事会同意公司全资拥有的上海赓臻投资合伙企业（有限合伙）将所持上海堃懿资产管理有限公司、上海懿勋资产管理有限公司、上海懋懿资产管理有限公司、上海懿馨资产管理有限公司、上海翱馨资产管理有限公司、上海金鸿置业有限公司6家公司（主要资产为各持有一个商办物业项目）各99.999%股权通过上海联合产权交易所协议转让给上海彤熹投资合伙企业（有限合伙，以下简称"上海彤熹"），股权转让价款总额为1 697 155 060.63元。通过剥离低效资产，加速资金的回流，并将资金投向更优质的项目，盘活受资金约束的存量资产，不仅有助于优化公司的资产负债结构，还能促进商业地产轻资产化运作，提高公司盈利水平。

### 2. 通过并购等方式寻求外部增长，实现战略转型

房地产业务和能源业务是对绿地集团利润和整体收入贡献最大的业务，但这些行业受经济周期性影响较强。为了应对主营业务各板块的竞争和挑战，绿地集团围绕自身竞争优势，加大战略新业务及转型产业的投入，实现依托综合产业平台，培育多元增长极。绿地集团一方面继续做强做优房地产主业并发展房地产衍生业务，继续保持其行业领先优势；另一方面，通过签订一系列战略合作协议，发起一系列兼并收购活动以扩展其主营业务范围，寻找发展空间大、盈利前景好的利润增长点。目前，绿地集团基本战略部署如下：（1）进一步扩大对博大绿泽国际有限公司的持股比例，发展绿地集团绿化业务，为房地产主业的发展提供协同与支持；（2）认购中国润东汽车集团有限公司股份成为其控股股东，继续提升公司在汽车行业的实力；（3）与大连、郑州等市政府签署《全面战略合作框架协议》，推动城市地铁建设、工业园区建设等项目合作，与中国国际金融股份有限公司签署战略合作协议，共同设立投资基金，拟通过非公开发行股票融资设立互联网创新金融公司，增资绿地融资租赁有限公司，收购杭州工商信托股权并增资，从而积极推动"大基建、大金融、大消费"等重要产业领域快速

发展，不断提升上市公司的核心竞争力。

### （四）“金丰—绿地”案例的意义

绿地集团借壳金丰投资这一案例，无论从资产运作的规模，还是并购过程中的操作技巧和手段，以及对市场的巨大影响，都称得上是近年来中国资本市场的一起经典之作，具有十分重要的意义：

**1. 上市公司将成为上海市国资系统中的多元化混合所有制企业，为未来其他国企改革提供了模板**

此次金丰投资资产重组注入绿地集团100%股权正是作为国资国企改革的重点区域——上海市——国资委国企战略性市场化重组的重要一环，推动了绿地集团的整体上市，促使大型国有企业进一步发展成为混合所有制经济，使得国有资本整体效率最优化，同时也为未来国企改革提供了新方案。

**2. “双上市平台”的形成为绿地集团融资提供了“双保险”**

虽然由于政策调控、内地银行“惜贷”，房企内地融资困难，但目前绿地集团通过香港资本市场融资还是具有一定的优势。但随着美国QE3政策的逐步退出，海外流动性充裕的局面将告一段落，海外融资通道或将受到挤压。绿地集团借壳金丰投资A股整体上市意味着内地—香港“双上市平台”形成。从长期来看，绿地集团未来融资时能够在沪港两个市场中进行选择，寻求成本最小的融资渠道，并且减少不确定性，为其资金来源提供了保障，对其可持续发展极其有利。

**3. 使资本向优势企业集中，加剧房地产市场的龙争虎斗和行业集聚**

为了争夺房地产行业龙头位置，绿地和万科近两年来展开了激烈的竞争。一方面，资本具有流向优质企业的特性，整体上市使得社会公众资源有机会流向绿地集团，大大提升了绿地集团的实力和竞争力，加剧了房地产市场各巨头的竞争；另一方面，内地房地产市场环境已发生了明显的变化，房地产行业加速整合，中小房地产企业面临退出或被收购的风险，行业集中度将增强，“大者恒大，强者恒强”的局面也将持续。因此，“借壳上市”的成功巩固了绿地集团在房地产市场的领先地位，并为其将来发展提供了资本支持。

**4. 加速推动绿地集团规模化扩展和转型**

绿地集团在未来的发展战略为以公众化、资本化、国际化为导向，继续做强房地产主业，并加快发展“大基建、大金融、大消费”等三个重点领域的综合产业，实现其战略转型。完成A股上市后，绿地集团将充分发挥A股资本市场的资源和上市公司关注度的优势，加速完成战略部署和转型。

## 五、市场表现（600606）

绿地集团交易前后的股价变化情况见图24。

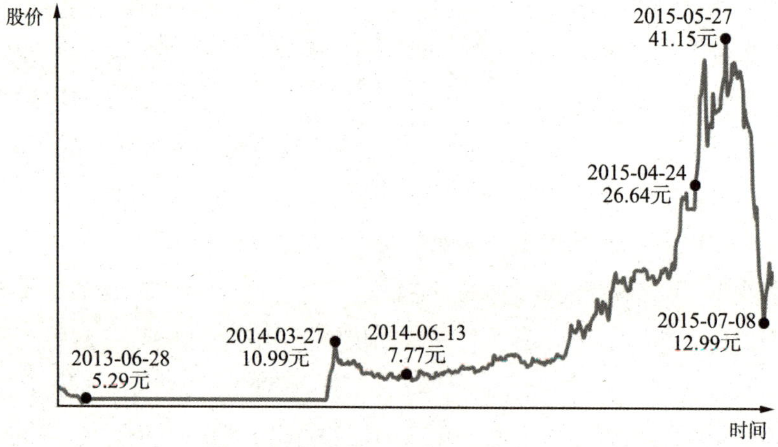


图24　绿地集团交易前后股价走势

# 第三辑　“一带一路”战略并购

# 002630
# 华西能源：
# “一带一路”跨国收购

## 一、收购相关方简介

### （一）收购方：华西能源

公司全称华西能源工业股份有限公司，注册地为四川省自贡市，注册资本73 800.00万元，2014年年末经审计的总资产为716 450.53万元。华西能源是电气设备行业的一家民营公司，其主营业务为优化节能型锅炉、新能源综合利用型锅炉及其配套产品的设计、制造和销售，以及根据客户的需求对能源工程项目提供设计、采购、施工、试运行（竣工验收）等实行全过程或若干阶段的工程总承包服务。

### （二）标的公司：巴基斯坦Grange Power Limited公司

巴基斯坦Grange Power Limited公司成立于2008年，注册地为巴基斯坦，注册资本为1 000万卢比，截至2014年12月31日，公司总资产17 133.91万卢比，控股股东为Grange Holding Group。其主营业务是发电、能源运营。巴基斯坦是“一带一路”战略的沿线国家，与中国关系密切。

## 二、收购事件一览

- 2015年3月27日,华西能源与巴基斯坦Grange Power Limited公司签署了《巴基斯坦Grange Power 150MW电站项目EPC工程总包合同》。
- 2015年10月8日,公司与巴基斯坦Grange Power Limited公司签署《增资入股协议》。
- 2015年10月9日,召开第三届董事会第20次会议,通过增资入股的议案。
- 2015年10月12日,披露对外投资公告,公司拟出资2 958万美元(折合人民币约18 784万元)增资巴基斯坦Grange Power Limited公司,收购其51%的股权,成为其控股股东。

## 三、收购方案

2015年3月27日,华西能源与巴基斯坦Grange Power Limited公司签署了《巴基斯坦Grange Power 150MW电站项目EPC工程总包合同》。根据合同,公司负责巴基斯坦Grange Power 150MW电站项目EPC工程总包。为把握巴基斯坦电力需求市场的快速发展机会,推动巴基斯坦Grange Power 150MW电站项目建设的顺利开展,公司于2015年10月8日与巴基斯坦Grange Power Limited公司签署了《增资入股协议》,公司拟出资2 958万美元(折合人民币约18 784万元)增资巴基斯坦Grange Power Limited公司。本次增资完成后,华西能源将持有标的公司51%的股权,成为其控股股东。公司将全面负责巴基斯GP电站项目的投资、建设、运营。

## 四、案例评论

### (一)"一带一路"引领制造业走出国门

2015年3月,"一带一路"成为两会的热门话题,其间带动了一大批"一带一路"概念股的崛起。"一带一路"是引领国内制造业走出国门,为经济带来新增长点的重要国家战略。放眼全球，受益于“一带一路”，众多相关上市公司的海外总包业务突飞猛进。巴基斯坦位于“丝绸之路经济带”与“21世纪海上丝绸之路”交汇处，为“一带一路”核心地区之一，一直以来与中国关系密切。巴基斯坦基础设施建设较为落后，电力资源短缺，因此电力建设是“一带一路”中巴合作重心。另一方面，巴基斯坦煤炭资源丰富，煤炭储量在1 860亿吨左右，居世界第七位，为发展火电提供了良好基础。种种条件促成了华西能源在巴基斯坦收购电力公司，建设电力项目。

### （二）海外市场前景广阔

“一带一路”沿线国家在发电设备方面的需求很大，“一带一路”沿线涉及65个国家，基础设施建设正进入加速期。据有关专家初步估算，投资总规模或高达6万亿美元。华西能源作为电力设备公司，在“一带一路”的战略条件下，紧密跟随国家节能环保、新能源支持政策，加大国际市场开拓力度，积极把握市场机遇，在2015年新增许多大额国际订单。2015年3月华西能源与巴基斯坦Grange Power Limited公司签署了巴基斯坦150MW燃煤电站项目EPC工程总包合同，金额约人民币11.83亿元。除巴基斯坦外，公司“一带一路”布局充分，在印度、泰国、韩国、孟加拉等都有多个大型电站总包跟踪项目，比如，2015年7月公司还与泰国Sermsappaisal Group 1999 Co.公司签署9.5MW生活垃圾焚烧发电项目EPC总承包合同，合同金额约人民币10.51亿元。

与“一带一路”沿线国家合同的签订彰显了公司强大的拿单实力，提高了公司海外市场品牌知名度，进一步推动了公司国际上“一带一路”以外市场的业务发展。受益于“一带一路”政策的带动，2015年公司总共签下6笔EPC工程总包和设备销售订单，合同金额达到85.44亿元，是公司2014年全年营业收入的2.6倍，全年总包业务收入的近10倍。85.44亿元的合同中，海外项目金额为75.24亿元，占比达到88%。海外大项目金额大，毛利率极高，按13%退税国际价格预计，海外EPC订单净利率平均可达10%，大幅超过国内4%～5%的净利率。与此同时，海外订单一般执行周期为2～3年，可有效推动公司未来2～3年传统业务的增长，目前已签订的海外大单为公司提前锁定了2016、2017年的业务收入，业绩增长可期。

华西能源作为“一带一路”的纯正标的，具有强大的国际拿单能力，海外布局前景广阔，收益可观，公司或仍将加码。

### （三）借力东风发展壮大

华西能源在海外业务方面前期准备充分，此次通过增资控股Grange Power Limited公司，直接目的是负责跟进2015年3月与其签署的项目，参与海外项目投资运营。通过布局巴基斯坦市场，有助于公司进一步累积当地市场经验及资源，同时，考虑到巴基斯坦在国家“一带一路”战略中的重要地位及当地电力投资的快速增长，此次与Grange Power Limited公司的合作不仅将极大提高公司的盈利能力，而且更加吸引了海外订单的青睐，进一步拓展了国际市场，提升了华西能源海外市场品牌影响力和竞争力。

在业务开展得如火如荼的同时，公司的融资工作也取得了进展。2015年6月，公司披露了非公开发行预案，并拟使用部分募集资金收购天河（保定）环境工程有限公司60%股权。这一举措对完善公司节能环保清洁能源产业链、解决重大项目投资建设资金需求将产生积极的促进作用，为公司的进一步发展蓄力。在“一带一路”的东风中，公司立足自身业务优势，抓住发展机遇，积极融入“一带一路”的建设，借力打开国际市场，海外大单铺路助其实现业绩突破的同时积累了丰富的项目建设和管理经验。在业绩向好、前景广阔时，公司没有止步于此，而是扩大融资，收购股权，增强自身的实力，真正是依托“一带一路”推进全球战略，实现业绩的跨越增长和公司的发展壮大。

## 五、市场表现(002630)

华西能源交易前后的股价变化情况见图25。

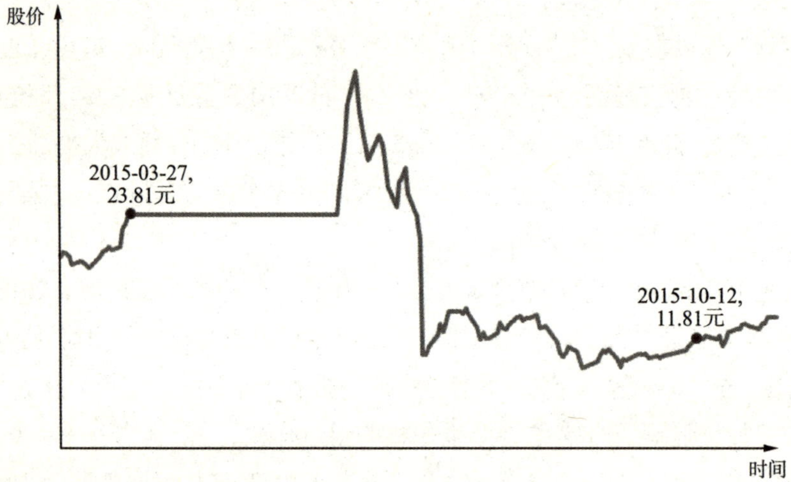


图25　华西能源交易前后股价走势

# 300164

# 通源石油：<br>跨国收购，出海转型

## 一、收购相关方简介

### （一）收购方：西安通源石油科技股份有限公司

通源石油创立于1995年，是一家专注于油田增产领域的民营企业。其由一家专业从事复合射孔研发、生产、销售与服务的公司，发展成为可为油田客户提供多种一体化服务的上市企业。公司依托自主研发的油气增产新兴技术，立足于油田服务领域，向油田客户提供复合射孔器销售、复合射孔作业服务、复合射孔专项技术服务、爆燃压裂作业服务及油田其他服务，在中国与美国成立多家分、子公司，市场网络覆盖国内24个主要油田及海外的美国、印度尼西亚、哈萨克斯坦等国家油田市场。公司的战略规划是在保持作为国内复合射孔和爆燃压裂作业服务业务的领先地位的基础上，深入推进以钻完井作业服务和油田综合治理服务为主线的油田综合服务能力建设，加大国外市场开发力度。公司正以成为具有技术优势和影响力的国际化油田服务企业集团为目标，通过技术引进、合作、资本运作等方式，加速一体化服务能力的升级，持续完善和建立新的发展性核心技术优势，助力企业竞争力整体提升。

### （二）被收购方：西安华程石油技术服务有限公司

华程石油由通源石油控股股东张国桉及其配偶蒋芙蓉共同出资设立，张国桉是公司的实际控制人。华程石油及其子公司华程增服、通源油服均是为配合上市公司此次海外收购而设立的公司，并未开展任何实质性业务，其核心资产为安德森服务公司。

### （三）标的资产：安德森射孔服务有限公司

安德森服务公司是由安德森有限合伙企业为避免高昂的资产转让税而设立的，其承接了安德森有限合伙企业除流动资产（不包括存货）以外的全部资产、人员、技术及销售渠道等有形和无形资产，是本次海外收购的最终标的。

安德森服务公司主营业务范围包括电缆水平井泵送分段射孔服务、电缆直井射孔服务、油管输送射孔、套管修复、套管井测井服务以及其他油田增产服务，主要在美国德克萨斯州以及邻近的新墨西哥州开展业务，而这些地区是全美页岩油、页岩气开发最为活跃的区域。公司的核心技术为水平井分段射孔作业技术，射孔服务收入占其营业总收入的75%左右，目前公司的水平井泵送射孔电缆服务技术已经达到世界领先水平。安德森家族是安德森服务公司前身安德森有限合伙企业的创始人和直接管理人，在射孔行业拥有超过60年的运营经验和企业管理经验，对公司的运营和管理起到了至关重要的作用。

## 二、收购事件一览

● 2013年2月18日，通源石油首次停牌，筹划重大资产重组事项。

● 2013年5月9日，通源石油临时股东大会审议通过了《关于对外投资暨关联交易的议案》，上市公司的美国全资子公司TPI与华程石油在境外设立的子公司WEI拟向TPI在美国投资设立的全资子公司TWS进行增资，增资后TPI对TWS的持股比例变更为40%。

● 2013年6月3日，通源石油披露预案，公司拟通过发行股份购买资产的方式进行重组，收购华程石油100%股权。

● 2013年7月，境外投资平台TWS与安德森控股公司完成资产交割。

● 2013年11月21日，通源石油因内部监管问题收到陕西证监局立案调查通知。

● 2013年12月3日，通源石油临时股东大会通过发行股份购买资产事宜。

● 2013年12月31日，通源石油向证监会撤回发行股份购买资产申请文件。

● 2014年6月13日，通源石油收到结案告知书，公司不受行政处罚。

● 2014年12月5日，证监会恢复审核公司并购重组申请。

● 2015年1月22日，中国证监会审核通过公司发行股份购买资产事宜。

## 三、收购方案

通源石油对安德森服务公司的收购拆分成两步：联合收购＋定向增发。即先由控股股东主要出资先行进行收购，再由上市公司向控股股东进行定向增发从而实现对目标公司的控股收购。

### （一）联合收购方案

通源石油为此次联合收购设立了境内外两个投资主体：公司控股股东张国桉及其配偶蒋芙蓉出资设立本次海外收购的国内投资主体华程石油，上市公司和华程石油分别通过其海外平台通源科技和华程增服对通源油服进行增资。通源油服是本次联合收购的境外平台，华程增服和通源科技分别持有通源油服60%、40%的股权。

随后，通源油服作为境外平台实施对安德森的收购。安德森有限公司设立安德森服务公司承接安德森全部经营性资产，同时设立安德森控股公司。通源油服出资41 538 462美元增资安德森控股公司（占安德森控股67.5%股权），安德森控股以现金和定增方式收购安德森服务公司100%股权。最终，通源油服完成了对安德森服务公司的控股收购。

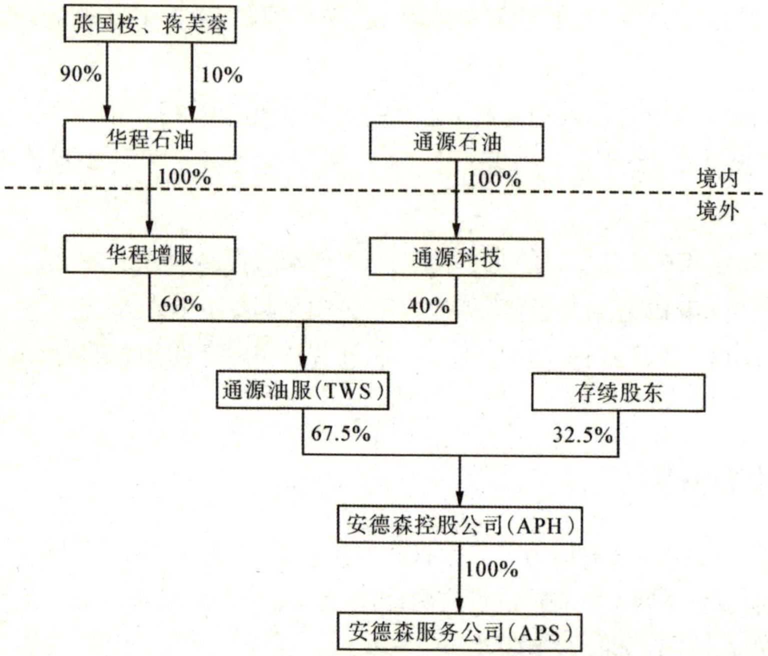


图26　通源油服收购安德森服务公司关联方情况

## （二）发行股份购买资产

通源石油以6.66元/股向张国桉发行22 441 606股，向蒋芙蓉发行2 493 511股，合计24 935 117股股票用以支付收购华程石油100%股权的对价。通源石油借此完全完成对安德森服务公司的控股收购。交易完成后，安德森服务公司的产权控制关系如图27所示。

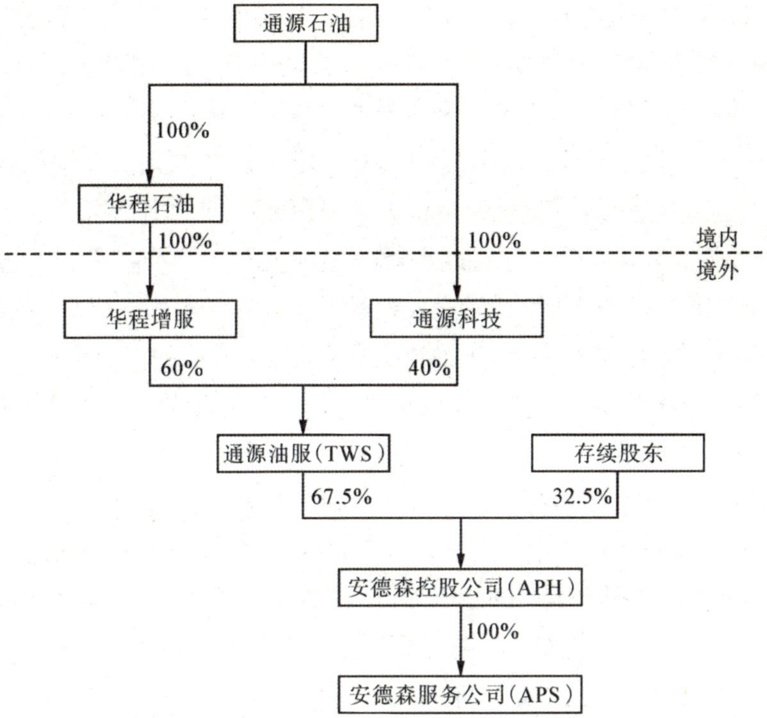


图27 安德森服务公司产权关系图

## 四、案例评论

在此次海外并购中,收购相关方一共设立了六个新公司,非常巧妙地将收购方案尘埃落定。安德森的掐表限时使通源石油不得不与时间赛跑,看似复杂的曲线收购实则提高了整个收购过程的效率。"两步走"的精巧收购方案本能在2013年一气呵成,无奈中途因为公司内部监管问题中止一年。公司最终于2015年年初完成收购。但从创新程度和市场影响方面来看,该起案例算得上中国民营油服企业进军海外市场的经典之作。

### (一) 收购安德森,加速出海转型

通源石油作为一家专注于油田增产领域的民营企业,以复合射孔为核心技术,以钻井和压裂服务为新亮点,致力于推动油服综合能力建设。但目前公司

的油田服务能力仍不够全面，客户局限于国内，市场空间有限，进军海外势在必行。公司于2007年推出“借船出海—海外子公司—海外并购”的出海战略：先采取伴随式策略“借船出海”，充分利用与国内油气开发公司的国内合作基础，在其海外油田区块拓展业务，初步建立海外市场根据地；再通过合作和自主开发的方式，选择合适的国家直接建立海外子公司；最后通过并购拥有国际领先技术的境外油服公司以获得现成的品牌、渠道和技术。正所谓“无利不起早”，与“三桶油”的国家战略相比，民营企业收购美国石油企业来得更现实：除了美国相对完备健全的法规保障外，美国政府尤其是地方政府的资金补贴、中小企业优惠贷款等多种鼓励投资的优惠政策对他们也有巨大的吸引力。而且美国是全球最大的油服市场，安德森是美国页岩气领域最成功的射孔服务公司，业务范围和通源石油重合性高，核心技术为水平井分段射孔作业技术。收购安德森有利于通源石油掌握该前沿性的稀缺技术并推广应用于国内油田，逐步完善公司的产业链条，推动公司向国际化油田综合服务商不断迈进；同时有利于公司顺利进入存在较高行业壁垒的美国射孔服务市场，实现公司核心产品及业务在北美地区的拓展，提升公司的盈利能力。

### （二）曲线收购，尽显“闪转腾挪”

海外并购是一项复杂且浩大的工程，国内上市公司若要直接完成境外并购交易，除了需经过发改委、商务部、外管局等政府部门的审批，还需面临证监会的审核，其中审批机关间的协调使得整个交易完成历时较长，大大降低了并购效率。由此可见，时间成本是海外并购要面临的最大问题，因此如何设计交易结构扬长避短成为上市公司进行海外并购交易的重点。境外收购交易结构可以从两个维度展开：资金来源和交易实施方式。通源石油曲线收购安德森正是基于以上两个层面的创新。

资金来源方面，上市公司并购所需资金一般源于三种渠道：自有资金、股权融资、债权融资，其中自有资金主要来自企业经营所得的利润或者可用于扩大再生产的资本公积。但一般由于境外收购涉及资金量较大，多数公司优先考虑股权或债权融资，其中股权融资即上市公司通过公开或非公开增发股票、配股的形式进行融资，但这些均需提交证监会审核，审批过程较长造成了不必要的时间成本。通源石油为此次收购安德森打造的境外平台通源油服采用的是

4 150万美元股权融资与3 350万美元债权融资相结合的方式。通源油服是设立在境外的非上市公司，通过增资方式实现的股权融资可绕过许多审批环节，通源科技、华程增服对其增资1 659.96万美元、2 490万美元后，分别持有40%、60%股权。通源科技的增资资金来自通源石油向平安银行股份有限公司深圳分行申请办理的内保外贷，此次内保外贷的结构为在境内企业向中国境内银行出具无条件、不可撤销反担保的前提下，由中国境内银行为申请人的境外收购主体提供融资性对外担保。具体而言，通常由该银行的中国境内分行为申请人在境外注册的收购主体向该银行境外分行或境外代理行等开立保函或备用信用证，由境外分行或境外代理行向借款人提供融资。而华程增服的增资资金主要来自上市公司控股股东张国桉的股票质押融资、贷款和自有资金。剩余3 350万美元债权融资全部来自于通源石油的内保外贷。通源石油对融资方案的精妙设计大大提高了募集资金的效率。

交易实施方式方面，境外并购的实施形式分为两种。直接并购的形式具体表现为直接收购或通过设立境外子公司(SPV)进行收购，但此种方案要求上市公司本身有充足的资金且可遵循严格的停牌规则，公司在短时间内完成并购交易的压力较大；间接形式并购的出现主要基于解决公司自有资金不足、交易时间紧迫等问题，通常表现为上市公司控股股东或并购基金先行收购，再通过资产重组形式注入上市公司。从此起并购的具体方案可见，通源石油采用的是“两步走”间接形式——首先与控股股东借助境外平台通源油服进行联合收购，再通过向控股股东定增的方式达成对安德森的控股收购。可以发现，为了完成此次境外收购，通源石油及其控股股东张国桉夫妇共设立了四家公司，以层层控股的间接模式建立起了一道防火墙，防范潜在风险发生的同时也大大提高了并购效率，且在被收购方时间要求紧迫下，快速完成了并购交易。而且采用控股股东与上市公司进行联合收购的方式，在进行第一步时就需进行信息披露以及取得股东大会的同意，比起控股股东先行收购，该种方案有效地避免了在实施第二步时收购方案被股东大会否决的风险。而且通源石油最终通过定向增发的形式收购华程石油，相对缓解了上市公司的并购融资压力，也稳固了大股东张国桉的控股地位。被收购方安德森为了规避税收风险也新设了两家公司，进行了一番资产的腾挪，将除流动资产外的约7 697.6万美元总资产装入了新设立的安德森服务公司，而且收购标的定为安德森服务公司很好地规避了安德森有限合伙企业可能存在的或有负债及诉讼风险，也在一定程度上降低了前期海外尽职调查工作的复杂性，不需过度关注应收账款的可收回情况，降低了上市公司本次海外收购的法律风险及交易成本。

## 五、市场表现（300164）

通源石油收购前后的股价变化情况见图28。

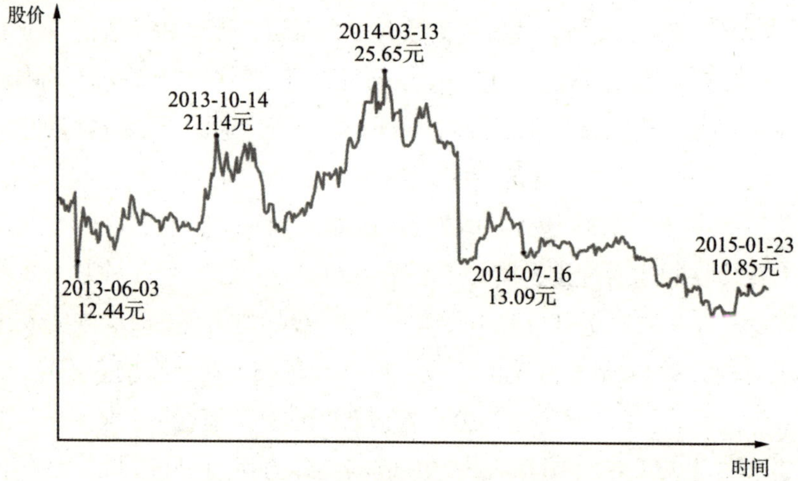


图28　通源石油收购前后股价走势

# 300362

# 天保重装：PE“搭桥”，跨国并购

## 一、收购相关方介绍

### （一）收购方：天保重装

天保重装，全称成都天保重型装备股份有限公司，前身为创立于2001年的成都天保机械制造有限公司，2014年1月21日在深交所创业板挂牌上市。公司坐落于“天府之国”成都市，交通运输极为便利，是目前西南地区规模最大、综合实力最强的重型装备企业之一。公司的主营业务为节能环保及清洁能源设备的研发、生产、销售，主要产品为大型节能环保及清洁能源设备，具体包括分离机械系列设备和水轮发电机组设备。其中，分离机械设备包括卧螺离心机、大型活塞推料式离心机、真空转鼓过滤机、蒸汽煅烧炉等系列产品；水轮发电机组设备包括50MW～300MW中小型水轮发电机组成套设备和大中型水轮发电机组部套设备。自成立以来，公司一直从事大型节能环保设备的制造。公司的大型装备制造能力在西部地区位居民营企业前列，是国内纯碱行业最大的分离机械及配套设备供应商，客户遍及国内20余个省市及国外10余个国家、地区。

公司以“节能环保”和“清洁能源”为业务主线，在保持水电业务稳定推进的同时基于行业内、外技术，自主研发并独家整合多项环保节能技术，提供合同能源管理一体化解决方案和成套设备供应，扩大市场份额，分享节能效益。

### （二）标的公司一：美国圣骑士公司（Centrisys Corporation）

美国圣骑士成立于1987年，是全球著名的环保分离设备制造及环境治理工程服务提供商，业务范围包括污水污泥处理处置设备的制造、设备租赁维修服务、相关设备系统集成以及河道湖泊的环保清淤。其产品和服务广泛应用于市政、石油石化、矿山、电力等领域的污水污泥处理处置，形成了包括高干度污泥脱水机、新型高效污泥浓缩机、Airprex®污泥除磷技术、污泥零能耗处理工艺等一系列具有世界先进水平的污水污泥处理处置设备及处理工艺。

公司专业从事卧螺离心机的研发和生产已超过20年，其卧螺离心机的技术和性能代表了同行业的世界领先水平，是全美环保行业最大的卧螺离心机制造商，已在全世界范围内为近2 000座污水处理设施提供了卧螺离心机及污泥脱水方案。同时，公司还能开展设备租赁维修、系统集成、工程服务等业务，有效保证了公司的利润来源。

### （三）标的公司二：圣骑士房地产公司（Centrealestate Inc）

圣骑士房地产成立于2001年1月22日，出租并持有位于Kenosha的三处房产以及位于美国加利福尼亚州的一处房产。美国圣骑士目前生产经营所需的土地、厂房产权归属于圣骑士房地产公司所有。

## 二、收购事件一览

- 2014年12月8日，天保重装因公司筹划重大事项停牌。
- 2015年2月10日，天保重装董事会通过决议，公司出资3 000万元与东证融成资本管理有限公司共同发起设立东证天保环保产业并购基金（有限合伙）作为公司产业并购整合的平台。
- 2015年3月9日，天保重装认缴3 000万元、东证融成认缴47 000万元，于成都高新区共同设立了成都东证天圣股权投资基金合伙企业。
- 2015年3月13日，天保重装公告，公司变更重大资产重组为非公开发行股票。
- 2015年3月19日，东证天圣于成都高新区独资设立了成都圣骑士环保科技有限公司(SPV1)。

- 2015年4月12日,SPV1于美国特拉华州独资设立Centrisys Capital, Inc(SPV2)。
- 2015年5月1日,披露非公开发行股票预案,以及与东证天圣签署股权收购协议的公告。
- 2015年5月15日,股东大会通过公司非公开发行事项。
- 2015年7月22日,美国外国投资委员会审阅通过此次收购美国圣骑士公司80%股权及圣骑士房地产公司100%股权事宜。
- 2015年8月25日,SPV2与目标公司股东方完成股权交割。
- 2015年11月11日,证监会审核通过公司非公开发行股票事项。
- 2016年1月8日,变更名称为“成都天翔环境股份有限公司”。

## 三、收购方案

天保重装此次收购美国圣骑士公司80%股权和圣骑士房地产公司100%股权采取了两步走的方式,即先与东证融成共同发起设立并购基金,由并购基金在国内设立特殊目的公司SPV1,SPV1在美国设立SPV2,由SPV2收购目标公司;再通过非公开发行股票所募资金收购SPV1的100%股权,实现对目标公司的控制。

### (一) PE“搭桥”方案

为了完成此次海外收购,天保重装借助PE作为此次并购的“桥梁”:天保重装与东证融成投资管理有限公司共同发起设立东证天圣股权投资基金合伙企业,其中东证融成作为普通合伙人(GP)认缴4.7亿元,天保重装作为有限合伙人(LP)认缴3 000万元,基金存续期限为3年。随后,东证天圣于中国境内设立圣骑士环保科技有限公司(SPV1),SPV1于美国独资设立Centrisys Capital, Inc(SPV2),SPV2以7 090万美元的现金对价成功收购圣骑士公司80%股权以及圣骑士房地产公司100%股权。其中,圣骑士公司80%股权的交易价格为6 240万美元,圣骑士房地产100%股权的交易价格为850万美元(见图29)。

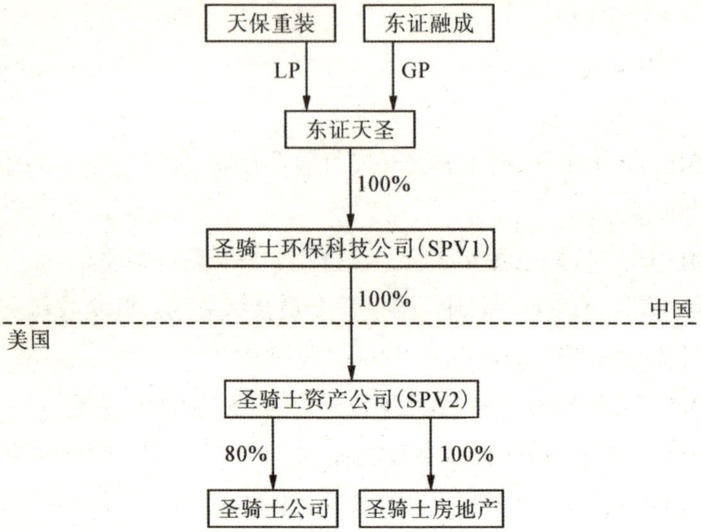


图29　PE搭桥方案图

### （二）非公开发行股票募集资金

天保重装以26.52元/股的价格向长城国融、光大资本、天风证券、东海瑞金一瑞龙11号以及公司实际控制人邓亲华等5名特定投资者非公开发行37 707 389股股票，募集资金10亿元，其中不超过4.7亿元的资金用于收购SPV1 100%股权（包括东证天圣通过SPV2收购境外标的股权所发生的全部资金，东证天圣因本次交易所发生的相关税费，加上按照12%年化收益率计算的资金使用成本）。天保重装使用定增募得资金收购东证天圣持有的SPV1的100%股权，间接收购了SPV1的全资子公司SPV2持有的圣骑士80%股权和圣骑士房地产100%股权。最终产权控制关系见图30。

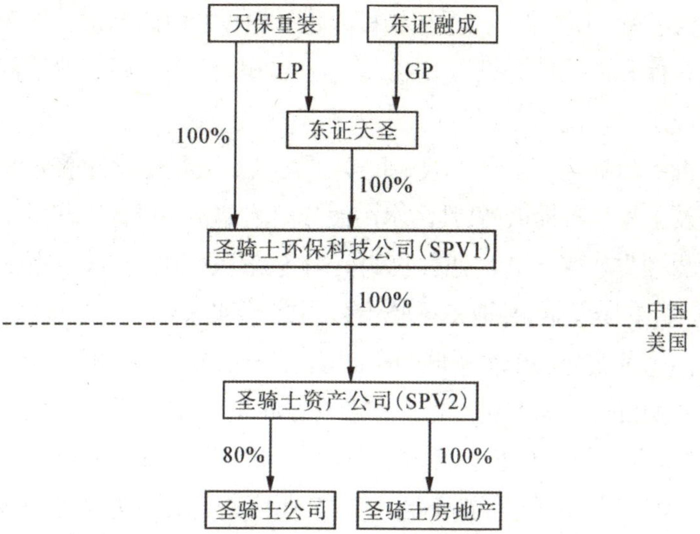


图30 圣骑士产权控制关系图

## 四、案例评论

天保重装此次收购美国圣骑士公司,实现了向环保产业的全面升级转型。收购完成后,公司于2016年1月5日正式更名为成都天翔环境股份有限公司,未来将逐步发展成为主要以污水污泥处理处置、环境工程综合治理服务为一体的综合环保服务型上市公司。从收购的战略布局和并购手法上来看,该起案例算得上是资本市场的创新经典之作。

### (一)跨国收购,全面进军环保产业。

并购是2015年环保产业最热的关键词之一。行业并购潮起,跨界并购火爆,环保行业成为资金流向的热土。随着“新环保法”的正式实施,国家部委下发了近20条环保政策,涵盖了水、大气、垃圾处理、环境监测、第三方环境治理以及政府和社会资本合作等领域,这些利好政策也推动着行业内的兼并重组。其中,水污染防治和污泥处理处置是国内环境保护的重点领域,未来发展潜力巨大。根据国家环保部的数据统计,我国水环境质量差,人均水资源量少且时空分布严重不均,用水效率低,水生态受损严重。由于水污染的范围和程度不断地扩大，我国在水污染防治领域的投入也呈逐步加快的趋势。天保重装多年来在节能环保和清洁能源领域发展，目前在纯碱、污水污泥处理处置和水电等行业已形成了一定的市场影响力，未来准备加大在污水污泥处理控制、湖泊河道清理方面的发展力度。此次收购的美国圣骑士公司是全球著名的环保分离设备制造及工程服务提供商，其污水污泥分离浓缩相关设备工艺技术代表了同行业的世界领先水平。公司通过收购美国圣骑士公司将打破现有卧螺离心机产品的技术、市场限制，并取得圣骑士公司20余年来积累的主要核心技术，实现公司在污水污泥处理处置领域的全面技术升级和跨越，同时公司的产品可以直接进入欧美发达国家市场。通过整合双方在生产、运营管理和销售上的优质资源，充分发挥双方的优势互补效应，全方位参与国际、国内环保市场开拓，实现"国际化发展、全球性布局"战略，使得公司快速发展成为世界一流的固废处理系统解决方案及环境治理服务提供商，向环保产业全面升级转型。收购圣骑士房地产公司将获得圣骑士日常生产经营所需土地、厂房、机器设备的产权，以保证圣骑士资产的完整性和独立性，有利于公司的长期稳定发展。

### （二）巧用"PE＋上市公司"模式

值得注意的是，此起案例的收购手法尤显特别。与A股大多数上市公司的并购方式不同的是，天保重装此次并购先参与设立并购基金购买海外资产，再非公开发行募资完成接盘，这一手法是典型的"PE＋上市公司"收购模式。上市公司在进行境外并购时通常有两种选择，一是直接并购，即直接收购或通过设立境外子公司进行收购，但这种方式耗费的时间长而且对公司的自有资金要求高。因此大多数公司会选择间接形式的并购，PE"搭桥"就是其中一种。通过"PE＋上市公司"模式，可以规避证监会对上市公司并购重组的审核。当前上市公司参与设立并购基金主要有三大模式：成立有限合伙公司、有限责任公司和专项资产管理计划。通常情况下，在合伙人制的并购基金中，上市公司和外部投资人为有限合伙人，PE为普通合伙人。在分工上，PE主要负责并购基金运作、项目筛选调查等工作，收取1%到2%的顾问及管理费，并购基金完成投资后再将相应资产转让给上市公司。所以说，通过PE"搭桥"收购，上市公司锁定了并购交易，拥有资产的优先购买权。同时，上市公司可借助PE的资源和专业能力，在并购项目获取、项目审核、资本运作和产业整合等方面获得专业支持，从而提高并购的成功率和效率。借助并购基金，上市公司也将获得资金杠杆，缓解公司的资金压力。天保重装通过并购基金模式进行海外收购，除了基于以上因素的考虑，还考虑到此种模式有助于日后公司税前税后的运营管理，而且用非公开发行募得的资金购买SPV是现金交易，不是发行股份，避免了法律层面的循环持股问题。

## 五、市场表现（300362）

天保重装收购前后的股价变化情况见图31。

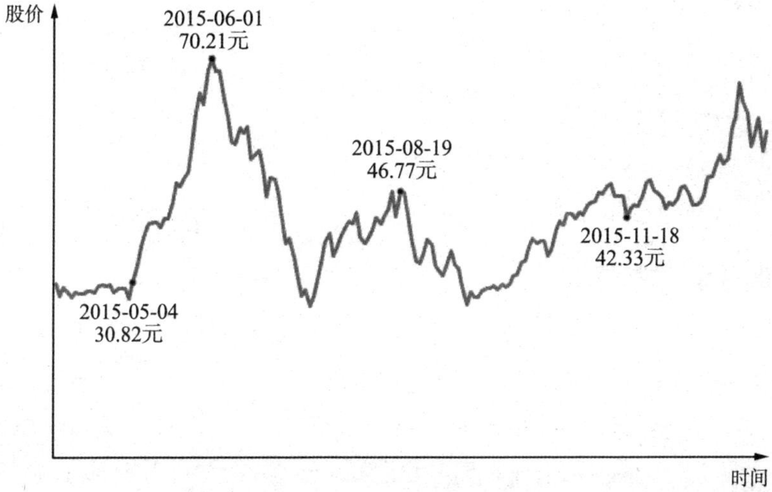


图31 天保重装收购前后股价走势

# 600584

## 长电科技：民营企业海外并购“蛇吞象”

### 一、收购相关方简介

#### （一）收购方：长电科技

长电科技，全称江苏长电科技股份有限公司，前身是江阴长江电子实业有限公司，1998年11月6日设立，并于2003年首次公开发行A股股票。长电科技注册资本为98 457万元，主要经营半导体封装测试，掌握了一系列高端集成电路封装测试技术，是国内第一家相关业务的上市企业，处于行业领先地位。

#### （二）收购标的：星科金朋

STATS ChipPAC Ltd.（不含台湾子公司），又称“星科金朋”，是此次交易的收购标的，为新加坡上市公司，原名ST Assembly Test Services, Ltd（简称“STATS”），于1994年成立。2004年STATS和ChipPac, Inc合并，同时更名为STATS ChipPAC Ltd.，注册资本为2 343 908 031.29新元，主要从事半导体芯片委外封装测试业务，在新加坡、美国、韩国、马来西亚及中国台湾等国家和地区设立了分支机构，拥有四个制造测试中心和两个研发中心，是全球半导体委外封装测试市场第四大经营者，具有领先的技术、丰富的业务和管理经验。星科金朋的控股股东为淡马锡控股公司。

### (三)收购主体:JCET-SC(Singapore) Pte. Ltd

JCET-SC(Singapore) Pte. Ltd是此次收购的要约人,是由长电科技、国家集成电路产业投资基金股份有限公司和芯电半导体(上海)有限公司出资共同成立的特色目的公司。具体来看,长电科技、产业基金和芯电半导体分别出资2.6亿、1.5亿和1亿美元成立特殊目的公司苏州长电新科投资有限公司;长电新科与产业基金分别出资5.1亿和0.1亿美元成立特殊目的公司苏州长电新朋投资有限公司。产业基金向长电新朋提供1.4亿美元的股东贷款;长电新朋出资6.6亿美元在新加坡成立JCET-SC(Singapore) Pte. Ltd,具体结构如图32所示:

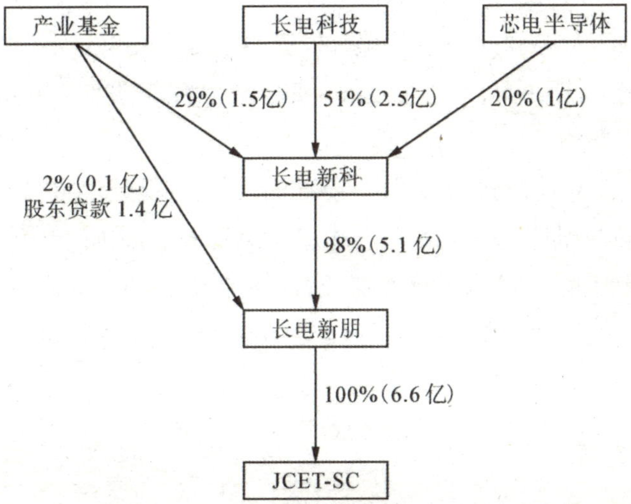


图32 交易关联方关系结构

## 二、收购事件一览

- 2014年11月3日,长电科技因策划重大事项从4日起开始停牌。
- 2014年12月26日,长电科技第五届第23次临时董事会审议通过了要约收购星科金朋的具体方案及相关事宜,收购相关协议和披露文件,并向星科金朋发出了附生效条件的要约。
- 2015年2月6日,国家发改委出具了项目备案通知书,同意长电科技收购新加坡上市公司星科金朋。

● 2015年2月12日，长电科技股东大会审议通过此次交易方案和相关议案。

● 2015年2月16日，此次交易通过了韩国反垄断审查，经双方律师认可，此次交易无需进行美国反垄断申报。

● 2015年3月31日，台湾投审会批准台湾子公司重组的相关事宜，星科金朋减资及台湾子公司重组事项获得了星科金朋股东大会和新加坡法院的批准。

● 2015年6月9日，中国商务部出具《审查决定通知》（商反垄审查函〔2015〕第39号），对于本次收购不予禁止，可以实施集中。

● 2015年6月23日，江苏省商务厅对此次交易境外投资的备案完成；25日，所在地外汇管理局对本次交易境外投资的备案完成。

● 2015年6月26日，所附生效条件完全获得满足，要约人向星科金朋全体股东发出正式要约。

● 2015年10月12日，有效接受要约的股份，与已经由要约人及其一致行动人持有、控制或即将收购的股份之和，占目标公司总股本的比例超过90%，要约人行使强制收购程序，收购剩余股权；2015年10月15日完成强制收购程序，要约人及其一致行动人合计持有星科金朋100%的股份，星科金朋退市。

## 三、收购方案

此次收购中，长电科技采用自愿有条件全面邀约的方式，收购新加坡证券交易所上市的星科金朋的全部股票。此次要约收购价格为每股股票0.466新元，交易总对价为7.8亿美元，按照2014年12月19日汇率，约合人民币47.74亿元，以现金支付。

## 四、案例评论

### （一）并购技巧

作为民营企业在海外的战略性并购，长电科技收购星科金朋在融资方式、并购技巧等方面都有着许多亮点。

1. **设立多层次主体，实现资金的“以小博大”**

星科金朋2013年的营业收入为15.99亿美元（约合人民币98.27亿元），年末总资产为23.78亿美元（约合人民币143.94亿元）；而长电科技同期营业收入仅为50.02亿人民币，年末总资产为75.83亿人民币。长电科技收购星科金朋这一重大资产重组可以算得上是“蛇吞象”之举。由于收购标的为境外上市公司，直接换股可能带来境外投资者持有A股、证监会审批新股发行等繁琐的问题，现金收购是比较简单的方式。如何筹措收购股权的资金是长电科技面临的第一个难题。一方面，长电科技近三年来资产负债率均在60%以上，若进一步举债，上市公司资本结构将急剧恶化，巨额的财务费用也将吞噬公司的盈利，因此举债不可行；另一方面，长电科技的股权结构较为分散，其控股股东江苏新潮科技集团有限公司仅持有上市公司14.11%的股权，若通过发行股票融资，新潮科技不一定能拿出足够的资金认购相应的股票，其控制权或将被削弱，这是新潮科技不愿看到的。在此背景下，长电科技充分利用“杠杆”的作用，通过引入联合投资者，设立多层次主体，运用多种融资手段以2.6亿美元资金“博得”7.8亿美元收购款，并获得对星科金朋的控制权，其具体操作如下：(1)长电科技将产业基金合计3亿美元的资金分拆成股本和债务两种形式，并多层次参股，尽可能地降低产业基金的控制权，其中1.5亿美元入股长电新科，持长电新科约29%股权，0.1亿美元入股长电新朋，持长电新朋约2%的股权，剩余1.4亿美元作为对长电新朋的可转股股东贷款；(2)将JCET-SC(Singapore) Pte. Ltd作为融资平台进行并购贷款，已于2014年12月27日获得中国银行出具的1.2亿美元贷款的承诺函，长电科技对贷款进行担保。

2. **通过一系列协议和条款平衡联合投资者间的利益**

由于产业基金和芯电半导体出资比例大，但对收购后星科金朋的日常经营决策影响力较小，收益和风险不匹配。一方面，长电科技承诺了相应的投资回报率，设计了股东贷款的可转股条款、惩罚性利率条款以及退出机制，平衡了联合投资者间的利益和风险；另一方面，产业基金承诺若其所持长电新科股权注入上市公司，在涉及长电科技日常经营管理事项时，与新潮集团保持一致行动，巩固了新潮集团对长电科技的控制权。

3. **精巧设计Newco公司，成功剥离台湾子公司**

鉴于台湾地区对于陆资企业投资台湾半导体相关行业企业有一定的政策

限制，为了使收购方案能够顺利实施，星科金朋需要先将台湾子公司剥离。首先，星科金朋将持有的100%台湾子公司SCT3的股权以1 500万美元出售给其持有52%股权的另一家台湾子公司SCT1；其次，在新加坡成立一家新公司Newco，并将52%的SCT1股权作价7 412万美元出售给Newco，并获得Newco向其发行的股份；最后，以减资的方式向股东派发Newco全部股权和不超过1 500万美元的现金，顺利剥离台湾子公司。在此过程中，星科金朋不仅没有额外的现金流出，还能收回SCT3所欠1.27亿美元的债务，改善了公司现金状况。

**4. 发行永续债券，改善星科金朋的资本结构**

星科金朋的资产负债率始终处于较高的水平，较高的利息支出也是导致其净亏损的原因之一。收购成功后，长电科技拟通过对星科金朋进行债务重组，优化目标公司的资本结构，改善公司信用评级。具体来看：(1)星展银行承诺向星科金朋提供上限为8.9亿美元的过桥贷款用于债务替换，在过桥贷款到期后，提供最高5亿美元的退出银团贷款并协助星科金朋进行其他债务融资；(2)由长电科技担保，星科金朋向所有股东配售规模为2亿美元的永续证券，该永续证券将作为权益工具在星科金朋的资产负债表中进行列示，降低了星科金朋资产负债表中的债务规模，有利于星科金朋的可持续发展。

## （二）长电科技海外并购的意义

**1. 拓展海外市场，提升长电科技国际影响力和行业地位**

虽然长电科技在国内封装市场占据了一定的优势地位，但想通过企业自身发展很难在短时间内打入国际市场，跻身世界前列。作为全球半导体封装测试行业中的第四大经营者，星科金朋拥有先进的技术优势、坚实的客户基础以及强大的知识产权组合。长电科技通过收购星科金朋，打开了欧美市场的大门，在继续巩固现有客户关系的同时可将产业链延伸至海外，实现跨越式发展；同时充分利用星科金朋尚未利用的生产线，拓展长电科技所能提供服务的范围，提升上市公司营业收入，实现资源有效配置，发挥协同效应，降低生产成本，提高上市公司盈利能力和竞争力。

**2. 借助国家政策的支持，实现民营企业“走出去”**

在国家政策鼓励集成电路产业发展并支持我国企业在“走出去”过程中提升竞争力的背景下，长电科技借助产业基金完成“蛇吞象”式的海外并购不仅为其他民营企业“走出去”提供了新方式，也体现出国有资本对投资大风险高的创新产业投资体制和支持机制的积极探索，以“产业基金”的形式，运用市场的手段解决创新行业企业融资瓶颈，并实现对经济结构调整的引导。

## 五、市场表现(600584)

长电科技在收购前后的股价变化情况见图33。

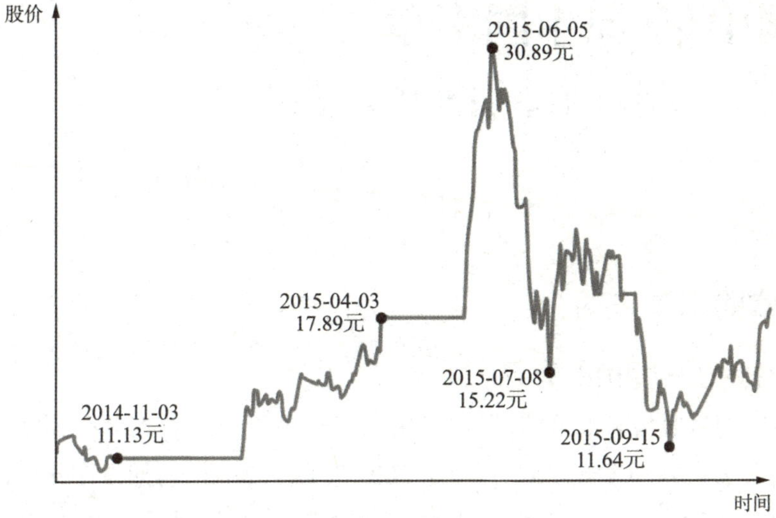


图33 长电科技收购前后股价走势

# 601766

# 中国中车(原中国南车):
# “一带一路”战略,南北车合并

## 一、收购相关方简介

### (一) 合并方一:中国南车

中国南车股份有限公司,简称“中国南车”,由中国南车集团公司联合北京铁工经贸公司共同发起设立,成立于2007年12月28日,总部设在北京。2008年8月中国南车实现A+H股上市,现有20家全资及控股子公司,分布在全国11个省市,员工9万余人。

中国南车主要从事铁路机车、客车、货车、动车组、城轨地铁车辆及重要零部件的研发、制造、销售、修理、租赁,轨道交通装备专有技术延伸产业,以及相关技术服务、信息咨询、实业投资与管理、进出口等业务。按照《国际标准产业分类》划分,属于机械制造业中的交通运输装备制造业。中国南车拥有中国最大的电力机车研发制造基地,全球技术领先的高速动车组研发制造基地,行业领先的大功率内燃机车及柴油机研发制造基地,国内高档客车研制的领先企业,全球领先的铁路货车研发制造基地,三家城轨车辆国产化定点企业,是中国最大的城轨地铁车辆制造商。

### （二）合并方二:中国北车

中国北车股份有限公司,简称“中国北车”,由中国北方机车车辆工业集团公司联合大同前进投资有限责任公司、中国诚通控股集团有限责任公司和中国华融资产管理公司共同发起设立,于2008年6月26日成立,总部设在北京。经中国证监会核准,中国北车于2009年12月29日在上海证券交易所上市,现有21家主要子公司。

中国北车主要从事铁路机车车辆(含动车组)、城市轨道车辆、工程机械、机电设备、环保设备、相关部件等产品的开发设计、制造、修理及技术服务、设备租赁等业务,是中国轨道交通装备制造行业的领军企业,也是世界轨道交通装备制造行业的重要成员。中国北车拥有世界领先的高速动车组制造和维修设施,是全球最高时速300公里以上动车组的最大供货商。按2008年至2012年的交货总量计算,中国北车已成为全球最大的城轨地铁车辆制造商。

## 二、收购事件一览

● 2014年10月27日,中国南车、中国北车拟筹划重大事项停牌。

● 2014年12月30日,南北车发布合并公告,称南车将吸收合并北车。

● 2015年3月9日,合并方案分别获得中国南车、北车股东大会通过。

● 2015年3月10日,合并方案获境外反垄断审查机构批准。

● 2015年3月30日,中国中车首任董事候选人确定。

● 2015年4月3日,南北车合并获证监会无条件通过;同日,合并事项通过商务部反垄断局的经营者集中反垄断审查。

● 2015年5月7日,南北车双双停牌,启动换股。

● 2015年5月20日,中国北车摘牌,正式退出资本市场。

● 2015年5月28日,南北车换股实施完成,南车股本增至272.89亿股。

● 2015年6月20日,中国南车完成工商登记变更手续,正式更名为中国中车股份有限公司。中国中车首届领导班子确认。

## 三、收购方案

根据上市公司发布的合并方案公告，此次合并技术上采取中国南车吸收合并中国北车的方式，即中国南车向中国北车全体A股和H股换股股东发行中国南车的A股和H股股票，并且拟发行的A股股票将申请在上交所上市流通，拟发行的H股股票将申请在香港联交所上市流通，中国北车的A股股票和H股股票相应予以注销。合并后新公司将同时承继及承接中国南车与中国北车的全部资产、负债、业务、人员等，同时为实现双方的对等合并，合并后新公司将采用新的公司名称、法人治理结构、战略定位、组织架构、管理体系、公司品牌等。

按照合并方案，此次合并中，中国南车和中国北车的A股和H股采用同一换股比例进行换股，具体换股比例为1∶1.10，即每1股中国北车A股和H股股票可以对应换取1.10股中国南车将发行的中国南车A股和H股股票。中国南车的A股股票换股价格和H股股票换股价格分别确定为5.63元/股和7.32港元/股，中国北车的A股股票换股价格和H股股票换股价格分别确定为6.19元/股和8.05港元/股。此次合并完成后，新公司的股本总数增至约272.89亿股，其中A股为229.18亿股，占股份总数的83.98%，H股为43.71亿股，占股份总数的16.02%。

另外，为充分保护公司股东利益，中国南车与中国北车均赋予其异议股东现金选择权。两家公司有权行使现金选择权的异议股东，可就其有效申报的各自公司1股A股或H股股份，在现金选择权实施日，获得由现金选择权提供方支付的现金对价，中国南车的A股和H股受让价格分别为5.63元/股和7.32港元/股，而中国北车的A股和H股受让价格分别为5.92元/股和7.21港元/股。

## 四、案例评论

从2014年10月27日中国南、北车双双停牌开始，到2015年4月3日两家公司合并尘埃落定，中国南车吸并中国北车，近3 000亿元资产整合，从此，轨交"巨无霸"——中国中车诞生，无疑将改写整个高铁行业的竞争格局。此次中国南北车合并的意义，不仅在于其金额的巨大，更在于其对市场的影响。

## （一）分久必合，强强联合

中国南车和中国北车均脱胎于中国铁路机车车辆工业总公司（中国中车）。2000年9月出于“避免垄断，鼓励竞争”的思想，按照地域，将中车公司拆分为南、北车两大集团。2007年中国南车集团发起设立了中国南车股份有限公司，2008年中国北车集团发起设立了中国北车股份有限公司，两家公司主业都是轨道交通装备制造业，由国资委管理。

分家后的中国南、北车在其行业内成为竞争对手，但无论从国内还是国际市场表现来看，二者都势均力敌。首先，国际业务不分伯仲。2011—2013年，中国北车和中国南车连续三年分别蝉联全球轨道交通装备的冠亚军。其次，国内业务平分秋色。2014年中国铁路总公司共采购282列动车组，订单总额517亿元。其中，中国北车获得132列订单，订单金额约合246亿元；中国南车获得150列订单，订单金额合计271亿元。

2014年10月27日起，中国南、北车股票双双停牌，外界一度猜测其合并意向。终于在2014年最后一天，两家公司宣布了合并预案，印证了市场的猜测。两家公司分家后14年再聚首，强强联合，将进一步增强中国轨道交通装备业的国际竞争能力。根据德国轨道交通权威机构出版的《世界铁路技术装备市场》统计，目前全球轨道交通装备市场中，中国北车和中国南车分居前两位。其后分别为加拿大庞巴迪、德国西门子、法国阿尔斯通、美国GE和日本川崎。中国两家合计销售收入几乎相当于这五家企业的总和。此次南车、北车合并，在减少因压价而缩减的营收的同时，更可以加强技术研发，提高国际地位。

## （二）“一带一路”，重装出征

从政策层面来看，我国正积极推动着“互联互通”“一带一路”等战略，未来十年将对外投资1.2万亿美元。我国目前已进入高铁时代，轨道交通也具备了良好的发展基础。高铁在走出国门以后，也取得了举世瞩目的成就，南北车两家都能生产的运营时速380公里的CRH380系列高速动车组，至今已安全运营超过4亿公里，被称为世界十大高速列车之首。中国的高铁俨然成为中国重型装备制造业的一张名片。此次南北车的重聚将形成合力，在“一带一路”战略的支持下，推动中国高端装备进一步走向世界，从制造业大国向制造业强国加速转型；对高铁行业而言，将有利于推进动车组标准化进程以及核心技术推广、国产化率提升，降低轨交装备制造业产业内耗、降低成本，加速高铁出海步伐，从而提高海外市场整体利润率。

随着我国高铁“走出去”的步伐不断加快，相关高铁产业链也将受益。在整个高铁项目中，基建部分预计占总投资的80%，而车辆占15%左右，中国铁建等高铁线路建设方，可能获得的收益更大。这也必将带动产业链上的企业一起走向世界。

### （三）央企改革，换股合并

中国南车、北车成立发展到合并的历程，恰好是一部中国国企改革历史的缩影。中国南车集团和中国北车集团是2000年由原中国铁路机车车辆工业总公司（中车公司）拆分而成。中车公司的前身为铁道工业局，当时行使政企合一职能。1986年，铁道部改组工业局为工业总公司，逐渐转变为企业性质。1996年起，改组工业总公司为控股公司，进行资产管理。2000年，原铁道部内出现一波政企分开的改革浪潮，铁路基建、装备企业从铁道部剥离出来，中车公司与铁道部脱钩。随后，为了鼓励竞争，按照划长江而治的简单粗糙思路，将中车公司划分为南北二车。这种仅按照地域划分的粗暴做法，并未区分双方的业务架构和技术，使得双方在此后的市场中出现恶性竞争的情况。2014年年底，两家公司发布合并预案，将以中国南车吸并中国北车的方式进行合并。南、北车的合并，已经不仅仅是市场的必然选择，也是央企管理和战略方面的选择。强强联合有利于节约资源，提高效率，扩大品牌效应，亦能在国际竞争中避免恶性竞争，更有效地争取和扩张海外市场。

此次南、北车合并对价的支付采取的是换股合并的方式。这种吸收合并方式最大的好处在于合并对价支付并不涉及现金的流动，可以避免因吸收合并过程中的大量现金流出，保持合并方企业的实力，更有利于企业的长远发展。同时，为维护广大股东的利益，合并方案中，南北车双方均赋予了异议股东现金选择权。通过赋予现金选择权，可以有效或更为现实地解决由于异议股东的存在而导致的资产重组进展缓慢、重组成本增高的问题。

2015年被市场称为国企改革的“落地年”。由国资委监管的112家央企可能会重组为30到50家左右，这是未来5～7年国企改革将要实现的目标。南、北车的成功合并无论从改革思路还是合并方式方面，无疑给其他大型央企合并发挥了示范作用。

## 五、市场表现(601766)

中国南车合并前后的股价变化情况见图34。

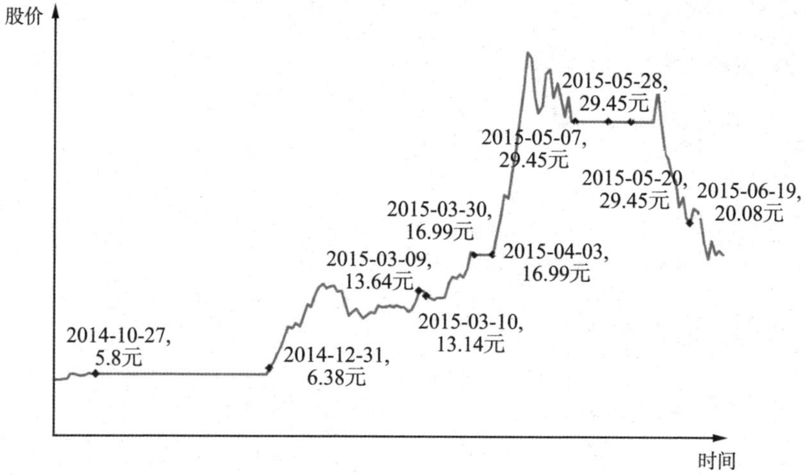


图34　中国南车合并前后的股价走势

# 601788

## 光大证券：布局香港，内地券商跨出国门

### 一、收购相关方简介

#### （一）收购方：光大证券

光大证券股份有限公司（简称“光大证券”）创建于1996年，是由中国光大（集团）总公司投资控股的全国性综合类股份制证券公司，是中国证监会批准的首批三家创新试点公司之一。光大证券的经营范围主要包括：证券（含境内上市外资股）的代理买卖，代理证券的还本付息、分红派息，证券代保管、鉴证，代理登记开户，证券的自营买卖，证券（含境内上市外资股）的承销与保荐（含主承销），证券投资咨询（含财务顾问）等。

此次收购香港新鸿基金融有限公司的主体是光大证券下属的香港全资子公司光大证券金融控股有限公司（简称“光证金控”）。光证金控是光大证券经中国证券监督管理委员会批准，于2010年11月19日在香港注册设立的全资香港子公司，主要业务是金融服务。光证金控整合了光大集团香港地区原有的证券类资产，成立了中国光大证券国际有限公司进行实际运作。截至2014年年末，光大证券香港子公司总资产和管理客户资产在香港中资券商子公司中排名靠前。

### （二）标的公司：新鸿基金融

新鸿基金融有限公司成立于1969年，注册地为英属维尔京群岛，是香港本地最大的证券经纪商之一，隶属于上市公司新鸿基有限公司（86.HK），拥有条线齐全的证券业务。其主要业务涵盖财富管理、经纪业务和资本市场业务等，下属43家子公司及4家合营公司。新鸿基金融在香港、澳门及内地拥有约800名员工。截至2014年12月31日，其管理、托管、提供顾问服务的资产总值约850亿港元。

## 二、收购事件一览

- 2015年2月3日，光大证券董事会审议并通过公司全资香港子公司光证金控收购新鸿基金融集团有限公司70%股份。同日，公司发布收购报告书。

- 2015年2月27日，光大证券股东大会审议并通过其全资子公司收购新鸿基金融70%股份的议案。

- 2015年6月2日，光证金控完成目标公司70%股份交割，买卖双方及目标公司签署了《股东协议》及相关配套法律文件。

## 三、收购方案

2015年2月1日，光大证券全资香港子公司光大证券金融控股有限公司，简称“光证金控”，与新鸿基有限公司签订了一项买卖协议。光证金控将以40.95亿港元的购买价，通过现金收购新鸿基持有的新鸿基金融集团有限公司70%股份。交易价款分两次付清——在买卖协议签署之后的一个工作日或之前，光证金控须向新鸿基支付金额为5.85亿港元的保证金；在各项先决条件完成后的交易交割日，光证金控须向新鸿基支付购买价余款35.1亿港元。本交易交割后，新鸿基金融集团将成为光证金控的控股子公司及光大证券的间接控股子公司。

## 四、案例评论

光大证券收购香港新鸿基金融仅是近两年资本市场内地券商加快国际化步伐，加速进行海外扩张及资本输出的一个缩影。同时，此次收购亦是近五年来内地券商首次完成对香港本地大型券商的收购，也是近两年来中资券商收购香港本土券商中最贵的一笔交易。

### （一）立足香港，布局海外

近年来，中国金融机构积极购买海外资产，规模也屡创新高。2009年，海通证券收购香港大福证券，成为内地企业收购香港上市券商的首例。随后，中信国际、国金证券、西南证券、泛海控股再到此次的光大证券，纷纷加入并购香港券商的阵营，力求依托香港地区资本市场平台，布局海外市场，为客户提供全方位的跨境服务。

一方面，随着近年来我国企业接连掀起"走出去"高潮，中国金融机构加快了海外扩张的速度，以便更好服务于企业的"走出去"。同时，政府也鼓励国内的证券公司和金融机构布局全球市场，扩大海外业务触角。

另一方面，香港本土的证券公司竞争越发激烈，不少小型券商的生存空间不断受到挤压。根据香港交易所统计数据显示，2014年排名前14位的香港券商占市场比例超过52%，第15～65位券商占市场比重超过32%，400多家中小券商仅能竞争剩下12%的市场份额。400多家中小券商的集中式竞争导致佣金越来越低，同时还要面临来自银行证券业务的直接压力，很难生存。2014年上半年收入达到2亿港币以上的，只有新鸿基、耀才证券等为数不多的几家券商。与此同时，沪港通的推出又起到了连接内地和香港市场的作用。香港券商也致力于寻找理想的内地战略合作伙伴，在急速开放的内地金融市场中，加快推动业务拓展的步伐。一系列因素之下，收购香港的证券公司成了内地金融公司最有效率地扩张海外业务的不二选择。

作为此次收购交易的主角——光大证券不仅在国内进行扩张，同时布局海外。国际化战略是光大证券五年发展战略规划中的重要战略之一，业务布局的完善有利于其未来整体一盘棋的做大做强。收购香港券商是国际化布局最好的方式，因为香港市场格局相对稳定，若是新增牌照则业务较难起步，并购则可以很好地切入当地市场，赢得发展香港市场的业务机遇。

光大证券借此次收购契机，践行“走出去”的发展策略。在业务方面，有利于光大证券扩大在香港的业务开展；在资本市场不断对外开放的进程中，有利于提供跨境产品，提升客户服务能力，有利于其构建融合银行、保险、证券为一体的产品销售平台，增强自身实力。

## （二）“天价”收购，意欲何为？

此次光大证券收购新鸿基金融是继2012年中信国际以97.08亿港元收购里昂证券100%股权后，近两年内地券商收购香港本土券商中最贵的一笔交易。“天价”收购，意欲何为？目前香港市场较大型的券商较为稀缺，新鸿基金融是香港本地最大的证券经纪商之一，历史悠久，在香港业界有强大的人脉关系，有较强实力和根基，这无疑为并购要价添加了筹码。中资券商最开始进入香港市场采取“低佣金”策略，近年则开展大肆收购，很大程度上基于本地化需要，倚重香港本土券商良好的人脉关系。此外，光大集团旗下资源较多，其国际化布局时客观上需要与具有较强实力的券商进行承接和合作。收购新鸿基金融有利于光大证券国际化业务更好地落地，拓宽跨境业务的边界和客户服务能力。且新鸿基金融与亚洲联合财务是新鸿基公司旗下最主要的经营主体，除光大证券与新鸿基金融具有较好互补性外，未来与新鸿基公司也存在合作空间。

收购新鸿基金融后，光大证券也可以光大金控或新鸿基金融为平台进行债务融资。海外债务融资成本显著较低，未来通过RQFII等金融工具或产品设计将资金与国内使用对接（或回国使用，因为此前跨境企业的外汇资金归集已由审批制转变为备案制），有利于提升公司盈利。

## 五、市场表现(601788)

光大证券收购前后的股价变化情况见图35。

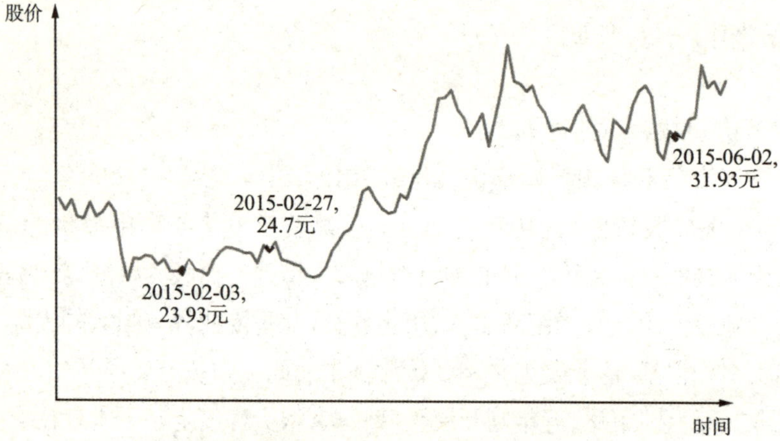


图35 光大证券收购前后股价走势

# 第四辑　“中概股回归”并购

# 001979

# 招商蛇口(原000024 招商地产):首例A、B股合并重组

## 一、收购相关方简介

### (一)收购方:招商局蛇口控股

招商局蛇口控股定位于成为“中国卓越的城市综合开发和运营服务商”,主营业务为园区开发与运营、社区开发与运营和邮轮产业建设与运营。园区开发与运营业务目前主要在深圳蛇口、前海、光明地区和青岛开展。社区开发与运营业务主要由控股子公司招商地产负责实施,以精品住宅开发、社区物业管理运营为主。邮轮产业建设与运营业务主要为邮轮母港及配套建设与经营、蛇口码头客运服务等。

招商局蛇口以招商局集团和招商局轮船为发起人,整体变更设立招商局蛇口工业区控股股份有限公司;股份公司总股本550 000万股,以招商局蛇口2015年4月30日经审计的账面净资产人民币8 449 532 642.40元,按1∶0.650 9的比例折股。其中,招商局集团持股522 500万股,占总股本的95%,招商局轮船持股27 500万股,占总股本的5%,净资产超过总股本的人民币2 949 532 642.40元的部分作为股份公司的资本公积。

### (二) 标的资产:招商局地产控股股份有限公司

招商局地产控股股份有限公司(简称“招商地产”)是央企招商局集团三大核心产业之房地产版块的旗舰公司,是中国最早的房地产公司之一,国家一级房地产综合开发企业,是具备综合开发能力、物业品类丰富、社区管理完善的大型房地产开发集团,总资产达1 300多亿元。公司总部设于深圳,公司A股在深圳证券交易所上市,B股在新加坡证券交易所第二上市,招商置地(HK.978)在香港联交所新上市。

招商地产因倡导“社区综合开发模式”“绿色地产开发理念”“全程服务体系”,被誉为中国地产界“城市运营”“可持续发展”最早的实践者和成功典范。公司因合理的业务结构布局所带来的丰厚经常性利润,被誉为“最具抗风险能力的开发商”。

招商地产拥有的园区配套产业包括:招商局物业管理有限公司、招商供电公司。通过专业优质的服务能力,招商地产将产业链条延伸至房地产开发的其他领域,并不断追求对社会和客户的承诺,完善社区综合服务。

公司现已形成自身发展的核心价值体系:可持续发展的绿色生态开发理念、综合的社区资源整合开发能力、租售并举的产品结构形态、完善的全程服务体系,同时以优良的资金运作保证及招商局集团的大力支持,使招商地产不断赢得市场认同。

## 二、收购事件一览

- 2015年4月3日,上市公司因筹划此次事项而停牌。
- 2015年9月16日,本次吸收合并已经获得招商局蛇口控股第一届董事会第四次会议、招商地产第七届董事会第17次会议审议通过。
- 2015年9月18日,刊登报告书(草案)及其摘要。
- 2015年9月24日,上市公司复牌。
- 2015年10月9日,本次交易获得招商地产2015年第三次临时股东大会审议通过。
- 2015年11月23日,中国证监会上市公司并购重组审核委员会有条件通过本次交易。

● 2015年12月8日，招商地产A股停牌直至终止上市。

● 2015年12月11日，招商地产B股终止上市并摘牌。

● 2015年12月30日，招商地产A股股票终止上市并摘牌。招商局蛇口控股A股股票在深交所上市。

## 三、收购方案

（1）招商局蛇口控股拟发行A股股份以换股吸收合并的方式吸收合并招商地产，换股吸收合并将发行股份数量为1 901 797 599股，以及现金选择权提供方发行股票交换该等股东所持有的招商地产股票。招商局蛇口控股直接及间接持有的招商地产股票不参与换股，也不行使现金选择权，并且该等股票将在本次换股吸收合并完成后予以注销。在本次换股吸收合并的同时，招商局蛇口控股拟采用锁定价格的发行方式向共8名特定对象非公开发行A股股票募集配套资金，募集配套资金总金额不超过125亿元，募集配套资金部分的股份发行价格与招商局蛇口控股换股发行股份的价格一致。本次换股吸收合并完成后，招商局蛇口控股将承继及承接招商地产的全部资产、负债、业务、人员、合同及其他一切权利与义务，招商地产终止上市并注销法人资格，招商局蛇口控股的股票（包括为本次换股吸收合并发行的A股股票和本次配套发行的A股股票）将申请在深交所主板上市流通。

（2）本次换股吸收合并中，招商地产A股股东的换股价格以定价基准日前120个交易日招商地产A股股票交易均价，即21.92元/股为基础，并在此基础上给予73.81％的换股溢价率确定，即38.10元/股；招商地产B股股东的换股价格以定价基准日前120个交易日招商地产深圳B股股票交易均价，即18.06港元/股为基础，并在此基础上给予102.71％的换股溢价率确定，即36.61港元/股。采用B股停牌前一日即2015年4月2日中国人民银行公布的人民币兑换港币的中间价（1港币＝0.791 9人民币）进行折算，折合人民币28.99元/股。

招商地产于2015年5月7日召开的2014年度股东大会审议通过了2014年度利润分配方案。按2014年年末总股本2 575 950 754股为基数，每10股派人民币3.20元现金（含税）。因此，本次招商地产A股换股价格根据除息结果调整为37.78元/股，本次招商地产B股换股价格根据除息结果调整为人民币28.67元/股。

招商局蛇口控股发行价格的确定以兼顾合并双方股东的利益为原则，综合考虑行业可比公司的估值水平，合并双方的总体业务情况、盈利能力、增长前景、抗风险能力等因素，招商局蛇口控股本次A股股票发行价格为23.60元/股。

（3）换股比例计算公式为：换股比例＝招商地产A股或B股换股价÷招商局蛇口控股股票发行价（计算结果按四舍五入保留四位小数）。本次招商局蛇口控股换股吸收合并招商地产A股的换股比例为1∶1.600 8，即换股股东所持有的每股招商地产A股股票可以换得1.600 8股招商局蛇口控股本次发行的A股股票；本次招商局蛇口控股换股吸收合并招商地产B股的换股比例为1∶1.214 8，即换股股东所持有的每股招商地产B股股票可以换得1.214 8股招商局蛇口控股本次发行的A股股票。

（4）1995年7月12日，招商地产B股以介绍方式在新交所实现第二上市，同时在深交所和新交所交易。截至2015年4月2日，新加坡B股股东共计349户，总共持有1 299 073股招商局B。

为确保本次换股吸收合并顺利实施，目前在新交所上市的招商局B将在本次换股吸收合并实施前于新交所先行退市。目前在新交所上市的招商局B股需先由新交所转托管至中国登记结算深圳分公司，才可参与本次换股吸收合并。在转托管期结束后依然留在新交所的招商局B股东，招商地产将为其提供新加坡B股现金对价方案，由招商局香港或相关第三方以26.54港元/股的现金对价收购其所持有的仍在新交所上市的招商局B股份。转托管期结束后，招商地产将申请招商局B在新交所退市。

（5）为充分保护招商地产全部股东特别是中小股东的权益，本次换股吸收合并以现金收购招商地产异议股东要求售出的招商地产股票。招商地产A股现金选择权行使价格为24.11元/股，较定价基准日前120个交易日的交易均价21.92元/股溢价9.99%，招商地产B股现金选择权行使价格为19.87港元/股，较定价基准日前120个交易日的交易均价18.06港元/股溢价10.02%。招商地产2015年5月7日召开的2014年度股东大会审议通过了2014年度利润分配方案，按2014年年末总股本2 575 950 754股为基数，每10股派人民币3.20元现金（含税）。根据招商地产公司章程规定，招商地产B股现金红利以招商地产股东大会决议日后第一个工作日(2015年5月8日)中国人民银行公布的人民币兑换港币的中间价(1港币=0.788 6人民币)折算成港币支付,即0.41港元/股(含税)。因此,招商地产A股现金选择权行使价格根据除息结果调整为23.79元/股,招商地产B股现金选择权根据除息结果调整为19.46港元/股。

(6) 招商蛇口本次共配套发行502 295 123股人民币普通股(A股),募集资金总额为人民币11 854 164 902.80元,扣除承销费、保荐费等发行费用人民币53 340 000.00元,募集资金净额为人民币11 800 824 902.80元,募集资金金额已汇入招商蛇口募集资金专户。

## 四、案例评论

早在1979年,招商局就站在改革开放的最前沿,率先全资创办了中国第一个对外开放的工业区——蛇口工业区。如今,蛇口自贸区又在股市上开启了新征程。

招商局蛇口工业区控股股份有限公司发行A股股份换股吸收合并招商局地产控股股份有限公司,实现整体上市并配套募集资金方案得以实施。这是本年度备受市场关注的并购方案之一。该方案是国内首例A、B股同时转换为A股的案例。同时,方案还实现了新加坡上市B股退市并参与换股,吸收合并同时配套募集资金,同步实施员工持股计划等诸多创新之举,开创了中国资本市场先河。

招商局蛇口控股具有丰富的城市、园区建设和发展经验,招商地产是招商局地产板块唯一的上市平台,并且具有领先行业的房地产开发经验。招商蛇口通过此次吸收合并,可以充分协同发挥原招商局蛇口控股的自贸区土地资源和招商地产的开发能力优势,实现强强联手。此外,双方在管理及资源方面可以有效整合,降低管理成本,提高经营效率。招商蛇口还可以凭借地理位置方面的优势,享受自贸区和“一带一路”政策方面带来的红利。通过本次募集配套资金,上市公司将获得充沛的资金来推进公司转型。

招商局蛇口通过整体上市引入社会公众股东,实现了深化混合所有制改革和资产证券化,配套融资投资者并同步实施员工持股计划,并全面健全公司治理结构,完善了公司股东与经营者的利益风险共担机制,提升了核心竞争力。

本次交易完成后，招商地产的法人资格将注销，招商蛇口作为存续公司承继及承接原招商地产的全部资产、负债、业务、人员、合同及一切权利与义务，彻底解决双方面临的潜在同业竞争问题，两者之间的关联交易也将消除。

为了保障换股股东的利益，避免非理性波动，大股东还做出如下承诺，“若招商局蛇口控股于深圳证券交易所上市之日起3个交易日内任一交易日的A股股票收盘价低于招商局蛇口控股本次换股吸收合并的发行价格，则本集团将在该3个交易日内投入累计不超过人民币30亿元的资金，通过深圳证券交易所股票交易系统进行增持”，表明了大股东对公司的支持力度及对公司的信心。

## 五、市场表现(001979)

相关公司合并前后的股价变化情况见图36、图37。

000024

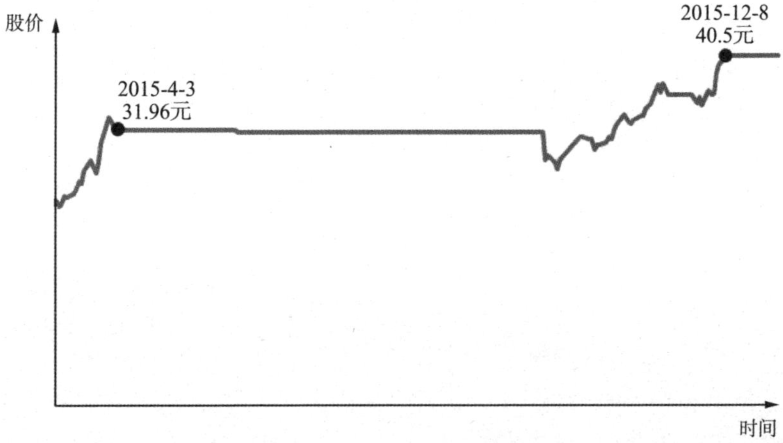


图36 招商地产被合并前股价图

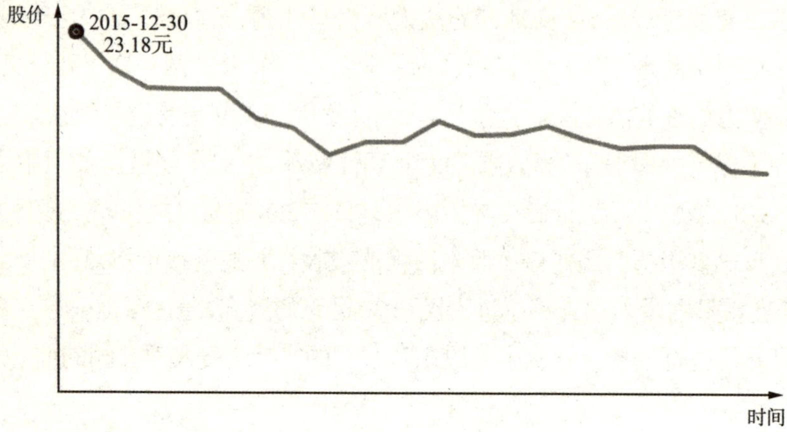


图37　招商蛇口吸收合并招商地产后股价图

# 002027

# 七喜控股：分众传媒借壳七喜，回归A股

## 一、收购相关方简介

### （一）收购方：七喜控股

七喜控股股份有限公司（以下简称“七喜控股”）成立于1997年8月26日，主要业务包括：电脑的生产与销售、IT产品分销、手游开发、智能穿戴设备研发与销售、SMT贴片代工和物业租赁。2012年、2013年及2014年，实现营收分别为13.37亿元、14.18亿元、3.97亿元，扣非归母净利润分别为312.33万元、−13 618.99万元、−106.53万元。受公司剥离亏损业务和经营策略调整的影响，2013年开始，公司营收出现大幅下滑，盈利能力有所减弱。本次交易前，公司原控股股东和实际控制人为易贤忠，持有公司97 258 192股股份，占比32.17%。

### （二）标的公司：分众传媒

分众多媒体技术（上海）有限公司（以下简称“分众传媒”）是一家主营生活圈媒体开发和运营的公司，通过在楼宇、影院银幕、卖场终端视屏等投放广告，覆盖城市主流消费人群的工作、生活、娱乐、消费等场景，打造完整的城市生活圈媒体业务。公司是国内最大的城市生活圈媒体网络，正致力于成为国内领先的LBS和O2O媒体集团。2012年、2013年及2014年，公司净利润分别为13.26

亿元、20.78亿元、24.17亿元，呈现稳步上升趋势。

通过内生增长和外延式并购相结合的方式，分众传媒发展成为国内领先的数字化生活圈媒体集团，覆盖了中国超过2亿人的都市主流消费人群。截至2015年5月31日，分众传媒已形成了覆盖全国约220多个城市的生活圈媒体网络。其中楼宇视频媒体约13.88万台，覆盖全国约80多个城市和地区；框架媒体106万个，覆盖全国约46个城市；影院媒体的签约影院约820多家、银幕约5 410块，覆盖全国约220多个城市的观影人群；卖场终端视频媒体约6.17万台，分布于沃尔玛、家乐福等大型卖场共约2 000家。

分众传媒的媒体资源点位拥有天然的地理位置特征。其通过对物业信息（楼龄、楼价、地理位置、住户类型等）的分析以及与百度等搜索引擎的合作，得出不同楼宇、社区的消费者不同品类的消费需求和品牌偏好，从而帮助广告主精准投放；同时，分众传媒通过在其设备中置入Wi-Fi、iBeacon、NFC接入互联网及移动互联网，实现云到屏、屏到端的精准互动，成为O2O互动的线下流量入口，并可以此为平台嫁接促销活动、营销活动、支付手段、社交娱乐、金融服务等。

## 二、收购事件一览

- 2015年5月4日，七喜控股公告筹划重大事项，公司股票开始停牌。
- 2015年8月31日，董事会审议通过重大资产置换并发行股份及支付现金购买资产并募集配套资金暨关联交易报告书（草案）。
- 2015年9月17日，股东大会审议通过本次重大资产重组事项。
- 2015年11月16日，本次重大资产重组事项获中国证监会有条件通过。

## 三、收购方案

本次重大资产重组对于置入资产的支付方式包括资产置换、发行股份和现金支付。

### （一）重大资产置换

七喜控股以截至评估基准日2015年5月31日的全部资产及负债与分众传

媒全体股东持有的分众传媒100%股权的等值部分进行置换,作价8.8亿元。为简化交易手续,七喜控股直接将置出资产交割予易贤忠或其指定方,易贤忠应向本次交易对方或其指定方支付对价。

## (二) 发行股份及支付现金购买资产

本次交易的置入资产为分众传媒100%股权,作价457亿元。与置出资产相差448.2亿元,这部分差额将由七喜控股以发行股份及支付现金的方式自分众传媒全体股东处购买。其中,向FMCH〔Focus Media (China) Holding Limited〕支付现金49.302亿元购买其所持有的分众传媒11%股权所对应的差额部分;向除FMCH外的分众传媒其他股东以9.79元/股的发行价格发行381 355.64股,购买其所持有的分众传媒89%股权所对应的差额部分。相关情况见表18。

**表18　发行股份及支付现金购买资产情况**

| 交易对方 | 持股比例 | 总对价(万元) | 资产置换后对价(万元) | 发行股份数(万股) | 发行完成后股份占比 |
| --- | --- | --- | --- | --- | --- |
| Media Management (HK) | 23.79% | 1 087 429.58 | 1 066 490.01 | 101 958.89 | 24.77% |
| FMCH | 11.00% | 502 700.00 | 493 020.00 | — | 0.00% |
| Power Star (HK) | 8.77% | 400 851.66 | 393 132.85 | 37 584.40 | 9.13% |
| Glossy City (HK) | 7.77% | 355 179.08 | 348 339.74 | 33 302.08 | 8.09% |
| Giovanna Investment (HK) | 7.54% | 344 704.16 | 338 066.53 | 32 319.94 | 7.85% |
| Gio2 (HK) | 7.54% | 344 704.16 | 338 066.53 | 32 319.94 | 7.85% |
| HGPL T1 (HK) | 1.86% | 84 907.83 | 83 272.85 | 7 961.08 | 1.93% |
| CEL Media (HK) | 1.29% | 59 121.97 | 57 983.52 | 5 543.36 | 1.35% |

续表

| 交易对方 | 持股比例 | 总对价(万元) | 资产置换后对价(万元) | 发行股份数(万股) | 发行完成后股份占比 |
|---|---|---|---|---|---|
| Flash (HK) | 0.65% | 29 559.48 | 28 990.28 | 2 771.54 | 0.67% |
| 珠海融悟 | 3.33% | 152 333.25 | 149 399.92 | 14 282.98 | 3.47% |
| 筝菁投资 | 2.22% | 101 555.50 | 99 599.95 | 9 521.98 | 2.31% |
| 晋汇创富 | 2.00% | 91 320.75 | 89 562.27 | 8 562.36 | 2.08% |
| 琨玉锦程 | 1.61% | 73 627.63 | 72 209.86 | 6 903.43 | 1.68% |
| 融鑫智明 | 1.66% | 75 663.69 | 74 206.70 | 7 094.33 | 1.72% |
| 嘉兴会凌 | 1.11% | 50 777.75 | 49 799.97 | 4 760.99 | 1.16% |
| 赡宏投资 | 1.11% | 50 777.75 | 49 799.97 | 4 760.99 | 1.16% |
| 宏琏投资 | 1.11% | 50 777.75 | 49 799.97 | 4 760.99 | 1.16% |
| 鸿黔投资 | 1.11% | 50 777.75 | 49 799.97 | 4 760.99 | 1.16% |
| 鸿莹投资 | 1.11% | 50 777.75 | 49 799.97 | 4 760.99 | 1.16% |
| 汇佳合兴 | 1.11% | 50 777.75 | 49 799.97 | 4 760.99 | 1.16% |
| 纳兰德 | 1.07% | 48 746.63 | 47 807.96 | 4 570.55 | 1.11% |
| 贝因美集团 | 1.00% | 45 700.00 | 44 820.00 | 4 284.89 | 1.04% |
| 信恒众润 | 0.89% | 40 622.13 | 39 839.91 | 3 808.79 | 0.93% |
| 景福投资 | 0.89% | 40 622.13 | 39 839.91 | 3 808.79 | 0.93% |
| 发展中心二期 | 0.83% | 37 880.13 | 37 150.71 | 3 551.69 | 0.86% |
| 优欣投资 | 0.80% | 36 560.00 | 35 856.00 | 3 427.92 | 0.83% |
| 钜洲资产 | 0.77% | 35 138.13 | 34 461.51 | 3 294.60 | 0.80% |
| 湖南文化 | 0.67% | 30 466.63 | 29 879.96 | 2 856.59 | 0.69% |
| 誉信投资 | 0.56% | 25 388.88 | 24 899.99 | 2 380.50 | 0.58% |
| 华石鹏益 | 0.45% | 20 486.71 | 20 092.22 | 1 920.86 | 0.47% |
| 道得原态 | 0.44% | 20 311.00 | 19 919.90 | 1 904.39 | 0.46% |
| 聚金嘉为 | 0.44% | 20 311.00 | 19 919.90 | 1 904.39 | 0.46% |
| 天津诚柏 | 0.44% | 20 311.00 | 19 919.90 | 1 904.39 | 0.46% |

续表

| 交易对方 | 持股比例 | 总对价(万元) | 资产置换后对价(万元) | 发行股份数(万股) | 发行完成后股份占比 |
|---|---|---|---|---|---|
| 德同众媒 | 0.44% | 20 311.00 | 19 919.90 | 1 904.39 | 0.46% |
| 北京物源 | 0.44% | 20 311.00 | 19 919.90 | 1 904.39 | 0.46% |
| 上善若水 | 0.43% | 19 803.25 | 19 421.92 | 1 856.78 | 0.45% |
| 柘中股份 | 0.33% | 15 233.25 | 14 939.92 | 1 428.29 | 0.35% |
| 贤佑投资 | 0.29% | 13 202.13 | 12 947.91 | 1 237.85 | 0.30% |
| 益畅投资 | 0.23% | 10 358.63 | 10 159.16 | 971.24 | 0.24% |
| 西证价值 | 0.22% | 10 155.50 | 9 959.95 | 952.19 | 0.23% |
| 前海富荣 | 0.22% | 10 155.50 | 9 959.95 | 952.19 | 0.23% |
| 鹏瑞投资 | 0.22% | 10 155.50 | 9 959.95 | 952.19 | 0.23% |
| 枫众投资 | 0.11% | 5 077.75 | 4 979.97 | 476.10 | 0.12% |
| 发展中心一期 | 0.10% | 4 366.88 | 4 282.79 | 409.44 | 0.10% |
| 合　计 | 100% | 4 570 000.00 | 4 482 000.00 | 381 355.64 | 92.65% |

## （三）发行股份配套募集资金

七喜控股拟采用询价发行方式向不超过10名符合条件的特定对象以11.38元/股的发行价格非公开发行不超过43 936.73万股股份，募集总金额不超过50亿元的配套资金，扣除本次重组中介费用及相关税费后将用于支付本次交易中FMCH的现金对价，若仍有剩余则用于补充流动资金。本次非公开发行股份募集配套资金总额不超过本次交易总额的11%。七喜控股的股本结构变化情况见表19。

表19　七喜控股股本结构变化情况

| 股东名称 | 本次交易前 | | 本次交易后（不含配套融资） | |
|---|---|---|---|---|
| | 持股数（万股） | 持股比例 | 持股数（万股） | 持股比例 |
| 易贤忠 | 9 725.82 | 32.17% | 9 725.82 | 2.36% |
| Media Management（HK） | — | — | 101 958.89 | 24.77% |
| Power Star（HK） | — | — | 37 584.40 | 9.13% |
| Glossy City（HK） | — | — | 33 302.08 | 8.09% |
| Gio2（HK） | — | — | 32 319.94 | 7.85% |
| Giovanna Investment（HK） | — | — | 32 319.94 | 7.85% |
| HGPL T1（HK） | — | — | 7 961.08 | 1.93% |
| CEL Media（HK） | — | — | 5 543.36 | 1.35% |
| Flash（HK） | — | — | 2 771.54 | 0.67% |
| 珠海融悟 | — | — | 14 282.98 | 3.47% |
| 筝菁投资 | — | — | 9 521.98 | 2.31% |
| 其他交易对方 | — | — | 103 789.47 | 25.22% |
| 重组前七喜控股其他股东 | 20 507.69 | 67.83% | 20 507.69 | 4.98% |
| 合　计 | 30 233.51 | 100.00% | 411 589.15 | 100.00% |

## 四、案例评论

### （一）主业前景堪忧，卖壳成为必然

七喜控股主营计算机整机、计算机周边产品和数码通信产品等，其作为国内PC行业二线厂商，产品竞争力较弱，不具备核心竞争优势，市场份额持续下降。自2008年起，公司基本面出现持续恶化，至今仍无好转迹象，未来发展前

景仍不容乐观。因此，卖壳成为七喜控股的必然选择。2015年5月公司开始谋划卖壳事宜，最终决定采用“资产置换＋股份＋现金”的方式置入分众传媒100%股权。交易完成后，分众传媒实现借壳上市，Media Management (HK)将持有七喜控股101 958.89万股股份，持股比例达24.77%，成为公司控股股东，分众传媒CEO江南春成为公司实际控制人。至此，分众传媒成为首家回归A股的从美股退市的公司。

## （二）美股退市，回归A股

2005年分众传媒建立VIE结构，同年7月其海外母公司FMHL (Focus Media Holding Limited)在纳斯达克实现IPO上市。海外上市期间，公司在国内的经营发展良好，公司业务规模不断扩大，且新媒体技术的投入使得公司营收能力不断增强。从2005年上市到2012年，公司营收从0.68亿美元增至9.3亿美元，年复合增长率45.2%，净利润从0.24亿美元增至2.4亿美元，年复合增长率39.2%。与此同时，公司借助海外资本市场的融资平台不断发展壮大，通过一系列的兼并收购活动陆续整合了国内的楼宇媒体、影院媒体、卖场终端视频媒体行业，成为在上述领域拥有绝对领导地位的媒体集团。2010年8月，公司签署终止VIE协议。其海外母公司FMHL于2013年6月从纳斯达克私有化退市。2014年12月，VIE结构拆除，江南春通过Media Management(HK)及FMCH合计持有分众传媒26.74%股份，为分众传媒的实际控制人。

如今，分众传媒开始谋求将线下点位与互联网、移动互联网相结合，陆续推出了一系列基于大数据的云到屏、屏到端的精准互动活动，正致力于成为国内领先的LBS和O2O媒体集团。该种战略布局将进一步发挥分众传媒的线下资源优势，实现分众传媒线上、线下两个市场的良好协同。而上述战略布局需依托于A股资本市场的融资、并购整合等功能来予以实现。因此通过本次交易，分众传媒将实现同A股资本市场的对接，进一步推动分众传媒的战略布局及业务发展。借助资本市场平台，其将进一步拓宽融资渠道，提升品牌影响力，并借助资本市场的并购整合功能为后续发展提供推动力，同时也有助于实现上市公司股东利益最大化。

## 五、市场表现(002027)

七喜控股被收购前后的股价变化情况见图38。

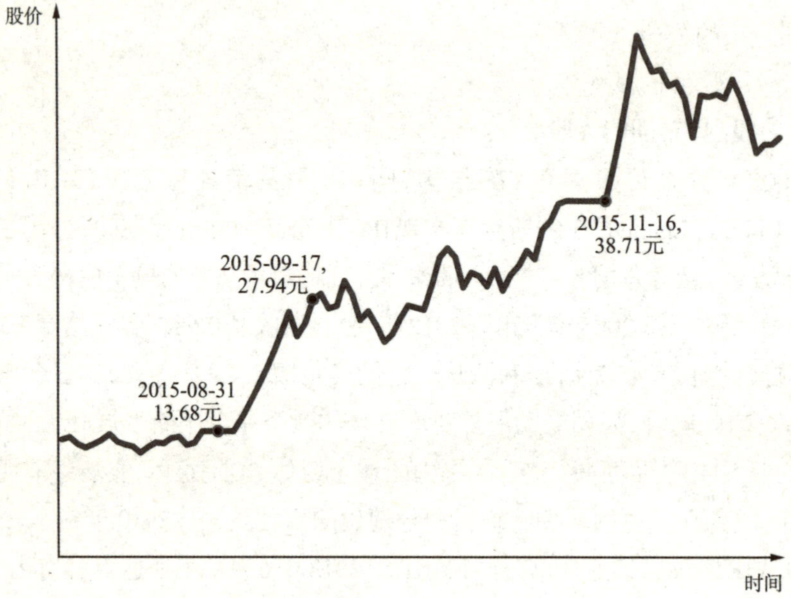


图38　七喜控股被收购前后股价走势

# 600258
# 首旅酒店：
# 牵手如家，中概股回归A股

## 一、收购相关方简介

### （一）收购方：首旅酒店

首旅酒店成立于1999年，2000年在A股上市，2010年所有非流通股解除限售上市流通。首旅酒店的控股股东为首旅集团，实际控制人为北京国资委。首旅酒店主要从事酒店管理、景区、旅行社等业务。2014年，公司收购南苑股份和雅客怡家股权，同时置出神舟国旅股权，通过剥离旅行社促进公司集中资源做大、做强酒店主业。首旅酒店2012—2014年以及2015年1—9月的营业收入分别为30.41亿元、29.65亿元、27.91亿元、9.76亿元，其中酒店运营与管理收入占比分别为22%、20.66%、20.91%、73.2%。公司利润贡献主要来自酒店和景区两大板块，其中酒店板块2012—2014年以及2015年1—9月的利润贡献率分别65.27%、55.27%、54.42%、30.99%。

### （二）控股股东：首旅集团

首旅集团是首旅酒店的控股股东，直接持有首旅酒店60.12%股份。首旅集团是全国旅游业中资产规模最大的企业集团之一，为北京市龙头企业，以经营旅游业为主，同时涵盖酒店、餐饮、旅行交通、旅行社、商业、景点景区等业务领域。2014年北京市国内外旅游收入总计4 280.1亿元，首旅集团的营业总收入占北京市旅游总收入的8.95%。

### （三）标的公司一：如家酒店集团

如家酒店集团原名如家酒店管理公司，是此次的交易标的之一，2006年在纳斯达克上市，合计发售790万股ADS，定价13.8美元/ADS，募集资金1.09亿美元。本次发行后，如家酒店管理公司总股本为64 470 129股普通股。2014年，如家酒店管理公司更名为如家酒店集团，其前三大股东为Poly Victory、携程上海、Smater Master，分别持股15.27%、14.94%和3.59%。

如家酒店集团是一家经济连锁型及中高档型酒店管理公司，旗下拥有五大品牌。其中，经济型酒店系列主要以如家酒店、莫泰酒店和云上四季酒店三个品牌为主，中高档酒店系列以和颐酒店和如家精选两大品牌为主。如家酒店集团实行直营与特许加盟并行发展的经营模式，截至2015年9月30日，共拥有2 787家已开业酒店，其中如家酒店2 273家、莫泰酒店409家、云上四季30家、和颐酒店56家、如家精选19家；直营酒店917家，特许加盟酒店1 870家。

2013年、2014年、2015年1—9月如家酒店集团的营业收入总额分别为63.53亿元、66.83亿元和49.94亿元，实现净利润分别为1.96亿元、5.19亿元和1.85亿元。如家酒店集团的收入主要来源于如家酒店及莫泰酒店的运营收入。2013年度、2014年度和2015年1—9月，如家酒店及莫泰酒店实现的收入占营业收入的比例分别为97.53%、94.48%和91.54%。截至2015年9月30日，如家酒店集团无对外担保，负债总额43.04亿元，其中无银行借款，仅有一笔一年内到期的金融负债，系尚未偿付的可转换债券。

### （四）标的公司二：Poly Victory

Poly Victory是另一交易标的，主要从事股权投资、投资管理等业务，除持有如家酒店集团15.27%股权外，无其他经营活动。截至2015年9月30日，Poly Victory的负债为对首旅香港的借款。2015年11月14日，首旅香港通过了董事会决议，对Poly Victory所欠首旅香港的全部债务转为由Poly Victory新增发的10 000股股份，总股份数变更为60 000股。2015年11月20日，首旅集团与首旅香港签署协议，首旅集团以人民币1 545 308 134.37元总售价从首旅香港处收购Poly Victory100%股权。

### (五)战略投资者:携程上海

本次并购交易引入携程上海作为战略投资者。携程上海是携程香港于2013年出资设立的外商独资公司,携程香港是Ctrip.com的全资子公司,Ctrip.com是一家在纳斯达克上市的开曼公司(证券代码:CTRP)。携程上海的主营业务包括研究、开发、制作旅游行业的计算机软件,销售自产产品,并提供相关的信息咨询服务及技术咨询服务。

## 二、收购事件一览

● 2015年3月17日,首旅酒店因重大事项停牌。

● 2015年6月11日,首旅酒店及其关联方Poly Victory Investments Limited、携程网、沈南鹏、梁建章、孙坚共同组成买方集团向如家提交非具约束力的私有化提议函,拟以每股美国存托股份(即ADS,每股美国存托股份为两股普通股)32.81美元的价格收购买方集团持有股份以外的如家已发行全部流通股。

● 2015年7月20日,为筹划如家私有化项目设立两层境外特殊目的公司,即首旅酒店或其下属子公司拟在香港设立第一层特殊目的公司——首旅酒店(香港),实收资本1港元;首旅酒店(香港)拟在开曼群岛设立第二层特殊目的的公司——首旅酒店(开曼),授权资本5万美元。并公布如家私有化重组方案。

● 2015年11月30日,首旅集团召开董事会,决议同意将其持有的全部Poly Victory股份转让予首旅酒店。

● 2015年12月2日,携程上海将持有的全部如家酒店集团股份转让给首旅酒店。

● 2015年12月5日,如家酒店集团批准首旅酒店的重大现金购买交易。

● 2015年12月6日,第六届董事会第八次会议通过重大资产重组的相关议案。

● 2015年12月8日,公布《重大现金购买及发行股份购买资产并募集配套资金暨关联交易报告书(草案)》。

● 2015年12月8日,首旅集团向首旅酒店额外提供8亿元财务资助额度,以保障此次重大资产重组的资金。

- 2015年12月28日，重大资产重组项目获得北京国资委批复同意。
- 2016年1月15日，第一次临时股东大会通过此次重大资产重组项目。

## 三、收购方案

### （一）交易方案

交易标的包括如家酒店集团和Poly Victory，由于Poly Victory除持有如家酒店集团15.27%股权外，无其他经营活动，因此交易标的实质是如家酒店集团100%股权。

本案例的交易方案分为三个部分：(1)重大现金购买资产；(2)发行股份购买资产；(3)募集配套资金。重大现金购买、发行股份购买资产交易不互为前提，募集配套资金以发行股份购买资产交易的成功实施为前提。

其中，重大现金购买的方案为：首旅酒店拟通过设立境外子公司首旅酒店（香港），并由首旅酒店（香港）在开曼设立全资子公司首旅酒店（开曼）作为收购主体，以合并方式向如家酒店集团非主要股东支付现金对价，获得如家酒店集团65.13%股权，实现如家酒店集团的私有化。首旅酒店拟以每股普通股17.90美元及每股ADS（每股ADS为两股普通股）35.80美元的价格向如家酒店集团非主要股东支付现金对价。对于如家酒店集团2006年股权激励计划带来的期权和限制性股票的对价：(1)交割日之前到期且尚未行权的期权：行权价低于合并对价的，交割日支付等期权行权价与本次合并对价的差额乘以该等期权相应数量，高于合并对价的，不需支付任何金额。(2)于签约日及交割日之间通过限制性股票到期而获得的股份：交割日支付合并对价乘以通过限制性股票到期而获得的股份数量。(3)交割日之前到期且于签约日及交割日之间通过行权的期权行权而获得的新发行股份：交割日支付合并对价乘以通过期权行权而获得的股份数量。现金收购完成后，首旅酒店（开曼）将被如家酒店集团吸收合并并停止存续，由如家酒店集团作为存续公司。重大现金购买资金来源于自筹资金，工行纽约分行向首旅酒店（香港）提供最高12亿美元贷款。

发行股份购买资产的方案：首旅酒店拟向首旅集团等8名交易对方发行股份购买Poly Victory 100%股权和如家酒店集团19.60%股权，包括向首旅集团发行股份购买其持有的Poly Victory 100%股权，以及向携程上海、Wise Kingdom、沈南鹏(Nanpeng Shen)、Smart Master、孙坚、Peace Unity、宗翔新等首旅集团外的其他发行对象购买其合计持有的如家酒店集团19.60%的股权。由于Poly Victory主要资产为如家酒店集团15.27%股权，因此本次发行股份购买资产交易完成后，首旅酒店将通过直接及间接方式持有如家酒店集团34.87%股权。

募集配套资金的方案：向不超过10名符合条件的特定对象非公开发行股份募集配套资金不超过38.74亿元，用于收购如家酒店集团股权或置换本次交易中预先投入的部分银行贷款。

本次并购交易构成重大资产重组和关联交易，但不构成借壳上市。

## （二）交易结构

第一部分，重大现金购买资产情况见图39。

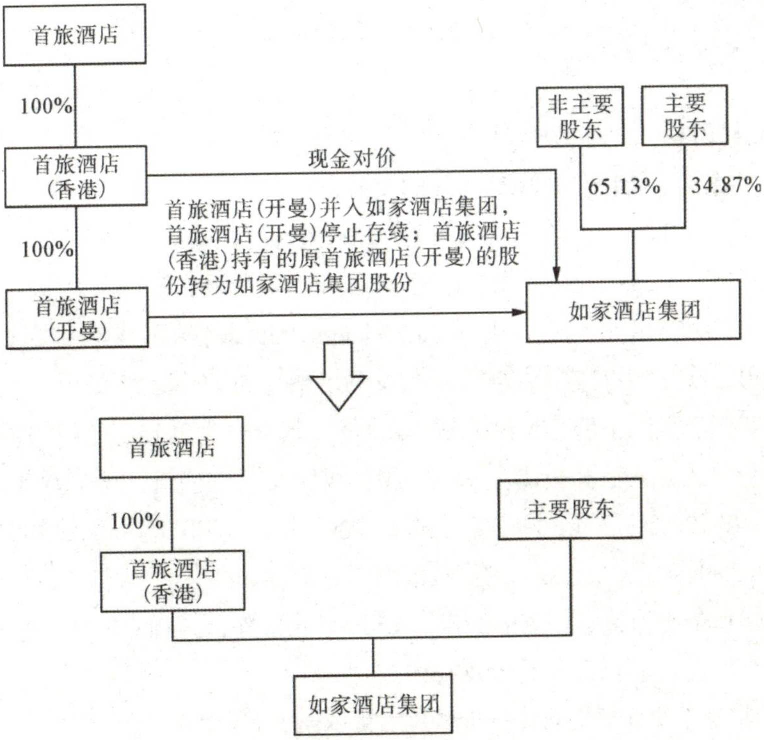


图39 重大现金购买资产情况

第二部分，发行股份购买资产情况见图40。

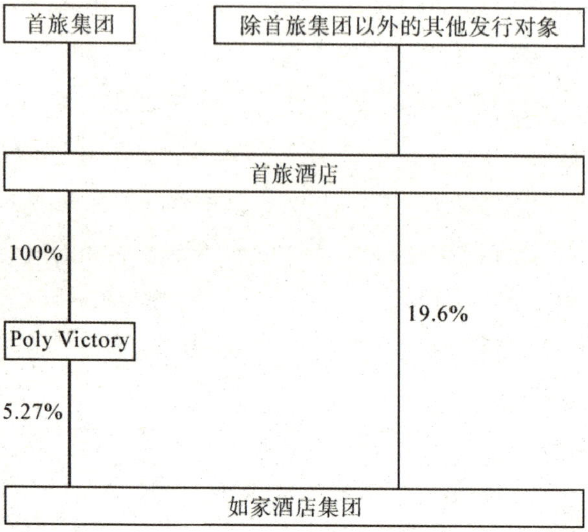


图40　发行股份购买资产情况

## （三）交易价格

### 1. 如家酒店集团与Poly Victory的交易作价

如家酒店集团的作价为35.8美元/ADS，重大现金购买交易总对价为11.24亿美元，约合71.78亿元人民币。同时，本次发行股份购买资产总对价为6.07亿美元，约合38.73亿元人民币，其中Poly Victory100%股权的交易价格为17.14亿元人民币，其他交易对方所持如家股权交易价格为21.60亿元人民币。

如家酒店集团估值分析的方法为市场法，基准日为2015年10月31日。市场法分为可比公司法和可比交易法。根据可比交易的估值，P/E倍数的范围为22.19x～40.70x，略高于可比交易的倍数范围；EV/EBITDA倍数的范围为6.15x～15.00x，位于可比交易的倍数范围内。

Poly Victory除持有如家酒店集团15.27%股权外，无其他经营活动，因此交易标的实质是如家酒店集团100%股权。

### 2. 非公开发行股票的发行价格及定价依据

股票发行价格为15.69元/股，定价基准日为第六届董事会第八次会议公告日，即2015年12月6日，定价依据为定价基准日前20个交易日均价。

## （四）股权结构变化

不考虑配套融资因素，交易前后首旅酒店股权结构变化如表20。

**表20 首旅酒店交易前后股权变化（不考虑配套融资因素）**

| 股东名称 | 本次交易之前 | | | 本次交易完成后 | |
|---|---|---|---|---|---|
| | 持股数量（股） | 持股比例 | 本次发行股份数 | 持股数量（股） | 持股比例 |
| 首旅集团 | 139 108 056 | 60.12% | 109 218 761 | 248 326 817 | 51.92% |
| 携程上海 | — | — | 104 901 899 | 104 901 899 | 21.93% |
| Wise Kingdom | — | — | 2 311 317 | 2 311 317 | 0.48% |
| 沈南鹏（Nanpeng Shen） | — | — | 2 735 317 | 2 735 317 | 0.57% |
| Smart Master | — | — | 25 195 114 | 25 195 114 | 5.27% |
| 孙坚 | — | — | 219 539 | 219 539 | 0.05% |
| Peace Unity | — | — | 1 666 729 | 1 666 729 | 0.35% |
| 宗翔新 | — | — | 613 876 | 613 876 | 0.13% |
| 其他股东 | 92 291 944 | 39.88% | — | 92 291 944 | 19.30% |
| 股份总计 | 231 400 000 | 100.00% | 246 862 552 | 478 262 552 | 100.00% |

考虑配套融资因素，交易前后首旅酒店股权结构变化如表21。

**表21 首旅酒店交易前后股权变化（考虑配套融资因素）**

| 股东名称 | 本次交易之前 | | | 本次交易完成后 | |
|---|---|---|---|---|---|
| | 持股数量（股） | 持股比例 | 本次发行股份数 | 持股数量（股） | 持股比例 |
| 首旅集团 | 139 108 056 | 60.12% | 109 218 761 | 248 326 817 | 34.25% |
| 携程上海 | — | — | 104 901 899 | 104 901 899 | 14.47% |
| WiseKingdom | — | — | 2 311 317 | 2 311 317 | 0.32% |
| 沈南鹏（NanpengShen） | — | — | 2 735 317 | 2 735 317 | 0.38% |

续表

| 股东名称 | 本次交易之前 | | | 本次交易完成后 | |
|---|---|---|---|---|---|
| | 持股数量(股) | 持股比例 | 本次发行股份数 | 持股数量(股) | 持股比例 |
| SmartMaster | — | — | 25 195 114 | 25 195 114 | 3.47% |
| 孙坚 | — | — | 219 539 | 219 539 | 0.03% |
| PeaceUnity | — | — | 1 666 729 | 1 666 729 | 0.23% |
| 宗翔新 | — | — | 613 876 | 613 876 | 0.08% |
| 其他不超过10名配套融资特定投资者 | — | — | 246 862 556 | 246 862 556 | 34.04% |
| 其他股东 | 92 291 944 | 39.88% | — | 92 291 944 | 12.73% |
| 股份总计 | 231 400 000 | 100.00% | 493 725 108 | 725 125 108 | 100.00% |

## 四、案例评论

本次首旅酒店私有化收购如家酒店是近年来中概股回归A股大潮下的又一起典型案例。

### (一)酒店业绩承压,抱团取暖获双赢

2002年,携程与首旅集团联手成立如家,并于2006年在美国纳斯达克上市,成为中国酒店业海外上市第一股。但近年来,酒店行业尤其经济型酒店发展增速下滑,成本上升,盈利承压——如家2015年前三季度实现净利润1.8亿元,同比下滑约58%,公司急需资本的支持,加速向中高端酒店进军。另一方面,中国证券市场发展得越来越完善,A股市场存在估值普遍较高的现象。同时,国内监管机构也积极推动境外优质上市公司回归A股。《首次公开发行股票并在创业板上市管理办法》和《创业板上市公司证券发行管理暂行办法》放宽了财务准入指标,取消持续增长要求,简化其他发行条件,强化信息披露约束。从国内宏观政策与A股市场的估值优势角度,选择回归对如家酒店不失为一种明智的选择。

收购以前，首旅酒店以高端酒店为主，但受“三公消费”影响，公司主业下滑明显，2015年前三季度实现归母净利润0.67亿元，同比下滑25.6%。收购以经济型酒店为主业的如家酒店，可以完善首旅酒店的品牌布局，增强公司的抗风险能力。而此次收购对价对应如家2014年EBITDA仅7倍左右，估值相对不高。另一方面，在国企改革大背景下，如家管理层及携程入股，间接完成混合所有制改革。

因此，首旅酒店私有化收购如家酒店是一场双赢的并购。

### （二）保留境外红筹架构，如家回归另辟蹊径

与分众传媒、巨人股份等中概股回归路径有所不同，此次如家酒店集团从海外归来，并没有一层层拆除红筹架构，而是改由首旅酒店设立境外公司的方式进行收购。首旅酒店在境外设立两层特殊目的子公司作为收购主体，现金收购如家集团非主要股东持有的65.13%的股份；同时，通过向首旅集团、沈南鹏等8名交易对方发行股份购买其持有的Poly Victory 100%股权和如家酒店集团19.6%股权，以直接及间接方式持有如家酒店集团34.87%股权。

如果拆除如家的境外红筹架构，可以让首旅酒店直接控制如家酒店集团旗下的境内运营实体。不过，拆除境外红筹架构将带来额外的税收成本。目前，上述境外公司在税收上均为非居民企业，若在收购完成后的较短时间内将如家酒店集团旗下境内子公司出售给首旅酒店，则根据现行税法规定，需要按出售价格与投资成本差额的10%交纳中国预提所得税。由于每个境内子公司的投资成本不一，但大部分均为原始投入成本（即实收资本），考虑到本次如家酒店集团的整体出售价格较高，因此预计需缴纳的中国预提所得税费用较高。

境外红筹架构的保留虽然给首旅酒店节省了一大笔税收费用，但是未来如家酒店向首旅酒店分红会面临较高的税收成本，可能发生上市公司合并报表利润较高但实际向股东分红的可支配资金受限的情况。

### （三）引入战略投资者携程上海，“互联网＋”战略落地

此次收购完成后，携程上海将成为首旅酒店的战略投资者，这是首旅酒店继与石基信息、阿里旅行战略合作后又一推动“互联网＋”战略的重大举措。近年来，OTA不断掌握客户流量，同时通过佣金上涨、低价战令酒店承压，酒店十

分被动。携程是国内最大的OTA，在产品布局、品牌黏性和客户数量等领域具有压倒性优势。此次引入携程上海做股东将巩固公司在资源与渠道端的布局。

另一方面，如家是国内第二大酒店集团，首旅酒店收购如家酒店将提高其对OTA的议价能力，降低OTA流量费用。

### （四）募集配套资金，缓解现金压力

截至2015年9月30日，首旅酒店报表中的货币资金余额为21 688.48万元，较2014年12月31日下降12.62%，主要是上市公司日常经营活动所需的流动资金；同行业的平均资产负债率为53.78%，首旅酒店为66.00%，高于行业平均水平。2013年1—12月、2014年1—12月及2015年1—9月期间，公司的净现金流均为流出，分别为−1.10亿元、−5 056.78万元及−3 147.95万元。而本次收购如家酒店，首旅酒店采用债务融资作为资金来源，现金购买如家酒店65.13%股权，这将进一步提高公司资产负债率。

另一方面，如家酒店于2015年12月15日有一笔可转债到期，截至2015年9月30日，可转债账面价值9.97亿元。此外，随着业务规模的持续提高以及中高端酒店品牌的不断扩张，如家酒店集团未来也将在酒店建设与原有酒店升级改造方面产生一定的资本性支出。

因此，通过募集配套资金用于收购如家酒店集团股权或置换本次交易中预先投入的银行贷款，可以有效避免因本次重大资产收购对上市公司的资产负债率进一步大幅提升而对公司主营业务产生影响，促使公司维持较为合理的资产负债结构，进而控制公司的财务风险并稳定公司的抗风险能力。

### （五）业务整合、商誉减值考验未来业绩

首旅收购如家后，首先，将在客源系统、管理制度等方面进行融合，整个合并过程是先易后难，逐步深入。两者合并的困难则在于首旅原来以高端酒店为主，集团有不动产；如家以有限服务为主，以租赁经营为特征。风格不一样，因此管理平台、管理风格，都需要逐步整合。

另外，商誉减值问题也将给首旅酒店未来业绩带来不利影响。由于交易前Poly Victory并非如家酒店集团的控股股东，首旅集团不能通过Poly Victory对如家酒店集团实施控制。根据会计准则，此次交易构成非同一控制下的企业合

并。而本次收购价格与如家酒店集团账面净资产差额较大,根据非同一控制下的吸收合并的会计处理方法,合并成本大于可辨认净资产公允价值的差额确认为商誉。另一方面,如家酒店集团自身也具有较大金额的商誉。因此,本次交易完成后,首旅酒店将新增金额较大的商誉。企业会计准则规定,商誉不作摊销处理,需要每年年终进行减值测试。如果如家酒店集团不能较好地实现收益,则此次交易会给未来带来商誉减值风险。

综上所述,此次首旅酒店私有化收购如家酒店,既实现了双方业务转型的愿望,也满足了国企改革的要求,同时降低了未来中国企业赴美上市的热情,带动更多的中国概念股选择私有化的路径,并回归A股,以享受国内上市企业的高估值待遇。

## 五、市场表现(600258)

首旅酒店交易前后的股价变化情况见图41。

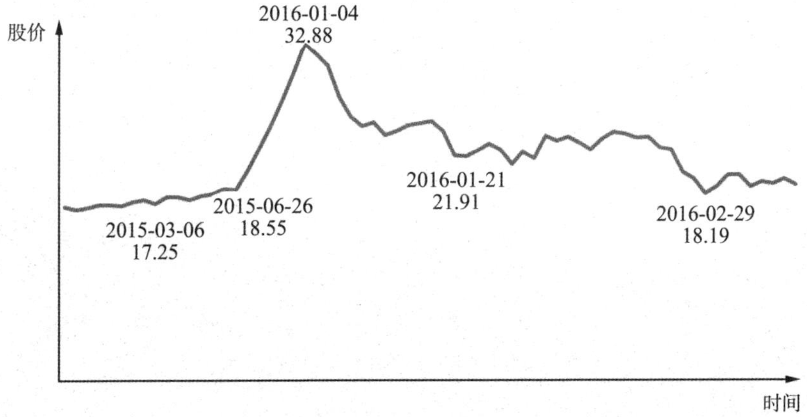


图41 首旅酒店交易前后股价走势

# 第五辑 “借壳上市”并购

# 002127

# 南极电商(原新民科技):电商借壳内衣上市

## 一、收购相关方简介

### (一) 收购方(借壳方):南极电商(上海)股份有限公司

南极电商(上海)股份有限公司(以下简称南极电商)是一家专业致力于服务小微电商及供应商的现代综合服务商,主要产品包括品牌授权服务、电商生态综合平台服务、柔性供应链平台园区服务、专业增值服务、货品销售等。南极电商的前身为南极人(上海)纺织科技有限公司,实际控制人为张玉祥。

"南极人"作为人们耳熟能详的保暖内衣品牌,成立于1997年,是中国最早成立的内衣企业之一。由于行业竞争及纺织服装行业景气度持续下滑等原因,公司于2008年提出"品牌授权"商业模式,通过签约并授权供应商合作工厂生产"南极人"品牌的产品,摆脱了生产端和销售端的自营环节。2010年12月,张玉祥成立了南极人(上海)纺织科技有限公司,并陆续承接了上海南极人的相关业务;2013年6月,公司进行股份制改造,整体变更为南极人(上海)纺织科技股份有限公司;2015年6月,"南极人"正式更名为南极电商(上海)股份有限公司。

### (二) 标的公司:新民科技

新民科技,全称江苏新民纺织科技股份有限公司,系经江苏省人民政府批准，由吴江新民纺织有限公司整体变更设立的股份公司，于2007年4月18日在深圳证券交易所挂牌上市，注册资本为人民币44 645.890 2万元。江苏新民纺织科技股份有限公司是主营丝绸织造和化纤纺丝的江苏省高新技术企业，主要产品包括：高档真丝面料、高档仿真丝面料、各类中高档里料、精品女式时装，以及主要用于织造仿真丝产品、仿麂皮及其他各类功能性织物的差别化纤维。

## 二、收购事件一览

- 2015年4月30日，新民科技因筹划重大事项开始停牌。
- 2015年8月24日，新民科技与南极电商全体股东张玉祥、朱雪莲、胡美珍、丰南投资、江苏高投签署了《发行股份购买资产协议》，披露重大资产重组预案（或报告书）及相关材料，继续停牌。
- 2015年9月10日，股东大会通过决议，公司复牌。
- 2015年11月25日，公司收到中国证监会的通知，经中国证监会上市公司并购重组审核委员会于2015年11月25日召开的2015年第102次工作会议审核，公司重大资产出售及发行股份购买资产并募集配套资金暨关联交易事项获得有条件通过。
- 2016年2月24日，新民科技原董事长、高管辞职，选举张玉祥为董事长。
- 2016年3月7日，新民科技完成工商变更登记，更名为“南极电商”。

## 三、收购方案

### （一）重大资产出售

新民科技向张玉祥、江苏高投及胡美珍出售除约定资产、约定负债以外的新民科技全部资产、负债和业务，其中向张玉祥转让出售资产的86.04%，向胡美珍转让出售资产的3.96%，向江苏高投转让出售资产的10.00%，张玉祥、江苏高投及胡美珍以现金方式收购。

上述约定资产和约定负债系指：

（1）房屋所有权及土地使用权：新民科技位于江苏吴江盛泽镇后街22号的土地使用权和其上的房屋所有权。

（2）截至2015年6月30日，扣除上述房屋所有权及土地使用权后的新民科技资产和负债包括：货币资金101 557 894.05元，应收票据900 000.00元，其他流动资产76 046 417.54元，其他非流动资产80 435 473.99元；应付票据5 670 000.00元，应付账款11 314 055.00元。各方约定，扣除上述房屋所有权及土地使用权，新民科技于交割日约定资产和约定负债的资产净额应为241 955 730.58元。

为便于交割，新民科技设立全资子公司新民纺织，将其全部出售资产、负债、业务整合至新民纺织，新民科技在交割日将新民纺织100%股权转让给张玉祥、江苏高投及胡美珍，即视为新民科技已向张玉祥、江苏高投及胡美珍履行完毕出售资产交付义务。

根据中水致远出具的评估报告，以2015年6月30日为评估基准日，本次交易中出售资产按资产基础法的评估值为24 372.05万元，经交易各方协商作价24 372.05万元。

### （二）发行股份购买资产

新民科技向南极电商全体股东张玉祥、朱雪莲、胡美珍、丰南投资、江苏高投以非公开发行股份方式，购买其共同持有的南极电商100%股权。根据中水致远出具的评估报告，以2015年6月30日为评估基准日，本次交易中购买资产按收益法的评估值为234 382.40万元。经交易双方友好协商，本次交易中购买资产作价234 382.40万元。

新民科技本次发行股份的价格为本次重大资产重组第五届董事会第三次会议决议公告日前120个交易日股票交易均价的90%，即8.05元/股。据此计算，新民科技需向南极电商全体股东合计发行股份291 158 259股。

### （三）发行股份募集配套资金

为提高本次重组绩效，增强重组完成后上市公司的盈利能力和可持续发展能力，上市公司向香溢融通（浙江）投资有限公司管理的香溢专项定增1—3号私募基金非公开发行股份募集配套资金，总金额不超过30 000万元，不超过本次交易总额的100%。本次交易配套融资发行股份的定价基准日为第五届董事会第三次会议决议公告日，发行价格不低于定价基准日前20个交易日公司股票交易均价的90%。因此，本次募集配套资金发行价格确定为9.52元/股。根据募集配套资金上限和发行价计算，本次交易募集配套资金所发行的股份数量为31 512 605股。

### （四）本次交易对公司股权结构的影响

本次交易前，本公司实际控制人为蒋学明，蒋学明直接及间接合计持有公司29.70%股权。本次交易完成后，实际控制人变更为张玉祥及朱雪莲，张玉祥及朱雪莲合计直接持有29.71%股份，张玉祥、朱雪莲及其一致行动人丰南投资合计持有32.96%股份（见表22）。

**表22 交易前后新民科技股权变动情况**

| 本次交易前 | | | 本次交易前 | | |
|---|---|---|---|---|---|
| 股东名称 | 持股数量 | 持股比例 | 股东名称 | 持股数量 | 持股比例 |
| 新民控股 | 92 581 010 | 20.74% | 新民控股 | 92 581 010 | 12.04% |
| 新民投资 | 47 071 307 | 10.54% | 新民投资 | 47 071 307 | 6.12% |
| 蒋学明 | 40 000 000 | 8.96% | 蒋学明 | 40 000 000 | 5.2% |
| | | | 张玉祥 | 205 964 891 | 26.78% |
| | | | 朱雪莲 | 22 535 649 | 2.93% |
| | | | 江苏高投 | 26 088 242 | 3.39% |
| | | | 丰南投资 | 25 039 610 | 3.25% |

## 四、案例评论

### （一）传统纺织业入冬，卖壳势在必行

新民科技原有主营业务为丝织品织造业务，属于传统制造业。由于近年国际经济复苏缓慢、国内经济增速放缓，以及纺织行业产能过剩且需求低迷等不利因素影响，上市公司经营持续低迷，面临退市风险。为此，上市公司于2014年度实施了重大资产出售，剥离了化纤及印染业务，但受纺织行业景气度影响，保留下来的丝织品织造业务的经营情况也不甚理想。2014年，上市公司归属于

母公司所有者的净利润仅1 041.75万元。

在如此强大的退市压力下，“卖壳”是一个比较好的选择，而新民科技选择的买家是同样有着织造业背景的“南极人”。新民科技在交易报告书中表示，通过此次交易，将公司原有盈利能力较弱、未来发展前景不明的丝织品织造业务出售，同时注入盈利能力较强、发展前景广阔的互联网供应链管理平台，可实现公司主营业务的转型，从根本上改善公司的经营状况，增强公司的持续盈利能力和发展潜力，提高公司的资产质量和盈利能力。

此次重组不仅是新民科技的谢幕，同时也是“南极人”向电商转型的号角。2015年6月，“南极人”正式更名为南极电商（上海）股份有限公司，公司转型为“向千万家小微电商及供应商提供品牌授权服务、电商生态综合服务、柔性供应链园区服务，并经营货品销售业务的现代综合服务商”。而此次借壳上市募集来的配套资金将用于“电商生态服务平台建设”“柔性供应链服务平台建设”和“品牌建设项目”。

## （二）南极电商业绩承诺恐难实现

此次重组南极电商合并报表归属于母公司所有者权益的账面值为3.35亿元，评估值为23.44亿元，评估增值20.09亿元，增值率将近600%。不仅如此，南极电商股东张玉祥、朱雪莲、丰南投资还签订了业绩补偿协议，承诺南极电商（包括其子公司）将在2015年、2016年、2017年合并报表中扣除非经常性损益后归属于母公司所有者的净利润分别不低于1.5亿元、2.3亿元、3.2亿元，展示了南极电商对其今后盈利能力的强大信心。

然而，通过对盈利模式和财务质量进行分析，可看出南极电商恐怕难以兑现业绩承诺。

首先来看南极电商的盈利模式。尽管南极电商在此次重组报告书提出了诸如电商生态综合服务的创新概念，在其官方网站上我们也可以看到“对传统的O2O产业链进行整合和全面优化，从而实现服务对象价值提升的现代综合服务集团”的内容。但从后文内容来看，公司的主营业务是“公司通过品牌授权使合格的供应商和经销商进入电商综合服务体系，当被授权方向南极电商采购‘商标及其辅料’时，南极电商向其收取标牌使用费和品牌服务费等费用”，即向授权供应商收取标牌使用费和品牌服务费从而获得收入。2012年，南极电商品牌服务业务实现收入1.16亿元,占营业总收入的49.45%;标牌使用费业务实现营业收入442.4万元,占比1.81%。2013年,南极电商品牌服务费收入同比增长10.34%至1.28亿元,标牌使用费同比增长341.95%至1 935.18万元。也就是说,公司的核心资产仍然是“南极人”这个品牌,主要收入来源其实也就是普通的授权加盟模式,即“卖标”。

但值得注意的是,对授权加盟模式而言,价格管理和分销管控往往会成为薄弱环节。许多加盟商在获得授权后,会以相同的低价、相同的样式进行产销活动,结果导致产品同质化严重,价格持续走低,货品积压。而在重组报告书中,南极电商也提到了,由于缺乏对于销售计划的评估及落地性,下游经销商出现盲目备货、货品积压的现象。2014年,公司标牌的申领数量出现下滑,这直接反映到了南极电商的营业收入上——2014年,南极电商实现营业收入2.74亿元,同比下滑2.22%;实现净利润0.66亿元,同比下滑16.99%。

同时,南极电商的财务状况也令人堪忧。近年来南极电商的应收账款增长十分迅猛,增长率远高于营业收入。2012年,南极电商应收账款余额为0.69亿元,占当期营业收入的29.49%。2013年,公司应收账款余额猛增至1.18亿元,同比增幅高达71.01%,占营业收入的比重上升至42.14%。2014年,南极电商应收账款余额上升至1.37亿元,占公司营业收入的比重上升至50%。

2012—2014年,南极电商应收账款周转率由4.87次下降至2次。此外,南极电商其他应收款增速同样迅猛。财务数据显示,2013年,南极电商其他应收款余额仅为118.82万元,2014年增长至3 749.85万元,同比增幅高达3 055.91%。尽管南极电商宣称,在2015年的“双十一”活动中,南极人成交额2.7亿元,相比上一年实现了79.78%的高增长,实现了“传统品牌成功转型”。但从报表中披露的最近三年及2015年一期的数据来看,南极电商净利润分别为3 181万元、8 008.99万元、6 650.09万元和3 321.65万元,不仅2014年较2013年有明显的下滑,距离业绩补偿协议中的过亿元更相去甚远。且近年来,纺织服装行业景气度持续下滑,内衣市场产能过剩和无序竞争的问题依然待解。而在此背景下,南极电商想要兑现业绩承诺似乎绝非易事。

## 五、市场表现(002127)

南极电商(原新民科技)交易前后的股价变化情况见图42。

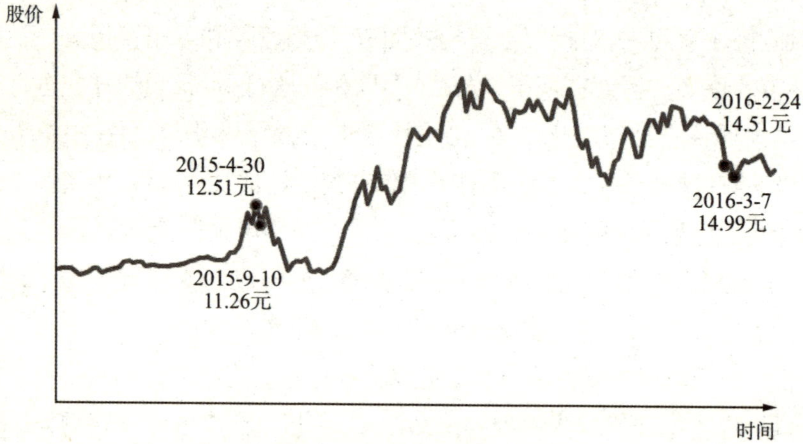


图42 南极电商交易前后股价走势

# 002239
# 奥特佳(原金飞达):
# 闪躲腾挪,巧妙“借壳”上市

## 一、收购相关方简介

### (一)收购方(借壳方):南京奥特佳新能源科技有限公司

南京奥特佳新能源科技有限公司(以下简称奥特佳)前身为南京奥特佳冷机有限公司,于2000年5月26日注册成立,自成立以来一直从事汽车空调压缩机的研发、生产与销售,公司的实际控制人为张永明。奥特佳是国内最大的涡旋式汽车空调压缩机生产企业,主营业务为汽车空调压缩机的研发、生产和销售,具体产品为涡旋式汽车空调压缩机、电动涡旋式汽车空调压缩机等。目前,公司与通用五菱、比亚迪、奇瑞汽车等汽车生产厂商建立起良好稳定的合作关系。此外,公司也已成为法国标致、比亚迪、北汽福田、奇瑞等主要新能源汽车生产厂商的领先供应商。

### (二)标的公司:金飞达

金飞达,全称江苏金飞达服装股份有限公司,成立于2002年6月,2008年4月在深圳证券交易所挂牌上市。公司目前的主营业务为传统服装的研发、生产、加工与销售,产品主要销往美国市场。依靠较强的面料开发与推荐能力,公司在同行业中具有较强的竞争优势，并保持较为稳定的毛利率。

## 二、收购事件一览

● 2014年7月21日，金飞达停牌。

● 2014年12月20日，金飞达董事会通过重组方案，公司复牌。

● 2015年1月27日，金飞达股东大会通过重组方案。

● 2015年4月13日，金飞达公司收到中国证监会的通知，经中国证监会上市公司并购重组审核委员会2015年4月13日召开的2015年第28次工作会议审核，公司重大资产重组事项获得无条件通过。

● 2015年5月7日，南京工商行政管理局核准了奥特佳的股东变更，奥特佳的股东变更为金飞达，金飞达直接持有奥特佳100%股权，奥特佳成为本公司的全资子公司。

● 2015年8月11日，金飞达更名奥特佳。

## 三、收购方案

### （一）发行股份及支付现金购买资产

金飞达以发行股份及支付现金的方式购买北京天佑、江苏金淦、王进飞、世欣鼎成、南京永升、光大资本、湘江投资、南京长根、南京奥吉、王强、何斌所持的奥特佳100%股权，共支付交易对价265 000万元。其中，以现金支付39 750万元，剩余部分225 250万元以发行股份的方式支付，发行股份价格为4.56元/股，不低于定价基准日前60个交易日公司股票交易均价的90%，共计发行49 396.929 4万股。

### （二）配套融资

金飞达同时向实际控制人王进飞以及宏伟投资非公开发行股票募集配套资金不超过75 000万元，拟用于支付现金对价、奥特佳项目建设、本次交易相关费用。募集配套资金总额不超过本次交易总金额（交易总金额＝本次交易金额＋募集配套资金金额－募集配套资金中用于支付现金对价部分）的25%，发行股份价格为4.78元/股，不低于定价基准日前20个交易日公司股票交易均价的90%，共计发行15 690.376 5万股。

### （三）本次交易对公司股权结构的影响

本次交易前，王进飞通过帝奥集团控制公司表决权比例为42.537 3%，为公司实际控制人。本次交易完成后，王进飞直接及通过帝奥集团间接控制公司表决权比例为32.873 8%，仍为公司实际控制人（见表23）。

**表23 奥特佳交易前后股权变动情况**

| 本次交易前 | | | 本次交易后 | | |
|---|---|---|---|---|---|
| 股东名称 | 持股数量 | 持股比例 | 股东名称 | 持股数量 | 持股比例 |
| 帝奥集团 | 17 955 | 42.54% | 帝奥集团 | 17 955 | 16.73% |
| | | | 王进飞 | 17 318 | 16.14% |
| | | | 江苏金淦 | 12 637 | 11.78% |
| | | | 北京天佑 | 11 623 | 10.83% |
| | | | 世欣鼎成 | 5 811 | 5.42% |
| | | | 宏伟投资 | 4 184 | 3.90% |
| | | | 南京永升 | 3 981 | 3.71% |
| | | | 光大资本 | 2 906 | 2.71% |
| | | | 湘江投资 | 2 906 | 2.71% |
| | | | 南京长根 | 1 872 | 1.74% |
| | | | 南京奥吉 | 1 063 | 0.99% |
| | | | 王强 | 725 | 0.68% |
| | | | 何斌 | 62 | 0.06% |
| 其他股东 | 24 255 | 57.46% | 其他股东 | 24 255 | 22.61% |

## 四、案例评论

### （一）重组前“突击转股”藏玄机

2014年12月19日，停牌5个月之久的金飞达披露以26.5亿元收购奥特佳100%股权，并定向募集配套资金不超过7.5亿元。随后金飞达披露详细的资产重组方案。重组后，金飞达将由单一的服装制造企业转变为服装制造业与汽车空调压缩机产业并行的双主业上市公司。在发布公告之后，金飞达股价仅上涨了四个交易日，便步入下行通道，四周时间震荡不止。这期间，更是曝出公司内部人士质疑收购奥特佳，称公司在重组前突击转股巧避“借壳”。

此次金飞达发布的的重组报告书中指出，本次交易前后，王进飞均为公司实际控制人，本次交易不构成借壳上市。根据《上市公司重大资产重组管理办法》，借壳上市有两个标准：(1)控制权发生变更；(2)注入资产总额达到上市公司资产总额100%以上。

就在重组前夕的2014年12月4日，北京天佑将其所持奥特佳10%的股权转让给王进飞，而王进飞又将所获奥特佳10%股权用于认购金飞达股份；也就在同一日，江苏金淦分别将其所持奥特佳10%、5%、5%、0.11%的股权转让给世欣鼎成、光大资本、湘江投资、何斌，通过前述股权转让，提高了王进飞对重组完成后的金飞达持股比例，降低了张永明的持股比例。(表24为此次股权转让前后王进飞〔即金飞达实际控制人〕，及张永明〔即奥特佳实际控制人〕对奥特佳的持股比例。)

表24　奥特佳在股权转让前后变动情况

| 股权转让前 | | | 股权转让后 | | |
|---|---|---|---|---|---|
| 股东名称 | 出资额（万元） | 持股比例 | 股东名称 | 出资额（万元） | 持股比例 |
| 北京天佑 | 14 400 | 40.00% | 北京天佑 | 10 800 | 30.00% |
| 江苏金淦 | 16 867 | 46.85% | 江苏金淦 | 9 628 | 26.74% |
| | | | 王进飞 | 3 600 | 10.00% |

在交易完成后，王进飞通过江苏帝奥集团持股金飞达16.73%、个人持股金飞达16.14%股份，张永明通过江苏金淦、北京天佑持有金飞达22.61%股权，持股比例仅次于王进飞。

在公告重组预案前夕做出这一系列的股权安排，规避借壳上市的意图明显。这次转让使得重组后王进飞所持股份大于张永明所持股份，巧妙地规避了界定借壳时有关实际控制人变动的规定。

## （二）奥特佳资产状况堪忧

此次重组外界质疑重重，不只是因为重组前的“突击转股”，作为标的的奥特佳本身是否是块优秀的上市资产也令人生疑。

从财务数据上来看，奥特佳的盈利表现十分优异。公司2012年与2013年资产规模分别为15.2亿元和18.37亿元，分别实现收入14.97亿元和17.15亿元，分别实现归属母公司净利润1.77亿元和2.03亿元，收入增长率和净利润增长率分别达到14.56%和14.69%，主营业务毛利率水平分别达到36.46%和38.19%。但奥特佳的实际情况是否真如财务数据表现的那样优秀呢？

### 1. 奥特佳上一次A股重组失败见端倪

2012年10月8日，万丰奥威(002085)发布了《关于重大资产重组的停牌公告》，拟与奥特佳筹划重大资产重组事项。两日后该公司宣布拟以现金方式收购奥特佳持有的南京奥特佳祥云冷机有限公司100%股权及南京奥特佳冷机有限公司100%股权。不过，这一收购计划仅仅在一个月后就归于流产。而万丰奥威方面的解释是，根据现场尽职调查及财务审计结果，标的公司现状与公司拟筹划本次重大资产重组时的预期存在较大差距，公司决定终止实施该收购事项。

而在金飞达对奥特佳的此次收购中，奥特佳的资产评估值却是增值211.75%。经银信评估公司评估，奥特佳100%股权评估值为26.6亿元，较2014年9月30日经审计合并报表归属于母公司所有者权益账面值8.548 5亿元，评估增值率约为211.75%。对此，金飞达在重组方案中表示，相对于其他行业，奥特佳所在行业属于技术密集型行业，企业资产账面价值仅反映了形成现状资产的历史成本，未反映品牌知名度、研发能力及客户资源等无形资产的价值，而该部分价值在收益法评估值结论中予以体现。

对于收购资产的高增值评估，金飞达的内部也有不同的意见。在第三届董事会16次、17次会议中，金飞达董事蒋建中对重组的相关提案均投了弃权票，对于投弃权票的原因，蒋建中表示是“议案的内容多处表述不清，基础数据来源计算不明，交易对价估值不合适，或风险较大”。在连续投下弃权票后，蒋建中于2015年1月8日提出了辞去董事和战略委员会职位，并不再在金飞达担任任何职位。

**2. 汽车零部件及配件制造业整体利润下滑**

另外，从奥特佳所处的行业来看，汽车零部件及配件制造行业自2000年以来整体平均毛利率处于快速下滑的通道中，行业平均毛利率在2000年约为21%，到2005年则降至14.63%的低谷。虽然其后略有反弹，但基本徘徊在14%～16%的区间内。由于汽车零配件行业受整车厂商的利润压制明显，在与整车厂商的价格博弈中处于劣势，因而奥特佳高毛利率、高估值以及高增长性恐怕难以持续。

同时，汽车零配件行业还普遍存在应收账款高、应收票据高的现象，奥特佳在这方面也尤其明显。从财务数据上来看，2013年年底和2014年9月底，奥特佳的应收票据及应收账款均累计达到7.5亿元，占其当期营业收入的54%和43%，特别与当期经营活动现金流入相比，更显得问题严峻。

## （三）“故事大王”联手讲故事

种种迹象表明，奥特佳并非优质资产，那为何金飞达仍旧顶着重重质疑的压力跨界助其登陆A股市场呢？

事实上，自2008年5月上市以来，金飞达就开始“不务正业”，热衷于题材概念的炒作。2008年11月，上市仅6个月的金飞达就开始炒作风电，成为“风电概念股”；2013年1月，金飞达又连收两家矿业公司，投身于贵金属矿业炒作，成为“黄金概念股”；同年10月金飞达又在上海自贸区注册了两家电商公司，并发布公告称正在向移动互联网相关领域转型升级，将互联网、手游、网游、电子商务概念统统炒遍，可惜最后都没了下文。也因为如此，金飞达被业界戏称为资本市场的“故事大王”。

与此同时，奥特佳也在不断“修饰”自己以迎合资本市场。2014年8月，在金飞达停牌期间，南京奥特冷机更名为奥特佳新能源，增加了新能源的冠名。

可是新能源汽车空调压缩机领域的技术壁垒非常高，目前，日本企业完全垄断了新能源车空调压缩机市场，连德国老牌厂商比泽尔制冷都难与之抗衡，而后者几乎垄断了全球的客车空调压缩机市场。此次奥特佳虽然更名，但其主营业务和产品品种均未有调整，可见其自知无法进入新能源汽车相关领域，不过是傍着概念炒作一番而已。

两个公司都如此喜欢“讲故事”，可以推断它们在主营业务上表现不佳——如果各自在主营业务上有着靓丽的业绩增长表现，那么管理层也无需费尽心思地酝酿公司转型。金飞达主营的海外女装代加工业务近几年受东南亚冲击明显，本地的人力成本、场地成本、税收成本也在不断加大，整个行业已逐渐步入“夕阳产业”。奥特佳传统产品的国内市场销售情况也不容乐观，同时其尚不具备出口替代创收的技术能力、成本优势和市场资源。奥特佳目前服务的主体客户集中在奇瑞、五菱、比亚迪、江淮等公司，尚未进入国际国内一流的汽车整车制造商的供货名单。因此，奥特佳在传统产品制造销售领域能够保持稳定的份额和规模已经实属不易，未来高速爆发式增长压力重重。

一般情况下，若非“借壳上市”，重组双方都会寄希望于通过并购重组产生一定的“协同效应”，通过并购交易给双方的原有业务提供产业价值链上的增值环节，以达到熨平整合波动期所产生的业绩不稳定风险，并对交易中所产生的各种整合风险提供一个超额收益补偿预期。但此次重组，金飞达为了完成此次交易所付出的股本增大的代价显然高过了置入资产的盈利增厚效应，二级市场的大幅震荡，也表现了投资者对于此次重组的质疑和担忧。

未来公司“双主业”是否真能如报告书中所说的提供“提供更为稳定、可靠的业绩保障”，我们不得不对其打上一个大大的问号。

## 五、市场表现(002239)

奥特佳交易前后的股价变化情况见图43。

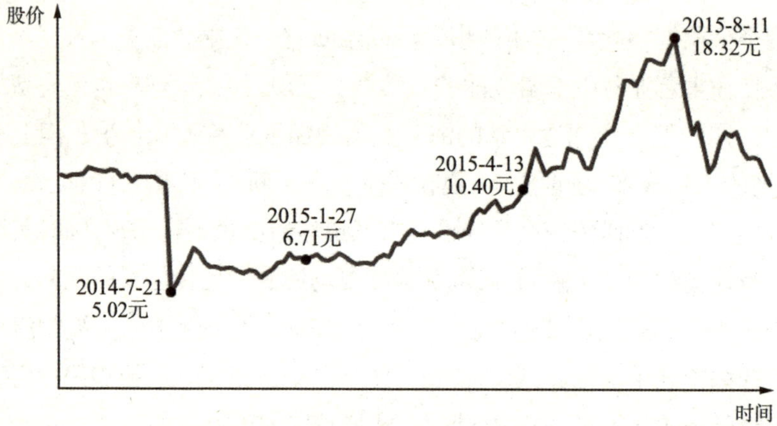


图43　奥特佳交易前后股价走势

# 002270
# 法因数控：
# 华明借壳法因，PE惊现业绩对赌

## 一、收购相关方简介

### （一）收购方（买壳方）：上海华明电力设备制造有限公司

上海华明电力设备制造有限公司（以下简称上海华明）由电器科技、华明电器厂和华明开关厂于1995年4月共同出资建立，实际控制人为肖氏家族（肖日明、沈琼仙、肖毅、肖申）。上海华明是一家致力于变电站高压电力设备的研究、开发、生产、销售为一体的民营高新技术企业，主要产品为变压器有载分接开关、无励磁分接开关、高压断路器和高压隔离开关、敞开式组合电器、绝缘材料等。

经过多年制造生产有载分接开关，华明已发展成为“中国第一，世界第二”的专业有载分接开关制造厂。产品的技术指标达到国内领先、国际先进水平，多项产品获得上海市科技成果奖及上海市新产品奖。主导产品分接开关获上海市名优电器产品称号，成为国家电力公司推荐使用的品牌产品。华明高品质的分接开关已被国内电力公司、能源工业、化工、冶炼和铁路工程广泛采用，并且已运行于海外60多个国家的变电站，华明已成为多个跨国集团公司如GE和AREVA的合格供应商。

### （二）标的公司：法因数控（股票代码：002270）

法因数控，全名山东法因数控机械股份有限公司，前身为山东法因数控机械有限公司，是由自然人李胜军、郭伯春、管彤、刘毅共同出资设立的有限责任公司，成立于2002年8月。公司主要从事钢结构数控加工设备的研发、制造、销售业务，主要产品包括铁塔钢结构数控加工成套设备、建筑钢结构数控加工成套设备、板材数控加工成套设备及镗铣产品、汽车装备及其他专用机床等。

## 二、收购事件一览

- 2014年10月8日，法因数控开始停牌。
- 2015年3月10日，法因数控董事会通过《关于公司发行股份购买资产并募集配套资金之重大资产重组暨关联交易预案的议案》并复牌。
- 2015年4月30日，法因数控股东大会逐项表决审议通过了《关于公司发行股份购买资产并募集配套资金之重大资产重组暨关联交易方案的议案》。
- 2015年9月18日，法因数控接中国证监会的通知，经中国证监会上市公司并购重组审核委员会2015年9月17日召开的2015年第78次工作会议审核，公司发行股份购买资产并募集配套资金之重大资产重组暨关联交易相关事项获得有条件通过。
- 2015年12月4日，本次发行股份购买资产并募集配套资金之重大资产重组暨关联交易之标的资产已完成过户。
- 2016年1月10日，董事长李胜军辞职。

## 三、收购方案

### （一）发行股份购买资产

2015年3月9日，法因数控以审议本次重大资产重组事项的董事会决议公告日前120个交易日股票交易的均价，即9.26元/股的发行价格（经分红调整后），向上海华明全体股东以非公开发行股份方式，购买其持有的上海华明合计100%股权。

根据中企华出具的评估报告，截至评估基准日，本次注入的标的资产上海华明100%股权的评估值为260 083.94万元。经交易各方协商确定，本次重大资产重组注入资产上海华明100%股权的最终交易作价为260 000.00万元。

根据上海华明100%股权的交易作价测算，本次交易上市公司向上海华明全体股东发行股份的数量为28 077.75万股。

## （二）募集配套资金

为提高本次重组绩效，增强重组完成后上市公司的盈利能力和可持续发展能力，法因数控以审议本次重大资产重组事项的董事会决议公告日前20个交易日股票交易均价的90%，即9.66元/股的发行价格（经分红调整后），向汇垠鼎耀、汇垠华合和宁波中金非公开发行股票募集配套资金，募集资金规模上限为35 000.00万元，不超过本次交易总金额的25%，也不超过购买资产交易价格的100%。

本次交易中，募集配套资金总额不超过35 000.00万元，按照调整后的发行价格9.66元/股测算，发行股份的数量约为3 623.19万股。

## （三）本次交易对公司股权结构的影响

本次交易前公司的股本为189 150 000股，本次交易新增28 077.75万股。本次交易前，刘毅、李胜军、郭伯春合计持有5 267.86万股上市公司股份，持股占比27.85%；重组完成后华明集团持有16 876.30万股上市公司股份，持股占比35.91%，公司的控股股东将变更为华明集团，实际控制人将变更为肖日明、肖毅、肖申父子三人（见表25）。

**表25 法因数控交易前后股权情况**

| 本次交易前 | | | 本次交易后 | | |
|---|---|---|---|---|---|
| 股东名称 | 持股数量（股） | 持股比例 | 股东名称 | 持股数量（股） | 持股比例 |
| 刘毅 | 17 512 200 | 9.26% | 刘毅 | 17 512 200 | 3.73% |
| 李胜军 | 17 551 400 | 9.28% | 李胜军 | 17 551 400 | 3.73% |
| 郭伯春 | 17 615 000 | 9.31% | 郭伯春 | 17 615 000 | 3.75% |

续表

| 本次交易前 | | | 本次交易后 | | |
|---|---|---|---|---|---|
| | | | 华明集团 | 168 763 000 | 35.91% |
| | | | 安信乾能 | 47 732 200 | 10.16% |
| 其他流通股 | 136 571 400 | 72.15% | 其他流通股 | 136 571 400 | 29.07% |

## 四、案例评论

### （一）借壳法因数控，肖氏家族梦圆A股

2015年3月9日，法因数控发布公告，拟以9.31元/股合计发行约2.79亿股，作价26亿元收购上海华明100%股权。重组完成后，公司控股股东将变更为华明集团，实际控制人将变更为肖日明、肖毅、肖申父子三人。此后，法因数控股价一路看涨，从停牌重组前的11.77元，一路涨至3月20日的19.38元，在3月11日和3月12日两个交易日内，收盘价格涨幅偏离值更是累计超过20%。

此次借壳的主人公上海华明是一家主要从事变压器有载分接开关和无励磁分接开关以及其他输变电设备的研发、制造、销售和服务的企业，已自主研发了多款分接开关产品，其分接开关产品已在近百个国家安全运行，成为电力系统、工业用户和重点工程主要选择的分接开关产品之一，近年来产销量稳居全球第二、中国第一。

从财务报表上来看，2012年至2014年，上海华明分别实现营业收入6.94亿元、6.39亿元、5.72亿元，净利润分别为1.82亿元、1.89亿元、1.64亿元。营收逐年下降，业绩则略有波动，并无增长。但上海华明表示，这主要是由于国家经济结构调整导致钢铁、化工等高耗电企业客户在2014年度的需求量下降。考虑到未来国家对超高压、特高压输变电网络的投资建设，海外市场收入的快速增长及服务收入等新增长点的开拓，未来几年公司的收入及利润将保持良好的增长势头。

### （二）临时更改盈利补偿协议，全部PE股东参与对赌

值得注意的是，此次并购中，上海华明的股东中出现了多家PE的身影。此

次法因数控谋划重大事项时，停牌时间是在2014年10月8日。而就在停牌三个月前，即2014年7月8日，有多家PE入股上海华明。原股东之一的华明鼎辰全部退出，将其所持有的股权分别转让给了珠海普罗、安信乾能、上海国投和北京中金这四家PE，另外北京国投与国投创新又分别出资5 000万元拿到2.17%的股权。至此，上海华明的股东除了华明集团拥有60.1%的股权，其余7家PE掌握了将近40%的股权。

然而在借壳的进程中，法因数控于8月4日宣布将盈利补偿的主体范围扩大至标的公司的全体股东。也就是说原盈利补偿义务的主体仅为华明集团，此次新签订的盈利预测补偿协议将所有的PE股东纳入了补偿队列。

以PE公司作为盈利补偿的主体，在重组事件中非常罕见。在以往的并购重组案例中，参与业绩对赌的通常为标的公司的控股股东或者管理层股东，大部分PE是不参与的。比如同年4月披露重组预案的啤酒花，借壳方同济堂的背后是大股东同济堂控股、众多PE及产业资本等共计19位股东，仅有同济堂控股作为这次重组的盈利补偿义务人。而且一般而言，在投资人对回报率的要求下，PE往往会控制投资周期，以求在2年左右时间顺利实现退出，但盈利补偿期限则是交易完成后的3年，这明显不符合PE机构的利益诉求。

此次并购双方会做出如此反常的决定，主要原因来自中国证监会的反馈意见。2015年5月12日，证监会受理了法因数控的重组申请，经审核，提出了25条反馈意见，其中第16条明确指出：“本次交易补偿义务人为华明集团(目前持有上海华明60.1056%的股权)，若华明集团截至当年持有的上市公司股份数不足以补偿的，差额部分以现金进行补偿。请你公司补充披露上述业绩补偿方式是否符合我会相关规定。请独立财务顾问核查并发表明确意见。”

尽管监管层并未明示业绩补偿方式哪里不妥，但问题的症结显然是华明集团可能由于股权过分稀释从而丧失上市公司的控制权。在原来的盈利补偿协议中，当上海华明在盈利补偿期间各年度累计实现净利润/承诺净利润的比例小于39.89%时，华明集团因本次发行股份购买资产获得股份数量将不足以进行股份补偿。再看持股情况，重组完成后，华明集团的持股比例将达到33.34%，而公司原实际控制人刘毅等3人的合计持股比例将被稀释至13.08%。未来华明集团若过多稀释股份，将危及其大股东的身份。因此将PE引入补偿义务人，能够更好地保证华明集团的控股地位。

此次的盈利补偿方扩容事件，也从一个侧面反映出从监管层对借壳上市的监管愈加严格。

## 五、市场表现（002270）

法因数控交易前后的股价变化情况见图44。

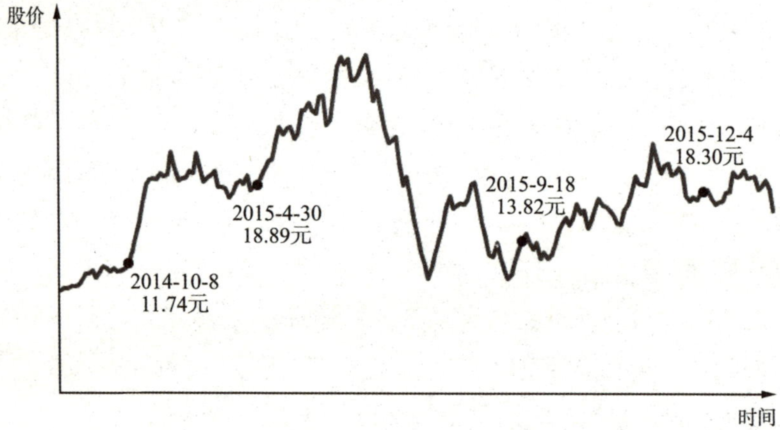


图44　法因数控交易前后股价走势

# 600053

# 九鼎投资(原中江地产):
# 新三板私募一哥逆袭A股

## 一、收购相关方简介

### (一) 收购方:九鼎投资

北京同创九鼎投资管理股份有限公司,2010年11月由黄晓捷、吴强、覃正宇、蔡蕾、赵忠义等六人出资成立,2013年变更为股份有限公司,2014年4月首创LP(有限合伙人)换股的方式登陆新三板,证券代码430719,上市2个月内在新三板定增60亿元,一跃成为本土最大私募机构之一,新三板第一股。九鼎投资主要从事客户资产管理和自有资金投资业务。截至2015年9月30日,九鼎投资旗下共13个一级子公司,包括昆吾九鼎、拉萨昆吾、九泰财富、九泰资管、九州证券、中江地产等,其中直接持有昆吾九鼎99.2%股份,间接持有昆吾九鼎0.8%股份。

### (二) 标的公司:中江集团

江西中江集团有限责任公司,中江地产之控股股东。2015年之前实际控制人是江西国资委,2015年100%股权被挂牌转让给九鼎投资,目前实际控制人是吴刚、黄晓捷、吴强、蔡蕾、覃正宇五名自然人。经营范围包括:国内贸易、对各类行业投资、商业运营管理、酒店管理、企业管理咨询服务、对外贸易经营。

### （三）标的上市公司：中江地产

江西中江地产股份有限公司，前身江西纸业，原控股股东江中集团于2011年以存续分立的方式分立为江中集团和中江集团。实施存续分立后，中江地产控股股东变更为中江集团。2015年，中江集团100%的股权被挂牌转让至九鼎投资，九鼎投资间接控股中江地产72.37%股份，中江地产实际控制人变更为吴刚、黄晓捷、吴强、蔡蕾、覃正宇五名自然人。中江地产在被注入昆吾九鼎之前主营业务为房地产业，目前主营业务包括房地产业和私募股权管理业务。

### （四）标的公司：昆吾九鼎

昆吾九鼎投资管理有限公司，九鼎投资的控股子公司，实际控制人是吴刚、黄晓捷、吴强、蔡蕾、覃正宇。九鼎投资99%以上的营业收入来自昆吾九鼎。昆吾九鼎下属子公司系昆吾九鼎为发起设立和管理基金而成立，均仅作为基金的管理人或GP。昆吾九鼎的主营业务是私募股权投资管理（Private Equity，即PE），通过向基金收取管理费以及管理报酬来获取收入和利润。

### （五）标的公司：拉萨昆吾

拉萨昆吾九鼎产业投资管理有限公司，是九鼎投资的全资子公司、对外投资及基金份额持有平台，经营范围为产业投资。持有昆吾九鼎0.8%股份。

## 二、收购事件一览

● 2015年3月26日，中江控股、江西中医药大学、大连一方集团有限公司和24个自然人股东一并将持有的中江集团100%股权在江西省产权交易所公开挂牌转让。

● 2015年5月15日，北京同创九鼎投资管理股份有限公司通过电子竞价的方式以414 959.20万元竞得中江集团100%股权，确认为最终受让人。

● 2015年5月21日，由于收购中江集团100%股权从而间接持有中江地产72.37%股权，九鼎投资触发全面要约收购，要约价格13.23元/股，要约收购股票数量119 803 500股，占中江地产已发行股份的27.63%。

● 2015年9月23日，中江地产第六届董事会第15次会议审议通过重大资产重组和非公开发行股票等重大事项议案。公司现金购买昆吾九鼎100%的股权，交易价格90 986.21万元。同时，公司向九鼎投资、拉萨昆吾和天风证券中江定增1号集合资产管理计划非公开发行股票不超过12亿股(含本数)，拟募集资金不超过120亿元(含本数)。按照本次发行数量上限12亿股计算，本次非公开发行完成后，九鼎投资直接持有本公司不超过37.737%(含本数)的股权，并通过中江集团间接持有本公司不超过19.206%(含本数)的股权，通过拉萨昆吾间接持有本公司不超过33.057%(含本数)的股权，合计持有本公司不超过90%(含本数)的股权，成为本公司控股股东。

● 2015年10月23日，公司召开第一次临时股东大会，通过重大资产购买和非公开发行股票等重大事项议案。

● 2015年12月2日，变更公司名称并增加公司经营范围。公司拟将名称由“江西中江地产股份有限公司”变更为“昆吾九鼎投资控股股份有限公司”。公司拟在原经营范围中增加“投资管理、投资咨询”。公司本次增加后的经营范围为:投资管理;投资咨询;房地产开发经营;土地开发及经营;对旅游项目的投资;装饰工程;建筑材料的生产、销售;建筑工程的设计与规划;物业管理;资产管理;自有房屋租赁。

● 2015年12月30日，变更证券简称。公司证券简称由“中江地产”变更为“九鼎投资”，公司证券代码“600053”不变。

● 2016年1月27日，2016年第一次临时股东大会决议同意吴刚、黄晓捷、吴强、蔡蕾、覃正宇、康青山为非独立董事。其中，吴刚为九鼎投资实际控制人，其他人均为九鼎投资和昆吾九鼎的董监高。

## 三、收购方案

### (一) 交易方案

本案例的交易方案主要分为两个部分:

(1) 九鼎投资通过江西产权交易所挂牌转让系统以41.49亿现金竞拍取得中江地产(600053)控股股东中江集团的100%股权，从而间接控股中江地产(600053)。

（2）九鼎投资操控中江地产以现金支付方式购买其与拉萨昆吾持有的昆吾九鼎100%股权，将其PE业务注入上市公司。中江地产增加经营范围，并变更公司名称和证券简称。

## （二）交易价格

（1）九鼎投资以414 959.2万元现金购买中江集团100%股权。

（2）在中江地产现金购买昆吾九鼎100%股权交易中，交易价格为90 986.21万元。其中，昆吾九鼎100%股权资产基础法的评估结果为90 986.21万元，较净资产增值28 766.63万元，溢价率146.23%。

## （三）交易结构

第一部分，九鼎投资购买中江集团的交易结构见图45。

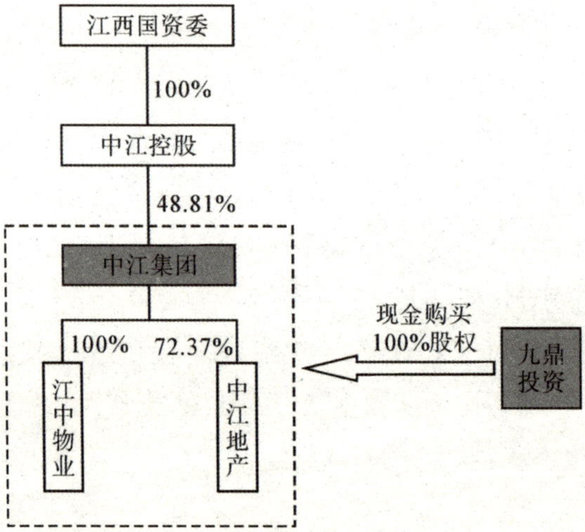


图45　九鼎投资收购中江集团交易结构图

第二部分，昆吾九鼎注入中江地产见图46。

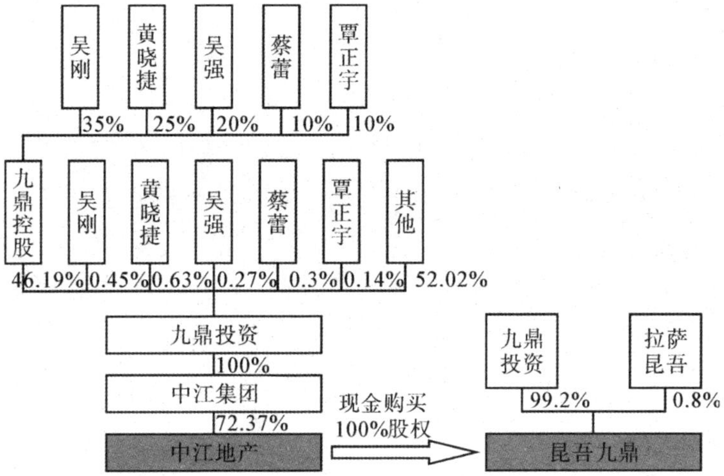


图46 昆吾九鼎注入中江地产交易结构图

## 四、案例评论

从九鼎投资竞拍买下中江集团100%股份，到将拥有其核心业务的昆吾九鼎注入上市公司中江地产，并再次发出定增预案，仅历时半年，私募一哥杀入A股不改凌厉本色。

### （一）国内PE机构IPO政策模糊，九鼎巧妙借壳圆A股梦

此次九鼎投资没有直接选择IPO，而是通过购买上市公司中江地产的控股股东中江集团达到其间接上市的目的，一方面是考虑目前国内上市过程的漫漫长路，另一方面更是因为目前并没有明确针对国内PE机构直接IPO上市的政策。

尽管A股现在存在一些创投概念股，但这些股票要么是原来业务转型而来，比如鲁信创投，要么就是非上市公司的主营业务，如电广传媒子公司达晨创投，PE机构在A股首发上市还没有先例。早在几年前，深圳市高特佳投资集团有限公司就曾对外宣称正谋求过集团整体上市，也试图尝试转战H股，不过最终以搁置告终。深创投、达晨创投也曾有上市计划，不过至今尚未梦圆，PE的

上市之路可谓坎坷。

因此，九鼎这番“曲线上市”可能是PE机构实现A股梦的最好办法。

### （二）溢价224%买下中江集团，九鼎明亏实赚

据中铭国际资产出具的评估证明，中江集团评估后的资产总额为29.13亿元，负债总额10.83亿元，净资产18.3亿元。而九鼎投资是以41亿元的高价摘得中江集团，溢价高达224%。但是，中江地产11月11日复牌之后，一口气创下了14个涨停板的惊人走势，股价从13.14元涨至49.92元，九鼎投资账面浮盈超过100亿元。如果中江地产（600053）120亿元的定增获得通过，以春节前的收盘价37.98元计算，参与定增的同创九鼎及其子公司拉萨昆吾将获得超过323亿元的浮盈。

除了账面浮盈，对于眼下PE行业来说，如何退出难倒了很多PE“大拿”。此次九鼎顺利登陆A股，其投资人可以纷纷通过二级市场套现退出。

### （三）中江地产股权集中，江西国资委急于脱身房地产

从股权结构来看，上市公司中江地产的控股股东中江集团持有其72.37%股份，要想控制中江地产，从中江集团入手即可。从流通规模上，截至2014年12月31日，中江地产总股本4.34亿股，流通股4.34亿股，无限售流通股，对于财大气粗的九鼎投资来说，中江地产的盘子并不是很大，很容易得手。

另一方面，中江集团的实际控制人江西国资委因为其旗下的地产业务连年亏损，拖累整个集团，多次将中江集团挂牌转让，但都以失败告终。面对下定决心阉割房地产业务的江西国资委，九鼎拿下中江集团仿佛是一场及时雨。

### （四）保留房地产业务，九鼎一举多得

九鼎拿下中江集团，间接控股中江地产后，并没有急于置出上市公司的原有资产，笔者认为九鼎主要出于以下两方面的考虑：

一是保留原有业务，躲避监管。如果直接置出上市公司原有资产，置入PE业务，则会被证监会认为购买昆吾九鼎就是私募股权业务的借壳上市，而证监会对于私募上市的态度并不支持。保留中江地产原有业务，九鼎就可以以此作为挡箭牌，理直气壮地借给上市公司寻找新利润增长点的理由将PE业务置入。

二是房地产投资给PE机构提供退出通道。实际上,“房地产+PE”模式是一种较为常见的模式,摩根、花旗、黑石、弘毅、鼎晖等知名大型基金都在房地产行业有所涉猎,并取得不错成绩。房地产行业的发展需要资金的支持,PE最不缺的就是资金。而PE机构的LP(有限合伙人)希望得到高回报率。房地产行业尽管目前已经结束了高增长阶段,但仍具有可观利润。

## 五、市场表现(600053)

中江地产交易前后的股价变化情况见图47。

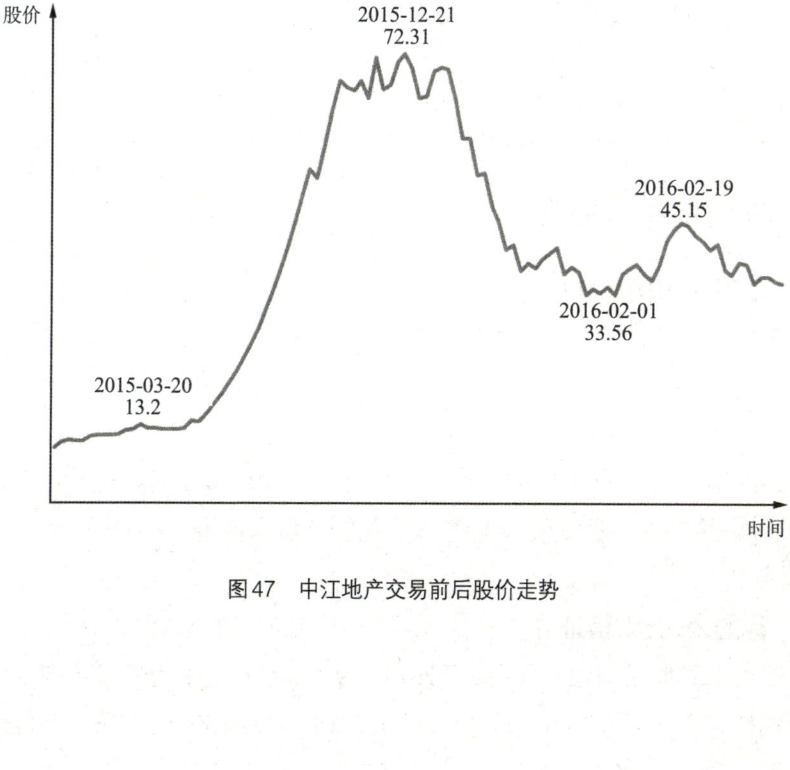


图47 中江地产交易前后股价走势

# 600061

# 国投安信(原中纺投资):借壳上市,绕道重组避监管

## 一、收购相关方简介

### (一)收购方:中纺投资

中纺投资发展股份有限公司,收购安信证券后改名为国投安信股份有限公司,主要从事纺织原材料的生产和销售,主营业务包括化纤及新材料业务、国际国内贸易业务、羊绒制品业务和物流服务业务。收购安信证券之前,国投贸易直接持有中纺投资35.99%的股份,通过子公司CTRC.A持有中纺投资3.45%的股份,为中纺投资控股股东,实际控制人为国务院国资委。

### (二)标的公司:安信证券

安信证券股份有限公司,截至2014年9月30日,有14家法人股东,其中国投公司持有安信证券58.01%股份。截至2014年12月30日,安信证券直接持股3家全资子公司、1家控股子公司和1家参股子公司,其中持有安信期货100%股份。

### （三）实际控制人：国投公司

国家开发投资公司，是国有独资公司，由国务院国资委全权控股。截至2014年6月30日，国投公司控股参股的一级子公司有23家，其中包括上市公司*ST中鲁(600962)；控股其他上市公司4家，包括中纺投资(600061)、中成股份(000151)、华联国际(控股)有限公司(香港上市公司，HK.00969)、中新果业有限公司(新加坡上市公司，5EG.SIN)。

### （四）控股股东：国投贸易

中国国投国际贸易有限公司，国投公司的全资子公司，发行股票购买安信证券之前持有中纺投资35.99%的股份，是中纺投资的控股股东。发行股份购买安信资产后，持有中纺投资4.18%股份，中纺投资的直接控股股东由国投贸易变更为国投公司。国投贸易是国投公司的全资子公司。

### （五）关联公司：国投中谷期货

国投中谷期货有限公司，截至2015年6月30日，有2家法人股东，其中国投资本持有80%股份，河杉持有20%股份，公司实际控制人是国务院国资委。

### （六）关联公司：安信期货

安信期货有限责任公司，是安信证券的全资子公司。截至2014年12月30日，安信期货共有4家期货营业部。

### （七）关联公司：国投资本

国投资本控股有限公司，国投公司全资子公司，实际控制人是国务院国资委，主要从事大宗商品国际贸易业务，有11家全资子公司。

## 二、收购事件一览

● 2014年7月16日，中纺投资因接到实际控制人国投公司筹划涉及其的重大事项的通知而停牌。

● 2014年11月17日，中纺投资六届二次临时董事会决议同意发行股份购买资产事项，并披露《发行股份购买资产并募集配套资金暨关联交易报告书(草案)》。

● 2014年12月2日，国务院国资委同意公司的重大资产重组方案。

● 2015年1月6日，中国证监会上市公司并购重组审核委员会通过相关事项。

● 2015年1月30日，中国证监会通过发行股份购买资产并募集配套资金事项。

● 2015年2月9日，中纺投资六届三次临时董事会决议设立全资子公司上海毅胜投资有限公司，以承接安信证券股份有限公司100 000股股份。

● 2015年2月13日，标的资产安信证券100%股份全部过户至中纺投资和毅胜投资。

● 2015年2月16日，中纺投资向国投公司等14名交易对方发行2 937 614 279股股票，每股发行价格6.22元。

● 2015年3月18日，中纺投资完成向7位特定对象非公开发行327 454 494股股份募集配套资金，每股发行价格18.6元。

● 2015年3月24日，中纺投资因重大资产重组控股股东发生变更，由国投贸易变更为国投公司，公司实际控制人未发生变化。

● 2015年3月30日，中纺投资与全资子公司毅胜投资按原持股比例共同向安信证券增资。增资完成后，安信证券的注册资本由3 199 993 145.00元增至3 525 134 979.00元。

● 2015年4月16日，中纺投资董事张嵩林、周华瑜、李岩、鲍勤飞、俞建国、黄兴良，独立董事杨金观、余伟平、胡俞越，监事刘连东、王讯、吴会俊辞职。

● 2015年5月7日，公司总经理鲍勤飞、副总经理季平、副总经理刘森林、财务总监杨月萍辞职。

● 2015年5月8日，施洪祥任公司董事长。

● 2015年5月8日，公司将下属的全部纺织类资产及业务委托给中国国投国际贸易有限公司经营和管理。

● 2015年6月8日，中纺投资因筹划重大事项停牌。

● 2015年6月23日，中纺投资第六届第八次临时董事会决议通过将其持有的除安信证券与上海毅胜投资以外的所有资产与负债出售给国投资本。

● 2015年7月2日，中纺投资第六届第九次临时董事会决议同意公司子公司安信证券支付现金购买国投资本及河杉投资持有的国投中谷期货100%股权，并且国投中谷期货存续吸收安信期货。吸收合并完成后，存续公司更名为国投安信期货有限公司。

● 2015年7月6日，中纺投资更名为国投安信股份有限公司。

● 2015年7月17日，中纺投资证券简称变更为“国投安信”，证券代码不变。

● 2015年7月27日，公司2015年第一次临时股东大会通过重大资产出售和重大资产购买暨期货公司吸收合并事项。

● 2015年10月29日，公司调整行业分类，由纺织业变更为资本市场服务。

● 2015年11月16日，证监会同意国投中谷期货吸收合并安信期货事项。

## 三、收购方案

### （一）交易方案

本案例由三笔交易组成：

第一，中纺投资（600061）以发行股份购买资产并募集配套资金的方式获注安信证券100%的股份资产。交易完成后上市公司的主营业务将增加证券服务业。本次交易构成重大资产重组，构成关联交易，不构成借壳上市。

第二，中纺投资（600061）将所持安信证券与毅胜投资全部股份（股权）以外的所有资产与负债（包括或有负债）出售给国投资本，国投资本将以现金向上市公司支付对价。具体包括：（1）上市公司母公司除长期股权投资以外的全部资产和负债（含无锡分公司）；（2）上海中纺物产发展有限公司100%股权；（3）无锡华燕化纤有限公司100%股权；（4）包头中纺山羊王实业有限公司100%股权；（5）北京同益中特种纤维技术开发有限公司97.5%股权；（6）上海纺通物流发展有限公司72%股权；（7）中纺无锡新材料科技发展有限公司100%股权。

第三，中纺投资（600061）通过全资子公司安信证券以支付现金的方式向国投资本、河杉投资购买国投中谷期货100%股权，然后通过国投中谷期货吸收合并安信期货，并承继及承接安信期货全部资产、负债、权利、义务、业务和人员，安信期货作为被合并方将依法注销法人资格，存续期货公司名称变更为“国投安信期货有限公司”。

## （二）交易价格

### 1. 第一笔交易

安信证券100%股份的评估值为1 827 196.09万元，交易价为1 827 196.09万元。

### 2. 第一笔交易，非公开发行股票情况

（1）发行股份购买资产，国投公司等14名交易对方发行2 937 614 279股股票，每股发行价格6.22元；（2）募集配套资金，向7位特定对象非公开发行327 454 494股股份募集配套资金，每股发行价格为18.6元。

### 3. 第二笔交易

出售资产的交易价格为64 644.05万元，评估值为64 644.05万元。

### 4. 第三笔交易

国投中谷期货100%股权评估值138 932.51万元，增值率为147.00%，交易价格138 932.51万元。

## （三）交易结构

第一部分，中纺投资购买安信证券的股权结构见图48。

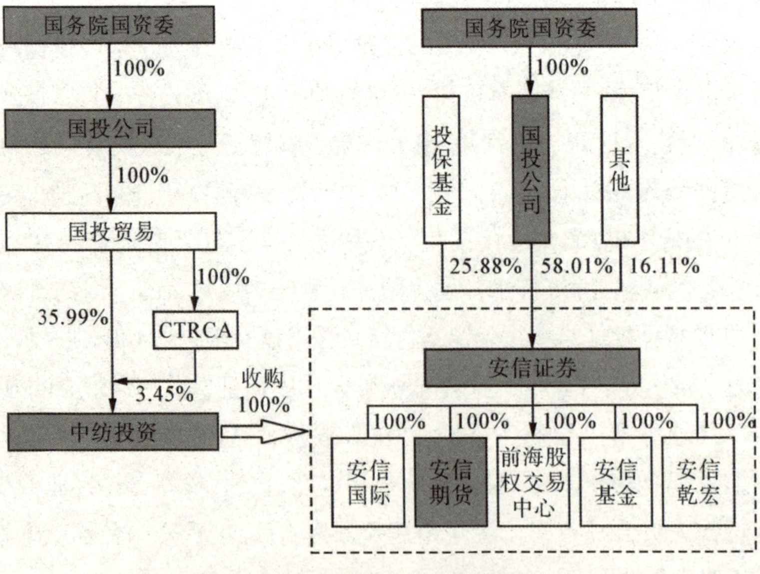


图48　中纺投资购买安信证券的股权结构

第二部分，中纺投资置出原有资产的股权结构见图49。

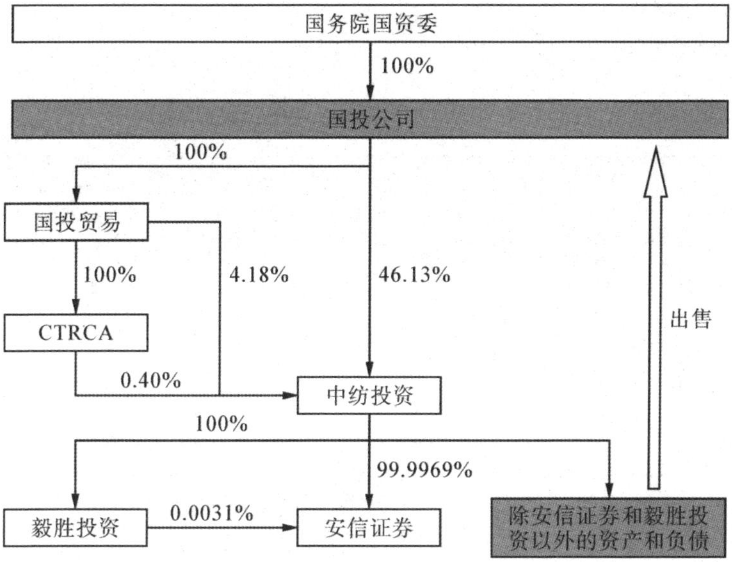


图49 中纺投资置出原有资产的股权结构

第三部分，国投中谷期货吸收合并安信期货的股权情况见图50。

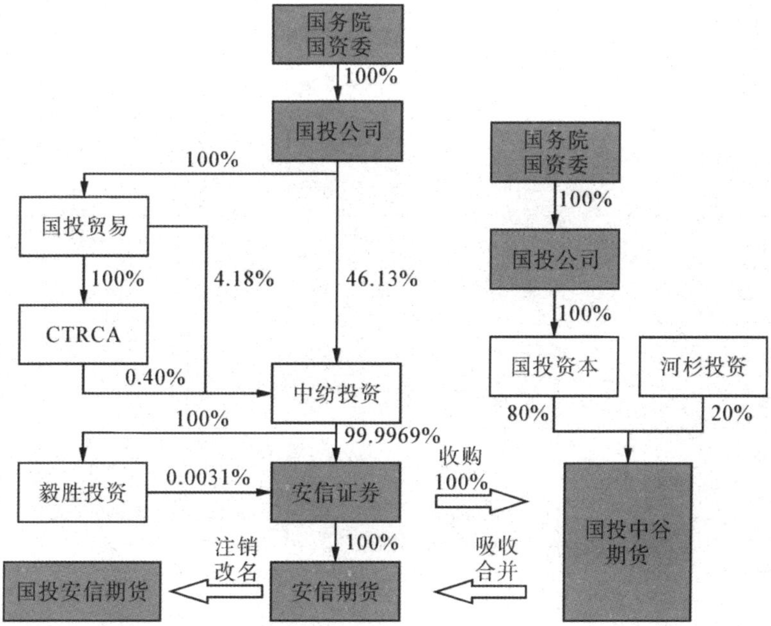


图50 国投中谷期货吸收合并安信期货股权结构

## （四）股权变化

第一笔交易中，发行股份购买资产后股权变动情况见表26。

表26 中纺投资购买安信证券股权变动情况

| 股东名称 | 本次交易之前 | | 本次发行股份购买资产后 | | 本次交易完成后 | |
|---|---|---|---|---|---|---|
| | 持股数量（股） | 持股占比 | 持股数量（股） | 持股占比 | 持股数量（股） | 持股占比 |
| 国投贸易 | 154 423 617 | 35.99% | 154 423 617 | 4.59% | 154 423 617 | 3.55% |
| CTRC.A | 14 813 285 | 3.45% | 14 813 285 | 0.44% | 14 813 285 | 0.34% |
| 国投公司 | — | — | 1 704 035 390 | 50.61% | 1 704 035 390 | 39.21% |
| 投保基金 | — | — | 760 307 066 | 22.58% | 760 307 066 | 17.49% |
| 远致投资 | — | — | 217 578 294 | 6.46% | 217 578 294 | 5.01% |
| 中铁二十二局 | — | — | 61 462 795 | 1.83% | 61 462 795 | 1.41% |
| 杭信投资 | — | — | 61 462 795 | 1.83% | 61 462 795 | 1.41% |
| 八达集团 | — | — | 33 711 460 | 1.00% | 33 711 460 | 0.78% |
| 益辉咨询 | — | — | 19 737 138 | 0.59% | 19 737 138 | 0.45% |
| 中合联 | — | — | 17 209 582 | 0.51% | 17 209 582 | 0.40% |
| 兴业担保 | — | — | 12 292 558 | 0.37% | 12 292 558 | 0.28% |
| 德昌和益 | — | — | 12 292 558 | 0.37% | 12 292 558 | 0.28% |
| 中金国科 | — | — | 11 071 610 | 0.33% | 11 071 610 | 0.25% |
| 海南天雨 | — | — | 9 834 047 | 0.29% | 9 834 047 | 0.23% |
| 中瑞国信 | — | — | 8 604 790 | 0.26% | 8 604 790 | 0.20% |
| 浩成投资 | — | — | 8 014 196 | 0.24% | 8 014 196 | 0.18% |
| 其他股东 | 259 846 038 | 60.56% | 259 846 038 | 7.72% | 259 846 038 | 5.98% |
| 配套融资认购对象 | — | — | — | — | 979 204 761 | 22.53% |
| 合　计 | 429 082 940 | 100% | 3 366 697 219 | 100% | 4 345 901 980 | 100% |

## 四、案例评论

2015年年初，备受市场瞩目的中纺投资182亿元收购安信证券的重大资产重组事项获得证监会无条件通过，券商板块又添一员。

### （一）绕道借壳上市避监管

中纺投资的第一大股东为国投贸易，实际控制人是国投公司，而被收购的安信证券的实际控制人也是国投公司。因此尽管中纺投资支付高达182亿元的交易对价收购100%安信证券股份，中纺投资的第一大股东将由国投贸易变更为国投公司，但国务院国资委仍为上市公司的最终实际控制人，中纺投资的实际控制人并未发生改变。这次交易是属于同一控制人下的资产注入行为，并不构成借壳。

但是中纺投资刚刚收购完安信证券后，旋即出售自己原来的资产与负债，并更改其经营范围、行业分类、公司简称，安信证券“曲线上市”意图明显。中纺投资的此次重大重组实际上是安信证券的“变相借壳”

不过，安信急于上市、变相借壳也是有一定道理的。第一，目前国内券商行业竞争非常激烈，安信证券急需资金帮助参与竞争。第二，证监会对于券商IPO的监管政策一直很暧昧。根据2011年8月证监会发布的《关于修改上市公司重大资产重组与配套融资相关规定的决定》，规定“借壳上市应当符合国家产业政策要求，属于金融、创业投资等特定行业的借壳上市，由中国证监会另行规定”。证监会既没有明确表示券商不能借壳，也没有给出金融行业借壳上市的明确规定。第三，如果安信证券选择在A股IPO直接发行上市融资，那么根据规定申请上市的公司在最近三年的实际控制人不能发生变更，而安信证券2006年由投保基金和深圳市投资控股有限公司共同出资成立，国投公司2013年从投保基金手中受让18.32亿股安信证券股份后成为安信第一大股东，安信证券至少再等2年才有申请A股IPO的资格。

### （二）股权减持、资产注入解决同业竞争

国投公司间接持有国投瑞银基金51%股权与国投中谷期货53.33%股权，

安信证券的子公司包括安信基金与安信期货；重组完成后，中纺投资持有安信证券100%股份，证券基金、期货业务成为中纺投资主营业务之一，上市公司与国投瑞银基金及国投中谷期货将存在同业竞争。

安信证券转让所持安信基金部分股权以解决与国投瑞银基金同业竞争的问题，并维护上市公司利益。安信基金股权转让完成后，安信证券将取得本次股权转让的现金对价，其所持安信基金股权比例将降至33%，低于五矿资本控股有限公司持股比例38.72%，不再拥有安信基金控制权，有效解决了安信基金与国投瑞银基金同业竞争，同时符合基金行业"一参一控"监管要求。

中纺投资于2015年7月2日，公司第六届第九次临时董事会决议同意公司子公司安信证券支付现金购买国投资本及河杉投资持有的国投中谷期货100%股权，收购完成后国投中谷期货吸收合并安信期货，更名国投安信期货。

## （三）安信证券整体上市，搭上央企改革试点班车

安信证券的大股东国投公司是央企国资改革中进行国有资本投资公司试点的公司之一，此次安信注入上市公司中纺投资是国投系启动全面改革的标志。

国投公司以实业为主、产融结合，通过资本经营与资产经营相结合的经营模式，大力发展实业、金融和基金与类基金业务，是央企中具有鲜明特色的投资控股公司。近年来，国投公司不断涉足信托、基金、证券、银行、期货、保险等多个金融领域。此次将安信证券注入其旗下上市公司，实现安信证券的整体上市，有利于发挥国投公司旗下上市公司的资源，优化上市公司的资产布局，进一步推动国投公司的内部协同和多元化战略的开展。国投公司作为改组国有资本投资公司的首批试点企业之一，在推进混合所有制改革，加大资本经营力度，推动业务多元化、资产证券化方面的重要举措，对于国资国企改革试点和重组各方都有着积极而深远的影响。

安信证券成立以来，核心业务指标排名位于业内前列。2011年至2013年连续3年评为AA级券商（AA属于证券公司目前获得的最高评级）；2014年上半年，面对行业IPO业务远低于预期、经纪业务佣金率出现显著下滑的叠加冲击，安信证券仍取得了较好的经营业绩，主要财务指标同比增长，行业排名稳步提升。

安信证券是综合竞争力较强的优秀证券公司，国投控股安信证券股权将促进国投公司深化资本经营与资产经营相结合的经营理念，完善投资控股公司的功能和手段，进一步增强在国有经济布局和结构调整所发挥的独特作用，同时也将进一步拓宽安信证券的发展空间。

2014年9月，中国证监会为落实“新国九条”和《关于进一步推进证券经营机构创新发展的意见》(证监发〔2014〕37号)的有关要求，专门下发通知，鼓励证券公司多渠道补充资本，通知要求各证券公司重视资本补充工作，通过IPO上市、增资扩股等方式补充资本，确保业务规模与资本实力相适应，公司总体风险状况与风险承受能力相匹配。本次重组顺应了监管当局对证券公司增强资本实力的要求。通过重组，安信证券的证券业务资产将可以享有上市平台融资功能的支持，借助市场化的股权和债权融资降低融资成本，提高业务的盈利能力。

## 五、市场表现(600061)

中纺投资重组前后的股价变动情况见图51。

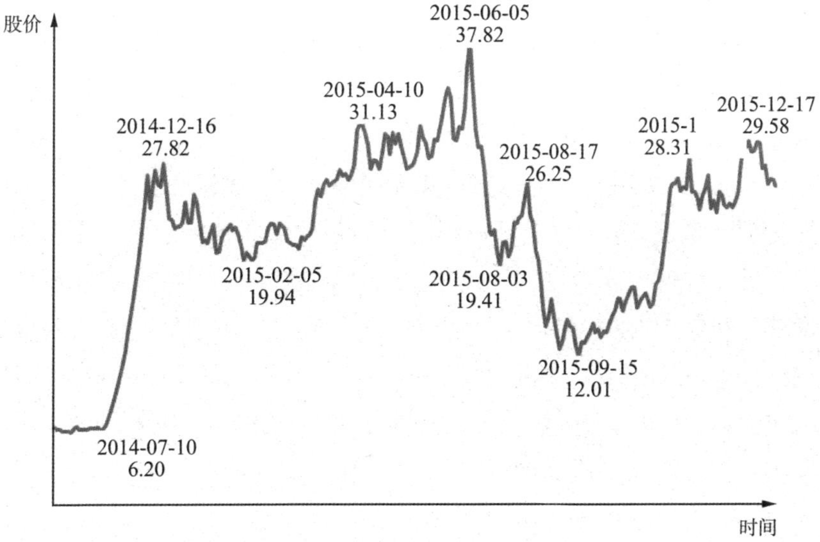


图51 中纺投资重组前后股价走势

# 600666

# 奥瑞德(原西南药业):借壳上市的经典模式

## 一、收购相关方简介

### (一)收购方:哈尔滨奥瑞德光电技术股份有限公司

哈尔滨奥瑞德光电技术股份有限公司,简称“奥瑞德”,起源于2006年由左洪波夫妇发起创建的“奥瑞德有限”。该公司在2011年进行了股份制改革后变为奥瑞德,目前注册资本为1.65亿元。该公司主要从事蓝宝石晶体材料、单晶炉及蓝宝石制品的研制、生产和销售。奥瑞德具备产能快速扩张的能力,目前是全球少数能规模化生产4英寸以上蓝宝石晶体棒的企业之一。它早期生产的蓝宝石晶体材料主要为LED衬底,但自2011年起,公司主要向蓝思科技和伯恩光学等手机零部件制造商供应蓝宝石材料。随着苹果公司对蓝宝石玻璃材质的使用,市场普遍将蓝宝石玻璃视为新一代智能手机屏幕的发展趋势。被视为国内蓝宝石行业龙头企业的奥瑞德计划借助资本市场的力量,快速向蓝宝石材料加工和下游应用产品发展,从而提升并巩固奥瑞德在行业的优势地位,实现在未来蓝宝石行业广阔的增长空间中占据一席之地的目标。

### (二)标的公司:西南药业股份有限公司

西南药业股份有限公司,简称“西南药业”,是由国营制药三厂在1992年进行股份制改造后设立的，注册资本为2.9亿元，主要经营原料药、中西药制剂的生产和销售，同时销售化工原料、包装材料。2003年，重庆市财政局将其持有的西南药业国有股份转让给太极实业(集团)股份有限公司(简称“太极集团”)和其母公司太极集团有限公司(简称“太极有限”)。其中太极集团直接持有西南药业32.39%的股份，为其控股股东，但最终控制人是太极有限。另外，太极有限旗下直接和间接控股的上市公司有太极集团(600129)、西南药业(600666)及桐君阁(000591)三家，其中后两家上市公司均有脱壳重组的打算。而本次交易完成后，西南药业将从医药制造商转变为蓝宝石晶体材料和单晶炉设备的供应商。

## 二、收购事件一览

- 2014年4月28日，西南药业停牌，控股股东太极集团拟筹划重大事项。
- 2014年8月11日，西南药业召开董事会会议，通过了本次重组相关议案。
- 2014年8月29日，重庆市涪陵区国资委同意此次重组。
- 2014年9月23日，西南药业召开股东大会，通过了本次重组相关议案。
- 2014年12月10日，财政部批准此次重组。
- 2015年1月21日，工信部同意本次重组。
- 2015年4月14日，中国证监会核准此次重组的实施。
- 2015年4月21日，奥瑞德100%的股权过户至西南药业名下。
- 2015年5月22日，非公开发行募集配套资金。
- 2015年7月3日，公司更名，简称由“西南药业”变为“奥瑞德”。

## 三、收购方案

本次重组方案是一首典型的“四部曲”：

(1) 重大资产置换：西南药业向奥瑞德控股股东左洪波置出其净资产，同时，置入左洪波所持奥瑞德股份的等值部分，其中西南药业的净资产作价42 796.73万元，奥瑞德100%股权作价376 633.81万元。

（2）发行股份购买资产：奥瑞德全部股权在上述置换后的剩余部分，由西南药业向奥瑞德全体股东发行股份购买。发行对象为33名自然人和12家机构共计45名奥瑞德股东，发行价格为7.41元/股，共计450 522 346股，对应置换差额333 837.08万元。

（3）股份转让：资产置换完成后，左洪波以其获得的置出资产和4.13亿元现金作为对价，受让太极集团所持的西南药业29.99%股权，即87 014 875股。

（4）配套融资：西南药业以39元/股的价格，向兴业财富资产管理有限公司、华富基金管理有限公司、财通基金管理有限公司、中信建投基金管理有限公司、易方达基金管理有限公司等五名特定对象非公开发行了26 410 256股股份，在扣除了相关发行费用后，募集到的资金净额为10.11亿元。该资金将用于“大尺寸蓝宝石材料产业基地扩建项目”和“蓝宝石窗口片基地项目”两个项目。

本次重组结束后，西南药业原资产由太极集团接管，西南药业则“净身出户”，供奥瑞德借壳上市。奥瑞德实现借壳上市，西南药业的控股股东变更为左洪波，而太极集团出售了原所持有的西南药业股份，并获得其全部资产及4.13亿现金。

西南药业前十大股东在重组前后的变动情况如表27所示。

**表27 西南药业重组前后股权情况**

| 前十大股东 | 收购之前（截至2015年3月31日） | | 收购之后（截至2015年6月30日） | |
|---|---|---|---|---|
| | 股东名称 | 股份占比 | 股东名称 | 股份占比 |
| 1 | 太极集团 | 32.39% | 左洪波 | 18.96% |
| 2 | 太极有限 | 3.92% | 褚淑霞 | 12.69% |
| 3 | 中国农业银行—交银施罗德精选股票证券投资基金 | 1.38% | 上海泓成股权投资合伙企业（有限合伙） | 8.88% |
| 4 | 中国农业银行—交银施罗德精选股票证券投资基金 | 1.17% | 哈尔滨工业大学实业开发总公司 | 6.51% |
| 5 | 北京千石创富—广发证券—千石资本国圣1号资产管理计划 | 0.76% | 江苏高投成长价值股权投资合伙企业（有限合伙） | 5.16% |
| 6 | 云南国际信托有限公司—天龙1号集合资金信托计划 | 0.76% | 上海祥禾股权投资合伙企业（有限合伙） | 4.99% |

续表

| 前十大股东 | 收购之前(截至2015年3月31日) | | 收购之后(截至2015年6月30日) | |
|---|---|---|---|---|
| | 股东名称 | 股份占比 | 股东名称 | 股份占比 |
| 7 | 中融国际信托有限公司—融源8号证券投资集合资金信托计划 | 0.55% | 兴业财富资产—兴业银行—兴盛71号鼎柏1期特定多客户资产管理计划 | 2.01% |
| 8 | 李毅 | 0.50% | 苏州松禾成长二号创业投资中心 | 1.66% |
| 9 | 周新华 | 0.48% | 太极有限 | 1.48% |
| 10 | 严忠 | 0.48% | 深圳市瑞盈价值创业投资合伙企业(有限合伙) | 1.2% |

## 四、案例评论

此次奥瑞德借壳西南药业上市，背后的资本运作采取了中国A股市场上“资产置换+发行股份+配套融资”三管齐下的典型模式，但这次重组受到了市场的热烈回应，产生了连续9个涨停板的财富效应，也让并购重组成为热门的投资主题之一。具体来看，本次的借壳重组在以下几个方面表现得颇具特色：

### (一) 重组前奥瑞德股权有所调整，保证控制权稳定

本次借壳交易过程中，左洪波以全部西南药业的置出资产外加4.13亿元现金作为对价，换取太极集团持有的西南药业股份。左洪波给出的对价超过了西南药业当时股价的30%，即该30%的溢价相当于其支付的壳费。其实在正式实施重组方案之前，奥瑞德在其股权结构方面有所调整，以避免左洪波、褚淑霞夫妇的控股比例被进一步稀释。具体来看，重组前左洪波、褚淑霞夫妇对奥瑞德的控股比例并不高，仅为33.32%，若由左洪波单独与上市公司进行资产置换，而剩余的奥瑞德股权再发行股份进行购买资产，那么重组后左洪波和褚淑霞的控股比例将进一步被稀释，既不利于上市公司控制权的稳定，同时由控股股东承担全部的壳费也有失公平。因此，在停牌期间，除国有股东以外的奥瑞德其他股东，同意将一定比例的奥瑞德股份在重组前无偿转让予左洪波，具体

转让比例按参与置换的置出资产的评估值相应确定，以实现奥瑞德内部股东之间的利益平衡。同时，各方亦签署协议约定，在协议生效后12个月内若重组失败，则左洪波就将无偿受让的股份无条件地转回给原股东。

在借壳前调整股权比例与重组时借壳方的全体股东按相应比例参与资产置换可以达到同样的效果，但前者可以简化交易结构，同时可以避免让奥瑞德其他股东承担不必要的税费。

### （二）合理界定股东性质，降低审批难度

若西南药业的原控股股东太极集团被界定为上市公司的国有股东，那么根据有关规定，太极集团将股份转让给左洪波时，则需要上报国务院国资委审批，这样的话会大大增加审批的时间、难度和结果的不确定性。而经过项目组对相关规定的仔细推敲，发现太极集团并不必然属于"上市公司国有股东"的范畴。尽管其母公司太极有限是重庆市涪陵区国资委独资控股的企业，但太极有限仅持有太极集团38.81%的股份，同时未与其他国有单位合计对太极集团持股超过50%，因此太极集团可以不必划分在上市公司国有股东的范围内。在与重庆市国资委多次沟通之后，重庆市国资委认可了该项解释，无须上报国务院国资委审批，从而为本次重组方案的推进降低了审批难度。

### （三）"太极系"出售壳资源

太极集团通过此次交易，不仅承接了西南药业原有的全部医药类资产，还将4.13亿元现金收入囊中。若按西南药业此次发行价格7.42元/股计算，太极集团转让给左洪波的29.9%股份价值6.5亿元，扣除该部分后，太极集团在本次交易中净赚了1.9亿元。另外，虽然太极集团已将持有的绝大多数股份转让出去，但仍持有西南药业增发前总股本的2.40%。除此之外，太极集团的母公司太极有限还持有西南药业增发前总股本的3.92%。在本次重组后，西南药业股价大幅飙升，"太极系"将坐享收益。"太极系"决定出售西南药业这家壳资源也并不奇怪，因为不仅可以改善财务状况，完成国有资产保值增值的任务，还可以消除与西南药业存在的同业竞争关系。

### （四）“净壳”更讨跨界收购方的喜爱

太极有限旗下除了太极集团之外，还有桐君阁和西南药业两家上市公司，早在2014年就有将后两个作为壳资源出售的打算。尽管西南药业的业绩并不突出，且股价表现低迷，但与具有品牌优势的桐君阁相比，西南药业的资产构成比较简单，而桐君阁的则比较复杂。对于跨界型的借壳重组而言，考虑到以后处置无关资产的困难程度，“净壳”更容易获得收购方的青睐。因此，奥瑞德选择借壳西南药业，可以看作是和太极集团一拍即合，各取所需。

### （五）借壳方溢价超5倍，首次被证监会要求修改估值

借壳方奥瑞德的股权价值不菲，其全部股权的账面值仅约6亿元，但最终估值却高达37.7亿元，溢价528%。其财务数据显示，奥瑞德在2011—2014年间的净利润分别为4 090.76万元、1 750.19万元、7 536.01万元、13 056.97万元，可见净利润的波动较为剧烈，财务表现也和预期存在一定的差距。此外，2012年奥瑞德旗下的3家子公司即秋冠光电、鎏霞光电以及奥瑞德蓝宝石，均因产品价格大幅下调出现了亏损现象。对于投资者而言，奥瑞德借壳西南药业之所以能受到市场热捧产生9个涨停板，最主要是看重蓝宝石行业未来巨大的发展空间。尽管目前奥瑞德身披苹果概念的光环，市盈率已高达81倍，但若消费电子应用的需求在短期内难以爆发式增长，而LED行业的蓝宝石供给又存在过剩迹象，那么奥瑞德或许会重陷2012年量升价降的局面。

值得一提的是，在本次借壳上市的审批过程中，中国证监会首次提出对注入资产估值进行调整的要求，因此最终奥瑞德估值由先前的41亿元调整为37.7亿元。估值发生变化主要是受到诸多行业不利因素的影响。由于苹果公司新一代iPhone手机未使用蓝宝石屏幕以及美国蓝宝石龙头企业GTAT破产等重大事件，奥瑞德的大额订单较预计会推迟一定的时间，如此一来原承诺的年利润目标较难实现。因而在提交了重组方案以后，中国证监会重点针对奥瑞德估值的充分性、合理性提出了反馈意见。最后综合各方沟通的结果，公司决定对奥瑞德进行重新估值，最终定为376 633.81万元，较原价格下调了9.1%，但未超过20%，即不构成对原重组方案的重大调整，故只需重新履行董事会审议程序即可。本次重组交易开创了国内A股借壳上市时，在中国证监会审核过程中对注

入资产估值进行调整的先例，给其他类似的重组方案在履行审批程序时，如何应对行业中的不利变化提供了可以参考的解决途径。

## 五、市场表现(600666)

西南药业重组前后的股价变化情况见图52。

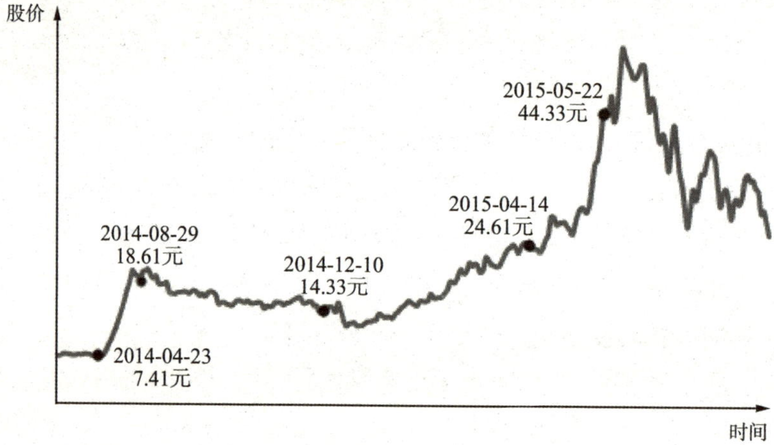


图52　西南药业重组前后股价走势

# 600696

# 匹凸匹(原多伦股份):命途多舛遭举牌,匹凸匹迎新主

## 一、收购相关方简介

### (一)收购方:上海五牛股权投资基金管理有限公司

五牛股权投资基金管理有限公司,简称"五牛基金",在2004年成立于上海,注册资本为8亿元,主要从事股权投资管理、投资咨询、商务咨询等业务,目前旗下全资和控股的共有9家子公司。五牛基金曾是一家专注于房地产投资行业十余年的房地产基金公司,但现在正迅速向综合型金融服务企业转型,其现今的业务范围非常多元,涵盖了股权投资、债权投资、不动产并购、资产配置、资产证券化等五大板块。在2015年,五牛基金还开展了二级市场证券投资业务,涉及投资权益类产品、固定收益产品与其他金融衍生品。此外,五牛基金的股权结构也很简单,仅有2名股东,其中海银金控占比70%,韩啸占比30%。其实海银金控由韩啸的父亲韩宏伟控股,因此韩啸是五牛基金的最终控制人。实际上韩宏伟在资本市场上非常活跃,有着丰富的资本运作经验。他掌管的豫商集团曾经举牌过东方银星,并与东鑫公司上演了一场激烈的控股权大战,目前豫商集团与东鑫公司并列为东方银星的第一大股东。除此之外,由豫商集团控制的另一家公司五牛衡尊,也于2015年9月17日晚宣布举牌新黄浦。由此可见,此次韩氏父子授意五牛基金及其一致行动人五牛亥尊、五牛御勉一同向匹

凸匹举牌，不仅是进行股权投资获取收益，还为了拓展其在二级市场上的业务范围。

### （二）标的公司：多伦股份

多伦股份，最早的身份要追溯到1993年上市的豪盛（福建）股份有限公司（简称“福建豪盛”），当时其主营石质挂釉墙地砖的销售。但由于业绩持续不佳，于是公司在2001年选择与利嘉实业进行重组，开始向房地产行业转型，随即变身“利嘉股份”。2006年，公司又更名为“上海多伦实业股份有限公司”（简称“多伦股份”）。之后在2011年12月至2012年7月不到一年的时间里，实际控制人不断更换。

2015年5月，公司借着热门概念“互联网+”的东风，再度更名为“匹凸匹”，表明其从房地产业向互联网金融转型的想法，甚至对外宣布，公司章程中原有的生产销售业务全部变更为11项互联网金融相关业务。令人无奈的是，原先筹划的重组转型以失败告终，业界戏称“匹凸匹”为2015年最奇葩的更名。在资本玩家的几进几出后，地产几乎售尽而互联网金融业务毫无进展的匹凸匹正逐渐沦为空壳。在本次被五牛基金举牌之后，匹凸匹又将迎来新一任主人——韩氏父子。

## 二、收购事件一览

- 2015年5月7日，公司简称由“多伦股份”变更为“匹凸匹”。
- 2015年9月21日，五牛亥尊累计购入5%的匹凸匹股份。
- 2015年10月15日，五牛基金召开股东大会，通过收购匹凸匹的议案。
- 2015年10月26日，五牛御勉购入0.687%的匹凸匹股份。
- 2015年10月27日，匹凸匹停牌，拟筹划重大资产重组。
- 2015年11月24日，匹凸匹终止重组。
- 2015年11月25日，五牛基金购入4.294%的匹凸匹股份。
- 2015年12月28日，匹凸匹（中国）将5.873%的表决权委托给五牛基金。
- 2016年1月10日，鲜言把经信托计划持有的2.966%股份转让给五牛基金。

## 三、收购方案

首先，五牛基金及其一致行动人分两步在二级市场上购入匹凸匹股份，达到控股目的：

（1）在2015年7月17日至9月21日期间，五牛亥尊通过上海证券交易所集中竞价交易系统合计买入17 028 886股匹凸匹股份，占其总股本的5%，成交均价为12元/股。

（2）在2015年10月26日至11月25日期间，五牛御勉以10.43元/股的均价买入2 339 000股匹凸匹股份，占其总股本的0.687%；五牛基金通过上海证券交易所集中竞价交易系统，以13.13元/股的成交均价买入14 620 000股匹凸匹股份，占其总股本的4.294%。通过两次增持，五牛基金及其一致行动人累计耗资4.2亿元购入了33 992 798股匹凸匹股份，占其总股本的9.981%，超过原第一大股东匹凸匹（中国）5.87%的持股比例，且五牛基金为五牛亥尊和五牛御勉的实际控制人，故匹凸匹的控股股东变为五牛基金。

其次，由于五牛基金持股数量不足30%，不能决定上市公司董事会3名或以上成员的人选，亦不能对股东大会决议产生重大影响，故五牛基金又与匹凸匹（中国）、鲜言签订了相关股份及表决权的转让协议：

（1）鲜言通过信托计划所持有的10 101 991股股份以大宗交易的方式转让给五牛基金。

（2）匹凸匹（中国）将其持有的20 000 000股股份的表决权协议委托给五牛基金。转让价款总计达8亿元人民币。

最终，五牛基金及其一致行动人合计持有匹凸匹44 094 789股股份及64 094 789股股份的表决权，该表决权比例合计为18.82%，匹凸匹的实际控制人由鲜言变更为韩啸。

本次收购前后，匹凸匹前十大股东的持股情况如表28所示。

表28　匹凸匹收购前后股权情况

| 前十大股东 | 收购之前(截至2015年6月30日) | | 收购之后(截至2015年12月31日) | |
|---|---|---|---|---|
| | 股东名称 | 股份占比 | 股东名称 | 股份占比 |
| 1 | 多伦投资(香港)有限公司 | 5.87% | 匹凸匹(中国)有限公司 | 5.87% |
| 2 | 方正东亚信托—神龙83号信托计划 | 4.54% | 上海五牛亥尊投资中心 | 5.00% |
| 3 | 西藏信托—鸿禧成长1号信托计划 | 2.25% | 上海五牛股权投资基金管理有限公司 | 4.29% |
| 4 | 四川信托—宏赢79号信托计划 | 2.25% | 方正东亚信托—神龙83号信托计划 | 2.97% |
| 5 | 四川信托—宏赢139号信托计划 | 1.83% | 邹远胜 | 0.95% |
| 6 | 任智彪 | 1.21% | 毛慧珠 | 0.90% |
| 7 | 厦门国际信托—融智1号信托计划 | 0.96% | 喻建华 | 0.88% |
| 8 | 喻建华 | 0.88% | 上海五牛御勉投资中心 | 0.69% |
| 9 | 四川信托—宏赢118号信托计划 | 0.71% | 金雪琴 | 0.60% |
| 10 | 万向信托—万信6号信托计划 | 0.66% | 张珊婷 | 0.59% |

## 四、案例评论

### (一) 在目标公司的选择上出其不意

匹凸匹是一家经营已陷入困境且频繁违规的上市公司,五牛基金将其作为举牌的目标公司出乎许多人意料。一般来说,大多数并购人员对这类公司的重组都是绕道远行,因为不仅审理曲折,费时费力,而且稍有不慎便会得不偿失。但五牛基金偏偏反其道而行之,主动举牌匹凸匹,个中原因值得探索。而匹凸匹之所以多次成为资本市场上的猎物,很大程度因其具备以下两个特点:

**1. 反复遭遇重组,转型"互联网+"引市场注目**

匹凸匹历经了多次的改头换面,从最初的福建豪盛到现在的匹凸匹,如此命途多舛的资本故事一直受到业界的关注。在2015年,正当“互联网+”的概念备受热捧之际,匹凸匹也趁势宣布准备转型互联网金融,想要插足其中分得一杯羹。如此看来,匹凸匹前有坎坷的发展历史,后又借着热门概念“互联网+”的东风,无论过去还是现在,它都是一个炒作的“好题材”,难免会多次成为资本玩家的猎物。因为无论名声如何,只要能站在资本市场的风口浪尖上继续“讲故事”,就能在一定程度上增大资本投资者获利的可能性。果不其然,当时匹凸匹的股价自其更名后开始从11元/股被暴炒至25.5元/股。

而五牛基金之所以将业绩不佳甚至已逼近“空壳”的上市公司作为举牌对象,很大程度上是考虑到这类股权长期投资的价值。一般来说,有效的资本运作可以促进企业发展,有时通过调整公司的资本结构和产业结构,甚至存在让企业起死回生的可能。此次五牛基金选择对匹凸匹出手,一来是为了进行股权投资获取收益,二来可以进一步拓展其在二级市场上的布局,借着匹凸匹在资本市场上的热度打出自己的品牌。

**2. 总市值较小,股权分散**

抛开匹凸匹丰富而曲折的重组历程不说,它还兼具市值小且股权分散的优点。当时匹凸匹的市值约30亿元,而且截至2015年6月30日,前五大股东合计持有匹凸匹16.74%的股权比例,可见持股比例较为分散。这样的上市公司比较利于收购方通过二级市场收购实现控股。

## (二)选择适宜的举牌时机

**1. 目标公司重组失利**

匹凸匹此前的主营业务名义上涵盖地产以及互联网金融两个板块,但实际上公司的地产业务已经消失殆尽,互联网金融业务又还在发展初期,无实质性进展。尽管匹凸匹想要筹划重大资产重组,让糟糕的业务现状得以改观,但最终却以失败告终。其实匹凸匹在信息披露上严重违规,许多重大事项不及时披露。例如,其主营地产业务的核心子公司荆门汉通,由于运营不善已无法提供资金开展项目,导致在深圳拥有的地产构成了闲置土地,有被收回的风险,但匹凸匹并未及时将该信息予以公告,目前该子公司已被迫清算,这也标志着匹凸匹已正式告别房地产行业。如今,匹凸匹旗下仅剩子公司深圳柯塞威基金管理有限公司和新成立的P2P平台,但其在新领域的实质成果仍不见踪影。

总的来说，匹凸匹不仅隐瞒了诸多债务及诉讼问题，而且业务所剩无几，在这样的情形之下，重组失利也就不足为奇了。五牛基金选择在匹凸匹重组失败之际增持其股份，不仅可以趁着市场期望落空时有效降低投资成本，还可以打对方一个措手不及，提高控股的成功率。

**2. 整体二级市场价格低迷**

五牛基金在二级市场购入目标公司股份，就必然要选择一个合理的价格买入。考虑到上证指数自2015年6月中旬开始就大幅回落，并在8月底跌到3 000点以下，且此时大多数股票的价格与之前熊市时的水平相比，甚至有过之而无不及。对于长期股权投资而言，当整体市场价格处于较低水平时，是最坏也是最好的时候，五牛基金就抓住了这个底部时机积极买入匹凸匹的股份。

## 五、市场表现（600696）

匹凸匹收购前后的股价变化情况见图53。

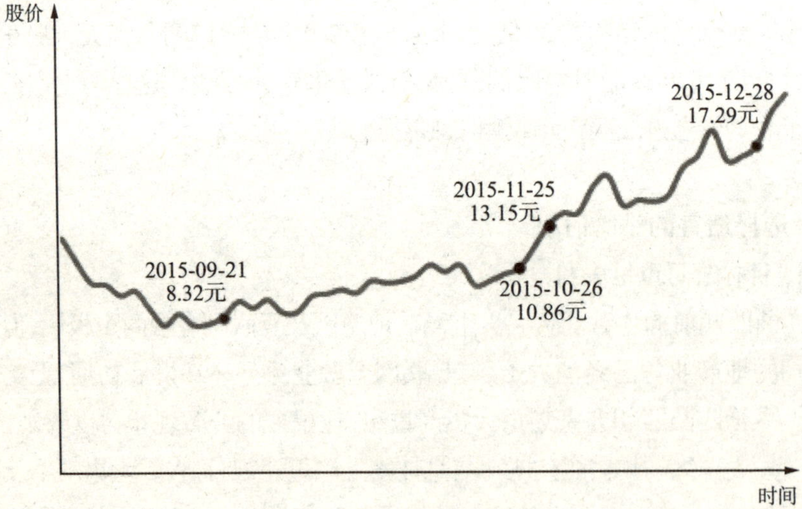


图53　凸匹凸收购前后股价走势

# 第六辑 跨界“热点”并购

# 002043

## 兔宝宝：
## 过桥收购，兔宝宝拥抱“互联网+”

### 一、收购相关方简介

#### （一）收购方：德华兔宝宝装饰新材股份有限公司

德华兔宝宝装饰新材股份有限公司（以下简称“兔宝宝”）创建于1993年，主营业务为装饰材料及家居宅配等产品的生产、销售，是目前国内最大的装饰贴面板企业，产能规模领先，产品品种齐全。作为装饰贴面板行业的龙头企业，公司在环保型板材的研发和市场推广上一直处于国内领先地位，拥有专利“人造板用无醛胶粘剂”，达到无醛级标准并超过美国CARBII要求，使得公司成为行业内的环保标杆。公司控股股东为德华集团，实际控制人为丁鸿敏。

#### （二）标的公司：杭州多赢网络科技有限公司

杭州多赢网络科技有限公司（以下简称“多赢网络”）主营业务为提供并协助传统品牌企业（商家）转型电商及向传统品牌企业提供产品线上营销推广的电子商务全网营销服务，所覆盖的第三方电子商务平台包括淘宝、天猫、京东、唯品会等全网电商平台。目前主要拥有多赢网络、利趣网和领啦网三大服务模块。

- 多赢网络：淘宝官方认证服务商，专业提供全网电商营销服务，业务类型包括代运营业务和代经销业务。

● 利趣网：公司全资子公司小葵科技旗下专注于为终端消费者提供特卖、导购、返利的综合性网站，能提供第三方账号授权、高额返利、快速返利等便捷通道，是业内排名前五的返利网站，目前注册用户220万，注册商家达27 000多个，服务已覆盖至淘宝、天猫、京东等各大知名电商平台。利趣网在为终端消费者提供高质量的一站式省钱体验、降低消费成本的同时，也为全网电商及传统品牌企业提供更多线上销售渠道，拓宽了产品覆盖面。

● 领啦网：公司全资子公司崇优科技旗下的营销推广平台，专注于为终端消费者提供商品试用及商品导购服务，也为入驻各大电商的传统品牌企业及其所推新品、各类促销提供推广。其一方面通过向传统品牌企业收取会员费赚取利润，另一方面则是通过试客返款时抽取分成赚取利润。

## 二、收购事件一览

● 2015年6月1日，兔宝宝公司公告筹划重大事项，公司股票开始停牌。

● 2015年9月28日，董事会审议通过本次发行股份购买资产暨关联交易报告书草案。

● 2015年10月20日，股东大会审议通过本次重大资产重组事项。

● 2015年12月17日，经中国证监会审核，本次重大资产重组事项获无条件通过。

● 2016年1月22日，本次交易标的资产已完成过户手续及相关工商变更登记。

## 三、收购方案

本次对标的资产的收购分成了两步：首先，兔宝宝实际控制人丁鸿敏及其控制的企业德华创投为配合公司的本次收购，先行实施了对多赢网络70%股权的收购（以下简称“过桥收购”），再由公司以发行股份的方式进行资产购买。

## （一）过桥收购

2015年6月20日，公司实际控制人丁鸿敏及其控制的企业德华创投支付3.5亿元受让了高阳、陈密、袁茜、王晓斌、袁仁泉、金志强及汪军共7位自然人持有的多赢网络70%股权。实施本次过桥收购的原因在于：

（1）为了满足多赢网络原股东的变现诉求。

（2）为了维持上市公司控股股东的持股比例，为后续可能的资本运作预留空间。

（3）通过此种交易安排，上市公司实际控制人增持了公司股票，体现了实际控制人对公司及并购标的经营业绩的信心，有助于提振其他投资者对上市公司经营发展的信心。

## （二）发行股份购买资产

本次交易的标的资产为多赢网络100%股权，作价5亿元。兔宝宝以7.38元/股的发行价格向德华创投、丁鸿敏、高阳、陈密、袁茜、王晓斌、袁仁泉及汪军共8名特定对象非公开发行67 750 677股普通股（A股），每股面值1.00元，购买其合计持有的多赢网络100%股权。本次交易完成后，公司总股本由原来的484 249 780股涨至552 000 457股，股份发行数量占发行后总股本的12.27%（见表29、表30）。

**表29　各发行对象获得兔宝宝股份情况表**

| 序号 | 股东名称 | 拟发行股份数量（股） | 占本次发行总股数的比例 | 占发行后兔宝宝总股本的比例 |
|---|---|---|---|---|
| 1 | 德华创投 | 33 875 339 | 50.00% | 6.14% |
| 2 | 丁鸿敏 | 13 550 136 | 20.00% | 2.45% |
| 3 | 高阳 | 12 595 541 | 18.58% | 2.28% |
| 4 | 陈密 | 3 540 663 | 5.23% | 0.64% |
| 5 | 袁茜 | 1 493 902 | 2.21% | 0.27% |
| 6 | 王晓斌 | 1 245 922 | 1.84% | 0.23% |

续表

| 序号 | 股东名称 | 拟发行股份数量(股) | 占本次发行总股数的比例 | 占发行后兔宝宝总股本的比例 |
|---|---|---|---|---|
| 7 | 袁仁泉 | 1 245 922 | 1.84% | 0.23% |
| 8 | 汪军 | 203 252 | 0.30% | 0.04% |
| | 合　计 | 67 750 677 | 100.00% | 12.27% |

**表30　交易完成前后兔宝宝股权结构变化情况表**

| 序号 | 股东 | 本次交易前 | | 本次交易完成后 | |
|---|---|---|---|---|---|
| | | 持股数量(股) | 持股比例 | 持股数量(股) | 持股比例 |
| 1 | 德华集团 | 161 119 990 | 33.27% | 161 119 990 | 29.19% |
| 2 | 德华创投 | — | — | 33 875 339 | 6.14% |
| 3 | 丁鸿敏 | — | — | 13 550 136 | 2.45% |
| 4 | 高阳 | — | — | 12 595 541 | 2.28% |
| 5 | 陈密 | — | — | 3 540 663 | 0.64% |
| 6 | 袁茜 | — | — | 1 493 902 | 0.27% |
| 7 | 王晓斌 | — | — | 1 245 922 | 0.23% |
| 8 | 袁仁泉 | — | — | 1 245 922 | 0.23% |
| 9 | 汪军 | — | — | 203 252 | 0.04% |
| 10 | 兔宝宝现有其他股东 | 323 129 790 | 66.73% | 323 129 790 | 58.54% |
| | 合　计 | 484 249 780 | 100.00% | 552 000 457 | 100.00% |

## 四、案例评论

### (一) 行业龙头，积极布局“大家居”

兔宝宝是目前国内最大的装饰贴面板企业，产品涵盖装饰板材、油漆、墙体涂料、胶粘剂、装修五金、墙纸、木皮等装饰材料，地板、木门、衣柜、橱柜等家居宅配产品，以及科技木及其他木制产品。2015年前三季度公司营收增长

12.05%，归母净利润增长82.43%，其中以胶合板为主的装饰板材是公司目前主要业务，盈利贡献在80%左右。

虽然自2010年起，国内家居建材行业竞争日益加剧，但公司依旧能够突破重围、成为行业龙头企业，主要得益于以下几点：

（1）夯实环保品牌形象。在行业内率先推出全系列的环保产品，并拥有专利“人造板用无醛胶粘剂”，达到无醛级标准并超过美国CARBII要求，公司制定的E0级企业标准被采用成为我国的行业标准，使公司成为行业内的环保标杆。

（2）引入王牌产品。2014年，兔宝宝与加拿大Ainsworth独家共同开发的顺芯板（改良OSB板）已正式进入中国市场。顺芯板将凭借环保、价格等优势逐步取代国内低端板材，具备颠覆性实力。

（3）拓展经销网络。2005年兔宝宝在行业内率先试点专卖店模式，截至2014年年底，已有2 400家专卖店，预计到2017年，专卖店数量将升至3 700家左右。专卖店继续保持高速铺设，为未来业绩增长提供强有力的支撑。

如今，“大家居”战略逐渐成为业内企业的发展趋势，兔宝宝也开始积极布局，2015年年初成立装饰材料和成品家居两个事业部，从单一的装饰贴面板生产型企业发展成为具有较大影响力的室内装饰材料综合服务商，为全屋定制奠定了基础。

### （二）拥抱“互联网＋”，打造一站式全屋定制平台

为了进一步推动“大家居”战略，打造一站式全屋定制电商平台，公司筹划了本次重大资产重组事项。

本次交易标的为多赢网络，其在电子商务领域运营多年，拥有优秀的互联网管理团队且在传统产业互联网化运营方面具有成功的先例和丰富的经验。通过收购多赢网络，公司未来将对原有主业通过“互联网＋”进行改造和拓展。一是大力拓展线上销售渠道，尽快实现公司的全网营销；二是全面打通线上导流交易、线下体验配送的O2O模式，使终端渠道的整体形象和服务能力得到升级；三是以设计为家装产品销售和服务的切入口，以垂直电商平台（PC端、移动端等）为载体，打造一站式全屋定制平台。交易完成后，上市公司将形成装饰材料、家居宅配生产销售及电子商务服务的双业务主线。

此次收购多赢网络，终于完成了公司近两年的转型探索。依托多赢网络的

全网络营销，兔宝宝线上线下一体化的O2O模式将趋于完善，有望向“互联网+全屋定制”拓展。

## 五、市场表现(002043)

兔宝宝收购前后的股价变化情况见图54。

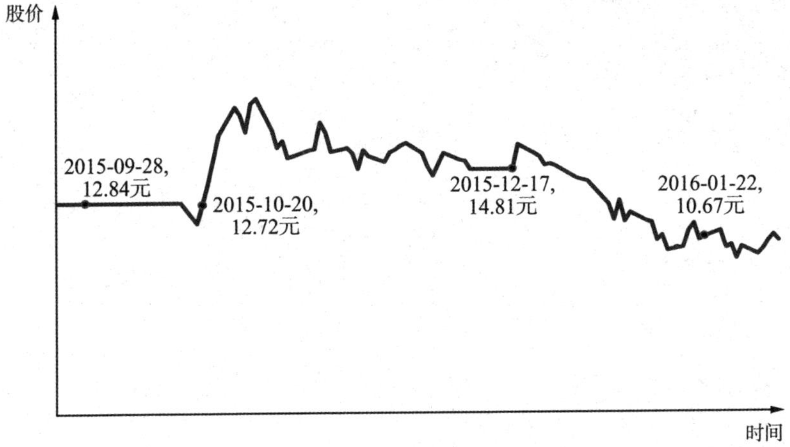


图54　兔宝宝收购前后股价走势

# 002044
## 美年健康(原江苏三友):
## 跨界收购,三友转型健康医疗

### 一、收购相关方简介

#### (一) 收购方:江苏三友

江苏三友集团股份有限公司(以下简称“江苏三友”,现“美年健康”)原是江苏省第一家上市的中外合资企业,主营业务为中、高档女装的制造、销售及出口,是国内最大的OEM和ODM女装制造商之一。公司于2015年6月完成重大资产重组,将原有资产及负债置出,由服装加工制造企业转变为健康体检服务企业,实现了公司主营业务的彻底转型。

#### (二) 标的公司:美年大健康

美年大健康产业(集团)股份有限公司(以下简称“美年大健康”)是一家以健康体检为核心,并集健康咨询、健康评估、健康干预于一体的健康服务企业。其在“打造中国体检行业领导者”的目标和“重点城市与全国布局”发展战略之下,通过“自建与并购”相结合的扩张方式迅速在全国重要城市开设体检中心,开拓市场,实现了在健康体检领域的快速成长,成为国内规模最大、盈利能力最强的专业体检机构之一。截至2014年12月31日,美年大健康共有94家控股体检中心，网络覆盖全国26个省（自治区、直辖市）、39个主要城市，拥有1.12万余名员工，年服务人次528.40万，实现营业收入143 068.72万元，净利润14 562.25万元。公司业务保持较快的增长态势。

### （三）关联方

南通友谊实业有限公司（以下简称"南通友谊"）主营国内贸易和各类商品及技术的进出口业务。截至2015年5月31日，南通友谊持有江苏三友5 044.64万股股份，占公司股份总数的22.5%，为公司原控股股东。

陆尔穗，男，1969年3月出生，中国国籍，取得美国永久居留权，大专学历，高级工程师，任公司董事长。截至2015年5月31日，其直接持有江苏三友23.18万股，占比0.1%，通过南通友谊持有江苏三友5 044.64万股，占比22.5%，合计持有公司股份5 067.82万股，占比22.6%，为公司原实际控制人。

俞熔，男，1971年12月出生，中国国籍，无境外永久居留权，博士学历，美年大健康创始人及实际控制人。截至2015年5月31日，其直接及间接持有美年大健康39.59%股权。本次重大资产重组完成后，俞熔及其控制的天亿投资、天亿资管、美馨投资、和途投资和中卫成长将合计持有江苏三友（现美年健康）363 995 356股股份，持股比例为30.4%，成为公司实际控制人。

## 二、收购事件一览

- 2014年10月8日，江苏三友公告筹划重大事项，公司股票开始停牌。
- 2015年3月24日，董事会审议通过本次重大资产置换及发行股份购买资产并募集配套资金暨关联交易事项，公司股票复牌。
- 2015年4月10日，股东大会审议通过本次重大资产重组事项。
- 2015年6月30日，经中国证监会审核，公司重大资产重组事项获无条件通过。
- 2015年8月10日，本次重大资产重组置入资产美年大健康100%股权已完成过户事宜。
- 2016年1月6日，公司中文名称变更为"美年大健康产业控股股份有限公司"，证券简称变更为"美年健康"。

## 三、收购方案

本次重大资产重组对于注入资产的支付方式包括资产置换和发行股份。

### （一）重大资产置换

江苏三友以全部资产及负债（包括或有负债）与天亿投资等24家企业及俞熔、徐可、朱玉华等79名自然人持有的美年大健康100%股份中的等值部分进行置换，置出资产作价46 793.02万元。

### （二）发行股份购买资产

注入资产为美年大健康100%股份，作价554 270.06万元。重大资产置换双方交易标的作价的差额部分由江苏三友依据美年大健康全体股东各自持有的美年大健康股份比例向交易对方非公开发行股份购买。两者差额为507 477.04万元，非公开发行价格为5.52元/股，据此计算的非公开发行股份数量为919 342 463股（见表31）。

**表31　重大资产重组前后江苏三友股本结构变化情况表**

| 股东名称 | 本次交易前 | | 发行股份购买资产后 | |
|---|---|---|---|---|
| | 股份数（万股） | 股份占比 | 股份数（万股） | 股份占比 |
| 天亿投资 | — | — | 13 588.87 | 11.35% |
| 天亿资管 | — | — | 9 375.28 | 7.83% |
| 美馨投资 | — | — | 8 737.23 | 7.30% |
| 凯雷投资 | — | — | 8 457.46 | 7.06% |
| 世纪长河 | — | — | 7 734.95 | 6.46% |
| 南通友谊 | 6 255.35 | 22.50% | 6 255.35 | 5.22% |
| 大中咨询 | — | — | 3 586.52 | 3.00% |
| 平安投资 | — | — | 3 412.03 | 2.85% |
| 和途投资 | — | — | 3 141.91 | 2.62% |

续表

| 股东名称 | 本次交易前 | | 发行股份购买资产后 | |
|---|---|---|---|---|
| | 股份数(万股) | 股份占比 | 股份数(万股) | 股份占比 |
| 发行股份购买资产其他交易对方 | — | — | 33 900.00 | 28.31% |
| 重组前江苏三友其他股东 | 21 551.65 | 77.50% | 21 551.65 | 18.00% |
| 合计 | 27 807.00 | 100.00% | 119 741.246 3 | 100.00% |

## 四、案例评论

### (一) 原主营盈利状况下滑,筹划反向收购

江苏三友原主营服装OEM、ODM出口业务,涉及传统纺织服装业。然而,由于近年来用工成本持续上涨,环保、资源等间接因素拉高生产成本,我国纺织产业逐步向东南亚国家转移等因素影响,导致纺织服装企业,尤其是以OEM、ODM出口业务为主的企业盈利状况持续下滑,经营发展迎来较大风险。未来纺织服装行业仍将面临众多挑战和不确定性,发展前景仍不明朗。

在这一背景下,江苏三友为了引入盈利能力较强的优质资产,提升公司核心竞争力,筹划了本次以资产置换及发行股份方式进行的反向收购。江苏三友将原有资产和负债(包括或有负债)全部置出,并向美年大健康全体股东非公开发行股份,来置入美年大健康100%股权。此后,公司将延续置入资产原有业务、管理和发展模式,由服装加工制造企业转变为健康体检服务企业,实现公司主营业务的彻底转型。交易完成后,江苏三友的实际控制人将由陆尔穗变更为俞熔。按照《重组管理办法》第13条规定,本次交易构成借壳上市。

### (二) 健康体检行业龙头,开启上市新篇章

近年来,我国健康体检行业持续快速发展,体检人次、占人口比重持续增长。《2014年中国卫生和计划生育统计年鉴》显示,2013年我国健康检查人次为38 832.57万,检查人次数占人口总数的比值为28.54%。随着我国经济的发展,

全社会健康意识的不断增强和行业鼓励政策的相继出台，我国健康体检市场前景广阔。

美年大健康作为一家以健康体检业务为核心的专业连锁医疗服务集团，在规模、人才、管理、服务、客户资源、品牌等方面具有明显优势。目前，它是全国最大的体检连锁机构，盈利能力较强，资产质量良好。2014年实现营收14.3亿元，归母净利润1.4亿元；2012年至2014年营收和净利润年均复合增长率达50.67%和34.77%。与此同时，美年大健康仍通过“并购与自建”的方式保持着快速扩张。一方面，公司已和慈铭体检签署收购协议，收购完成后公司将拥有147家体检中心，远超行业第二名爱康国宾的73家；另一方面，公司已实现全国重要城市的布点，为公司未来业绩持续增长奠定了基础。

此外，美年大健康还将依托庞大而且精准的健康大数据以及全国性、标准化、设备精良、团队专业的线下体检网点，成为中国健康产业的重要入口以及为民众提供专业化、个性化医疗服务的高效平台，有望成为健康管理和健康产业O2O的优秀服务载体，在重治疗转向重预防从而减轻全民医疗负担的国家战略中发挥重要作用。

## 五、市场表现(002044)

江苏三友重组前后的股价变化情况见图55。

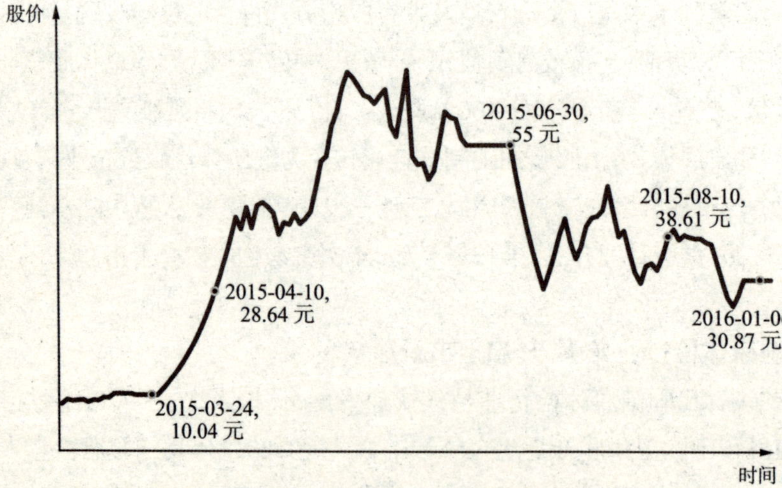


图55　江苏三友重组前后股价走势

# 002329
# 皇氏集团：
# 皇氏收购盛世，牛奶跨界影视

## 一、收购相关方简介

### （一）收购方：皇氏集团

皇氏集团，全名皇氏集团股份有限公司，前身是广西皇氏甲天下乳业股份有限公司，成立于2001年5月，2014年更名为皇氏集团公司。公司旗下共有13个分、子公司，拥有21个标准化奶牛养殖基地和四家乳品加工厂。自2003年起，公司水牛奶系列产品产销量名列全国第一，为中国最大的水牛奶生产加工企业，因此也被业内誉为“水牛奶之王”。现有产品11大系列、70余个品种。

### （二）标的公司：北京盛世骄阳文化传播有限公司

北京盛世骄阳文化传播有限公司（以下简称“盛世骄阳”），成立于2009年7月31日，是中国领先的新媒体影视节目整合、发行和运营公司，是目前国内最大的影视节目数字版权分销商。

公司随着不断发展，现已与国内外近200家知名影视制作方缔结合作关系，囊括全球影视娱乐节目资源且独家享有国内外影视剧超过35 000集（部），短短时间内在新媒体市场的版权及渠道占有率高达80%以上。盛世骄阳的节目在国内主流视频网站的覆盖率达98%以上。盛世骄阳为新媒体广大客户提供种类丰富的优秀影视剧作品，包括同步国产电视剧、同步国产电影、韩剧、台湾偶像剧、港剧、经典香港电影、经典国产电视剧等。

## 二、收购事件一览

- 2014年12月2日，皇氏乳业开始停牌。
- 2014年12月30日，皇氏乳业更名为皇氏集团。
- 2015年1月30日，董事会逐项审议通过《关于向特定对象发行股份及支付现金购买资产并募集配套资金符合相关法律、法规规定的议案》《关于公司发行股份及支付现金购买资产并募集配套资金方案的议案》等并复牌。
- 2015年4月3日，股东大会通过议案。
- 2015年6月25日，公司发行股份及支付现金购买资产并募集配套资金的重大资产重组事项已获得中国证监会上市公司并购重组审核委员会无条件审核通过。
- 2015年7月31日，本次交易的交易各方签署了《关于北京盛世骄阳文化传播有限公司100%股权交割确认书》，确认标的资产已交割完毕。

## 三、收购方案

### （一）交易方案概要

皇氏集团向盛世骄阳全体股东发行股份，购买其持有的盛世骄阳的100%股权；同时，公司向其他不超过10名特定投资者非公开发行股份募集配套资金主要用于支付本次交易的现金对价，补充盛世骄阳流动资金以及支付相关中介机构费用，募集配套资金总额不超过本次交易总额的25%。

根据中企华评估对标的资产出具的《资产评估报告》，本次重大资产重组交易标的盛世骄阳100%股权的评估值为77 844.27万元。参考标的资产的评估值，交易各方协商确定盛世骄阳100%股权的购买价格为78 000万元。根据目标资产交易价格78 000万元、12 303万元现金支付对价和确定的发行价格26.39元/股计算，本次皇氏集团向交易对方非公开发行A股股票总量为24 894 655股。

同时，上市公司以不低于发行价格23.75元/股向其他不超过10名特定投资者非公开发行股份进行配套融资，融资资金总额不超过1 899万元，不超过本次交易总额的25%，配套融资中的12 303万元用于支付本次交易的现金对价部分。

### （二）本次交易对公司股权结构的影响

本次交易前，黄嘉棣持有10 787.26万股上市公司股份，持股占比40.49%；重组完成后黄嘉棣持股比例为35.88%，仍为公司的实际控制人。本次交易完成后，交易对方持有上市公司股份比例均低于5%。本次交易不会对上市公司股权结构产生重大影响(见表32)。

**表32　交易前后皇氏集团股权情况**

| 本次交易前 | | | 本次交易前 | | |
|---|---|---|---|---|---|
| 股东名称 | 持股数量(股) | 持股比例 | 股东名称 | 持股数量(股) | 持股比例 |
| 黄嘉棣 | 107 872 600 | 40.49% | 黄嘉棣 | 107 872 600 | 35.88% |
| | | | 徐蕾蕾 | 11 064 600 | 3.69% |
| | | | 银河资本 | 3 588 200 | 1.20% |
| | | | 盛大网络 | 2 955 700 | 0.99% |
| | | | 华扬联众 | 2 955 700 | 0.99% |
| | | | 安徽兴皖 | 2 151 700 | 0.72% |
| | | | 史振生 | 1 102 900 | 0.37% |
| | | | 磐霖盛泰 | 1 075 900 | 0.36% |
| 其他股东 | 58 560 500 | 59.51% | 其他股东 | 167 801 100 | 55.82% |

## 四、案例评论

### （一）皇氏集团草蛇灰线，布局影视产业链

我们先来看看近几年皇氏集团的几个重大并购事项。

2014年11月25日，皇氏乳业完成了对御嘉影视并购重组的相关工作，御嘉影视正式纳入皇氏集团报表范围。经过半年多的业务整合和运作，目前，御嘉影视正在逐步从一个影视剧制作公司转变为“影视制作＋平台”的公司。

2015年6月3日，皇氏集团宣布了本次北京盛世骄阳文化传播有限公司的收购计划。

2015年8月12日，皇氏集团与杨洪军、董西春签订《股权转让与合作协议》，向杨洪军、董西春收购其持有的浙江完美在线网络科技有限公司(以下简称完美在线)共计60%的股权，从而成为完美在线的控股股东。

2015年12月29日，皇氏集团与上海鸣易文化发展中心签订《股权转让与合作协议》，收购其持有的北京北广传媒高清电视有限公司(以下简称北广高清)56%的股权，从而成为北广传媒的控股股东。

连续在8个月内收购了御嘉影视、盛世骄阳、完美在线、北广高清四家影视互联网企业，皇氏集团布局影视产业的目的非常明显。同时为了更好地从食品制造行业转型至影视传媒业，2014年12月30日，皇氏乳业更名为皇氏集团。

皇氏集团对影视传媒业的野心可谓是草蛇灰线。早在2006年，公司监事会主席宗剑就开始涉入文化传媒产业，拥有广告设计、大型演出策划运作、影视制作、话剧及文化传播的运作经验。皇氏还于2012年设立了广西新皇传媒有限公司，为今后大举进驻传媒行业打下良好的基础。

### （二）互利互惠的联姻

本次收购的骄阳盛世，是国内首家专业从事影视内容新媒体发行与运营的机构，是该细分行业的领军企业。公司已与国内外近300家知名影视制作方缔结了合作关系，囊括全球影视娱乐节目资源且独家享有国内外影视剧超过3万集。公司已与国内60多家主流视频网站和新媒体播出平台建立了长期的合作关系，版权节目在国内主流视频网站的覆盖率达98%以上。

通过此次收购在业界知名度较高影视制作企业，一方面，皇氏使公司乳制品业务可依托于强大的影视宣传——影视传媒企业先天具有很好的渠道优势——通过电视剧、舞台剧植入广告等方法，皇氏可以进一步拓展其乳制品销售领域的深度和广度。

另一方面，皇氏作为典型的区域性乳制品企业，主营的水牛奶也只是液态奶里的一个分支，在整个乳制品企业趋向寡头化的大背景下，公司的盈利能力并不强，转型升级迫在眉睫。皇氏涉足食品业之外的业态有助于公司避免因主营业务单一而带来的市场波动风险，有利于促进公司进一步实现多业态共同发展的转型升级，文化产业将为公司未来持续的经营发展带来更多的机遇。

同时，近两年来，国家有关部门颁布的一系列重要政策文件均明确积极鼓励推动企业跨行业、跨地区联合重组，促进文化娱乐领域资源的整合和结构的优化，提高市场集约化经营水平。此次收购也是顺应国家政策和市场变化的必然选择。

从被收购方的角度来看，经过十多年的发展，影视制作行业出现了一批业绩优良、质量较高、发展潜力较大的公司，其中一些发展前景较好的公司也在积极谋求通过与上市公司合作经营的方式，获得更为充足的现金流以满足业务拓展需要。

一方是亟待转型的传统夕阳行业上市企业，另一方是发展势头迅猛急需大量资金支持的影视业公司，两者结合可谓是最好的共赢局面。

## 五、市场表现（002329）

皇氏集团收购前后的股价变化情况见图56。

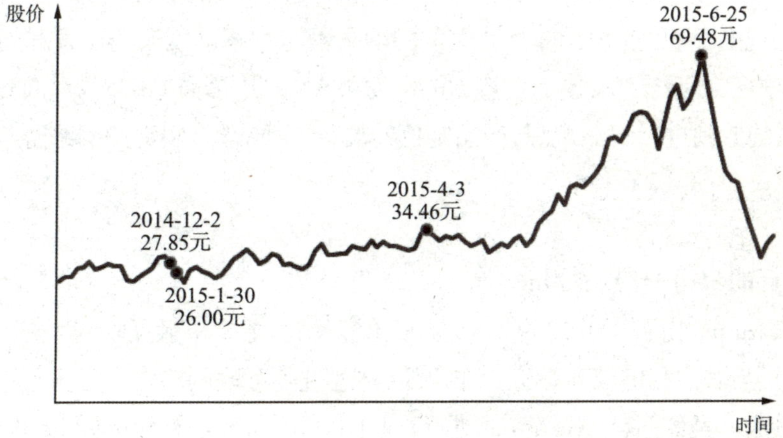


图56　皇氏集团收购前后股价走势

# 002354
# 天神娱乐：
# 娱乐搭乘“互联网+”

## 一、收购相关方简介

### （一）收购方：天神娱乐

天神娱乐，全称大连天神娱乐股份有限公司，是由大连科冕木业有限公司依法整体变更而来的股份有限公司。公司于2014年实施了重大资产重组，将原有盈利能力较弱、未来发展前景不明的实木复合地板的研发、设计、生产和销售业务置出，同时置入天神互动主营的网页网游和移动网游的研发和发行业务。天神互动拥有一支富有创造力的研发团队，一贯秉承以市场为导向和可持续发展的原则进行产品规划，产品定位精准，是中国最具实力的网络游戏研发商之一。

### （二）标的公司一：Avazu Inc.

Avazu Inc.由石一于2009年8月8日出资设立，主要从事互联网广告投放业务，负责与客户和供应商签订合作协议，并通过其互联网广告平台进行互联网广告投放。具体而言，Avazu Inc.进行互联网广告平台的整体功能和架构设计，制定客户和供应商发展策略，开展互联网广告平台推广等工作；同时，Avazu Inc.拥有所运营互联网广告平台的网站域名。

### （三）标的公司二：上海麦橙网络科技有限公司

上海麦橙网络科技有限公司（以下简称上海麦橙）由金佩芳、石恒忠于2012年1月11日出资设立。Avazu Inc.与上海麦橙系关联企业，两企业的最终控制人均为自然人石一。双方采用技术服务外包的模式开展合作，上海麦橙主要从事互联网广告平台的技术支持、网站运营维护、数据库管理更新、操作界面优化、客户咨询和操作培训服务等支持工作，Avazu Inc.支付上海麦橙相应的服务费用。

### （四）标的公司三：北京妙趣横生网络科技有限公司

北京妙趣横生网络科技有限公司（以下简称妙趣横生）由左力志、杨琦涛于2010年10月15日设立。妙趣横生的主营业务为网络游戏的研发，2013年以来专注于移动网络游戏的研发。妙趣横生拥有一支研发实力卓越且富有创造力的研发团队，善于把握市场机会，产品定位精准，是目前国内为数不多的能够引领网络游戏技术发展方向的游戏研发商之一。

### （五）标的公司四：雷尚（北京）科技有限公司

雷尚（北京）科技有限公司（以下简称雷尚科技）的前身北京鼎沸视觉文化传播有限公司于2007年9月24日注册成立，2010年8月公司易主，实际控制人变更为王萌，公司更名雷尚科技。雷尚科技的主营业务为移动网游和网页网游的研发和发行。雷尚科技的游戏产品主要集中于军事类SLG策略游戏。

## 二、收购事件一览

● 2015年1月12日，天神娱乐开始停牌。

● 2015年3月24日，天神娱乐董事会通过，开市起复牌。

● 2015年4月10日，天神娱乐股东大会通过。

● 2015年4月22日，科冕木业更名为天神娱乐。

● 2015年8月12日，接到中国证监会的通知，经中国证监会上市公司并购重组委员会于2015年8月12日召开的2015年第67次并购重组委工作会议审核，公司发行股份及支付现金购买资产并募集配套资金暨关联交易事项获得无条件审核通过。

- 2015年12月9日，标的资产交割完毕，天神娱乐新增股份上市发行。

## 三、收购方案

### （一）交易方案概要

天神娱乐通过发行股份及支付现金方式收购妙趣横生95%的股权、雷尚科技100%的股权、Avazu Inc.和上海麦橙100%的股权，发行股份价格为首次董事会决议公告日（定价基准日）前20个交易日公司股票交易均价53.13元。上述四个交易标的的交易价格、现金对价和股份对价如表33所示。

**表33 交易关联方相关价格**

单位：万元

| 项目 | 交易价格 | 现金对价 | 股份对价 | 发行股份数量（股） |
|---|---|---|---|---|
| 妙趣横生95%的股权 | 58 900 | 3 500 | 55 400 | 10 427 253 |
| 雷尚科技100%的股权 | 88 000 | 22 000 | 66 000 | 12 422 360 |
| Avazu Inc.100%的股权 | 207 000 | 52 599 | 154 401 | 29 060 982 |
| 上海麦橙100%的股权 | 1 000 | 1 000 | — | — |
| 合　计 | 354 900 | 79 099 | 275 801 | 51 910 595 |

### （二）本次交易对公司股权结构的影响

本次交易前，公司一致行动人朱晔、石波涛共持有10 787.26万股上市公司股份，持股占比35.34%；重组完成后朱晔、石波涛合计持股比例为28.66%，仍为公司的实际控制人，交易前后天神娱乐股权持股情况见表34。

表34　交易前后天神娱乐股权持股情况

| 本次交易前 | | | 本次交易后 | | |
|---|---|---|---|---|---|
| 股东名称 | 持股数量(股) | 持股比例 | 股东名称 | 持股数量(股) | 持股比例 |
| 朱晔 | 47 609 773 | 21.36% | 朱晔 | 47 609 773 | 17.32% |
| 石波涛 | 31 156 953 | 13.98% | 石波涛 | 31 156 953 | 11.34% |
| 华晔宝春 | 6 471 435 | 2.90% | 华晔宝春 | 6 471 435 | 2.35% |
| 为新公司 | 43 660 000 | 19.58% | 为新公司 | 43 660 000 | 15.89% |
| 光线传媒 | 12 942 871 | 5.81% | 光线传媒 | 15 954 766 | 5.81% |
| | | | 左力志 | 5 714 549 | 2.08% |
| | | | 王萌 | 6 116 459 | 2.23% |
| | | | 上海集观 | 23 489 554 | 8.55% |
| | | | 上海诚自 | 5 571 428 | 2.03% |

## 四、案例评论

### （一）借壳科冕木业，天神互动业绩承诺压力大

天神互动于2014年年底完成了对科冕木业的借壳上市，并于2015年4月22日正式更名为“天神娱乐”。在借壳重组过程中，天神做出了业绩承诺：天神互动2014年、2015年、2016年实现的净利润（扣除非经常性损益）将分别不低于18 610万元、24 320万元、30 300万元。

2015年11月，天神娱乐公布了当年第三季度财报。天神娱乐在报告中称，2015年第三季度实现营收2.1亿元，较上年同期增长114.44%；前三个季度实现营收5.3亿元，较上年同期增长了54.3%。值得注意的是，前三个季度公司已经实现净利润2.4亿元，增长率高达81.78%，基本确定了公司能够实现当年的业绩承诺。在网游行业纷纷无法完成业绩承诺的情况下，天神互动能够有如此亮眼的成绩，年初以来的接连两次并购实在是功不可没。

由于网游产业之前的爆发式增长开始逐渐减速，天神互动主营业务的增长

能力也大幅减缓。从财报上来看，天神互动2012年营业收入、净利润的增幅分别为95.22%、66.16%，2013年分别为15.96%、17.37%。无论是营业收入还是净利润，2013年的增长幅度都跌至1/3以下。天神互动主要利润来源——网游《傲剑》的毛利率逐年升高，2011年至2013年分别为87.82%、93.40%、96.60%。2013年其营业收入比2011年下降5.20%，而营业成本下降73.52%，几乎达到营业收入的15倍，这不免让人产生疑虑。因此，即便通过各种财务手段，天神2014年的业绩承诺也才刚刚达标，还有办法维持后续业绩吗？兼并收购是个不错的选择。

### （二）收购一连串企业资产，疑似注水

我们来看看此次的并购。2015年3月24日，公司发布公告，拟通过发行股份及支付现金方式收购妙趣横生95%的股权、雷尚科技100%的股权、Avazu Inc.和上海麦橙100%的股权，每一家的估值增值率均超过了10倍，其中雷尚科技估值甚至超过28倍。而此次交易的重头戏，就是Avazu Inc.，增值率高达2 626.27%。

Avazu是一家全球领先的媒体精准投放平台，专注于互联网广告的精准化、程序化投放，通过其自有的互联网广告平台为广告主提供覆盖全球主要互联网媒体资源的广告投放服务。Avazu的互联网广告平台包括广告网络平台和DSP平台，这也是目前国内唯一的DSP——广告需求方平台。Avazu拥有经验丰富的研发及运营团队，具有本土化、国际化综合优势，遍布全球的互联网媒体网络覆盖和高效、精准的广告投放能力，强大的品牌号召力和影响力。

从Avazu的2013、2014年的净利润来看，业绩非常不错。然而如果我们再仔细观察，会发现：2012年、2013年该公司没有支付职工薪酬；各期末的固定资产、无形资产均为零；2012年至2014年1—10月没有支付一分钱税费。没有职工，没有固定资产，没有交税，无法想象这样一个看似皮包公司的企业是如何做到业界领先并持续经营研发的。

对此，报告书解释称："由于Avazu Inc.的互联网广告系统由上海麦橙负责维护，Avazu自身无实物资产，因此未来年度无资本性支出。上海麦橙2015年需要扩充一定的人员以满足业务扩展需要，因此2015年需要新增少量固定资产，另外，由于上海麦橙现有的电子设备及办公设备均为2014年采购，2017年

开始逐渐需要对其进行更新。"也就意味着在2012、2013年间,不仅Avazu Inc.是一家"三无"公司,上海麦橙也没有实物资产,这确实值得玩味。

另外,2012年年末、2013年年末、2014年10月末,Avazu Inc.货币资金余额分别为618万元、5 011万元、7 656万元,但当年获取的利息收入仅仅346元、5 820元、3 696元,占货币资金余额的比例分别为万分之0.56、万分之1.16、万分之0.48。为何数千万的货币资金只产生数千元的利息收入呢?另外,2014年1—10月利润分配7 500万元,没有支付一分钱股利,而应付股利只有3 788万元。既然没有支付,应付股利应该是7 500万元,为何莫名其妙地大幅减少?种种迹象表明,Avazu Inc.说不定是天神娱乐造的又一个神话。

整个2015年,天神娱乐共进行了3次较大的并购,合计收购/入股了6家企业,行业涉及手机应用、网游页游、互联网广告投放、影视制作,均为时下大热的新兴行业。天神娱乐也因此在主营业务完全没有起色的情况下,让自己的业绩翻了一番。通过天价并购来讲述成长故事,同时完成业绩承诺,还能够刺激股价,一举三得,只是不知道这样的故事到底还能说多久。

## 五、市场表现(002354)

天神娱乐收购前后的股价变化情况见图57。

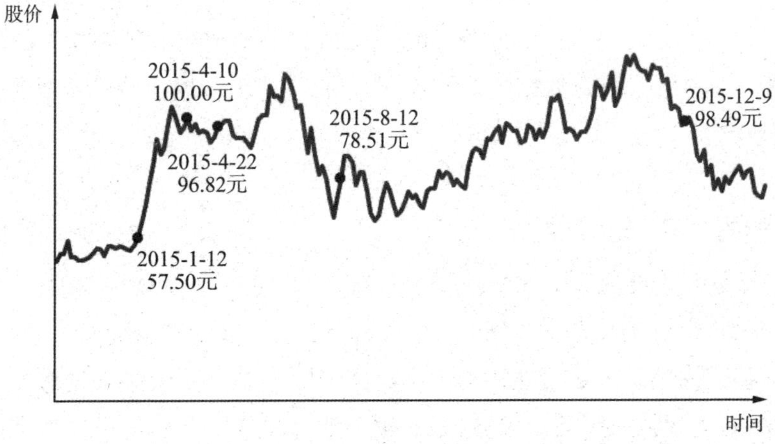


图57　天神娱乐收购前后股价走势

# 002421

# 达实智能：
# 信息技术并购健康医疗，锦上添花

## 一、收购相关方简介

### （一）收购方：达实智能

公司全称深圳达实智能股份有限公司，成立于1995年，注册地为广东深圳，注册资本57 552万元，2015年年初资产总额为260 038.54万元。上市公司的控股股东为达实投资，实际控制人为刘磅。达实智能是国内领先的智慧城市建设及运营服务商，主营业务为软件和信息技术服务业，业务领域广泛涉及智慧建筑、智慧交通、智慧数据中心等领域。目前，达实智能在智慧城市建设领域已经积累了丰硕成果，未来市场前景广阔。

### （二）标的公司一：久信医疗

公司全称江苏久信医疗科技股份有限公司，成立于1995年，注册地为江苏常州，注册资本6 000万元，2015年年初资产总额为43 693.59万元。公司的控股股东和实际控制人是自然人房志刚。久信医疗系国家火炬计划重点高新技术企业，处于智慧医疗建设领域，是一家专业为现代化医院提供以数字化手术室、洁净手术室为核心的洁净用房整体解决方案服务商。久信医疗数字化手术室的开发集成主要基于洁净手术室的基础环境，属于高附加值业务，前景广阔。

### （三）标的公司二：小鹿暖暖

公司全称深圳市小鹿暖暖科技有限公司，注册地为广东深圳，注册资本60万元。公司的控股股东和实际控制人是自然人陈波。小鹿暖暖的核心业务是区域性“云医院”，打造互联网医院系统、社区居民健康档案管理平台，基于云医院构建包含分级诊疗、慢病管理、医生集团、医药联动、诊后随访、家庭医生等在内的医疗生态体系及健康管理服务，为业内较为领先并且较早开展互联网医疗的企业。

## 二、收购事件一览

● 2015年1月8日，达实智能因筹划重大事项停牌。

● 2015年1月22日，达实智能因筹划重大资产重组继续停牌。

● 2015年5月4日，达实智能召开第五届董事会第22次会议，审议通过了公司发行股份及支付现金购买资产并募集配套资金方案的议案。

● 2015年5月5日，公司股票复牌，同日披露预案，公司拟通过发行股份及支付现金的方式购买久信医疗100%的股份，并募集配套资金。

● 2015年5月21日，公司召开2015年第三次临时股东大会审议通过重组预案。

● 2015年7月7日，因筹划重大事项停牌。

● 2015年7月21日，公司股票复牌，同日与深圳市小鹿暖暖科技有限公司签订了《投资意向协议》。

● 2015年7月24日，公司第五届董事会第26次会议批准对小鹿暖暖的对外投资，无需提交股东大会。

● 2015年7月25日，披露对外投资公告，公司采取现金增资的方式获得深圳市小鹿暖暖科技有限公司40%的股权。

● 2015年11月9日，中国证监会核准公司发行股份购买久信医疗股份并募集配套资金。

## 三、收购方案

### （一）收购久信医疗100%股份

达实智能拟通过发行股份及支付现金的方式购买交易对方合计持有的久信医疗100%股份，并募集配套资金。本次交易的交易价格为87 197.50万元，其中现金交易对价为32 529.00万元——通过发行股份募集配套资金支付12 949.373万元，以自有资金支付19 579.625万元。向房志刚等12名交易对方发行股份支付对价为54 668.50万元，发行股份价格为11.86元/股，对应支付股份数量为46 094 860股。

同时，达实智能向实际控制人刘磅以及高级管理人员程朋胜、苏俊锋、吕枫、林雨斌、黄天朗非公开发行股份20 867 932股募集配套资金，配套资金总额为24 749.373万元。募集配套资金总额不超过本次交易购买标的资产交易价格的100%。募集配套资金在扣除中介机构费用等发行费用后，用于支付本次交易的现金对价12 949.373万元及对久信医疗的增资补充流动资金1.00亿元。本次交易不会导致上市公司控制权发生变化。

本次交易完成前后公司的股权结构如表35所示。

**表35　交易前后久信医疗股权情况**

| 股东名称 | 本次交易之前 | | 本次交易完成后 | |
|---|---|---|---|---|
| | 持股数量（股） | 持股比例 | 持股数量（股） | 持股比例 |
| 达实投资 | 133 407 177 | 23.18% | 133 407 177 | 20.76% |
| 贾虹 | 59 400 000 | 10.32% | 59 400 000 | 9.25% |
| 刘磅 | 44 000 000 | 7.65% | 58 245 677 | 9.07% |
| 房志刚等12名交易对方 | — | — | 46 094 860 | 7.17% |
| 其中：房志刚 | — | — | 32 555 880 | 5.07% |
| 常州瑞信 | — | — | 2 265 563 | 0.35% |
| 认购配套资金投资者（不含刘磅） | 9 062 666 | 1.57% | 15 684 921 | 2.44% |
| 其他股东 | 329 650 157 | 57.28% | 329 650 157 | 51.31% |
| 合　计 | 575 520 000 | 100.00% | 642 482 792 | 100.00% |

### （二）收购小鹿暖暖40%股权

公司使用自有资金人民币1 600万元，对小鹿暖暖进行增资。增资后，持有其40%的股权。

本次交易完成前后股权结构见表36。

**表36　交易完成前后小鹿暖暖股权情况**

| 股东 | 增资前 | | 增资后 | |
|---|---|---|---|---|
| | 持有注册资本（人民币万元） | 股权比例 | 持有注册资本（人民币万元） | 股权比例 |
| 达实智能（或全资子公司） | — | — | 40 | 40% |
| 常进勇 | 10 | 16.67% | 10 | 10% |
| 王志红 | 15 | 25% | 15 | 15% |
| 陈波 | 35 | 58.33% | 35 | 35% |
| 合　计 | 60 | 100% | 100 | 100% |

## 四、案例评论

### （一）智慧医疗前景广阔

智慧医疗、云医疗是近年来兴起的热门医疗概念。所谓智慧医疗，实际是对现有医疗模式的变革，通过打造健康医疗信息平台，利用最先进的物联网技术，实现患者与医务人员、医疗机构、医疗设备之间的互动，逐步达到信息化医疗服务水平。智慧医疗已成为智慧城市建设的重点领域，是我国现代医疗发展的新趋势。在智慧医疗行业良好发展的前景预期下，诸如达实智能、创业软件、道明光学、万方信息等越来越多的信息软件类公司和医疗机构，也都开始试水该领域。

2015年5月达实智能披露重组预案，拟购买江苏久信医疗科技股份有限公司100%的股份，快速切入医疗专业净化系统建设及数字化手术室领域，布局智慧医疗产业链。随后7月公司以1 600万元增资获得互联网医疗平台小鹿暖暖

40%股权，深度延伸至以互联网云医院为基础的互联网医疗生态系统，完善互联网医疗战略布局。达实智能作为一家信息技术产业公司，一年之中先后两次收购医疗公司，这场带有“智慧医疗”概念的“联姻”也让资本市场为之一震。对一直深耕智慧建筑和智能交通的达实智能来说，进军医疗行业并非追逐资本热点的尝试，2013年起达实智能就开始布局医疗领域，依托智慧城市的主业做医院的建筑智能和节能业务。而这次先后收购久信医疗和小鹿暖暖，则是进一步延伸在智慧医疗产业链上的布局。同时，健康医疗对于市场来说无论何时都是刚需，周期性弱。公司试水智慧医疗，也是力求从传统投资驱动型的周期性业务向弱周期行业及领域布局。

### （二）标的优势突出，产业链布局完善

久信医疗系国家火炬计划重点高新技术企业，是一家专业为现代化医院提供以数字化手术室、洁净手术室为核心的洁净用房整体解决方案服务商，其业务是构成数字医院建设乃至智慧医疗产业链的重要环节，也是高附加值业务。公司自进入医疗净化领域以来，市场表现优异，已成功为全国330多家医院承建了4 000多间高标准的净化手术室、ICU重症监护病房等，在医院洁净手术室建设领域的市场占有率排名前三，其客户中70%以上为三甲医院，客户基础雄厚，在业界具有较高的品牌知名度和较好的市场口碑。达实智能和久信医疗同处智慧城市不同细分领域，各自在区域市场、业务模式、客户构成等方面具有优势，双方整合后慢慢进入医院的整体建设，具有较好的协同效应，有利于提升公司利润水平。

小鹿暖暖是国内领先的互联网医院解决方案提供商，主要业务为建设区域性云医院平台、互联网医院系统、社区居民健康档案管理平台，为业内较早开展互联网医疗的企业。2015年7月，小鹿暖暖中标江苏省东台市和安徽省淮南市市级云医院建设项目，可持续导入线下医疗资源。本次增资主要用于网络医院平台对接、市级云医院建设、互联网医疗品牌建设与营销推广、网络与系统建设与运维、互联网医疗技术专利等知识产权建设等用途。并购小鹿暖暖可将公司现有的智慧医疗业务推动至云医院平台，完善智慧医疗布局，有利于提升公司在智慧医疗业务领域的竞争力，未来将成为公司既有业务延伸的有力抓手。同时，把握小鹿暖暖互联网医疗行业中的互联网元素，可加速公司的“互联网＋”

转型。

达实智能收购的两家标的中，久信医疗专注于医院核心系统建设，数字化手术室是智慧医院产业链重要环节；小鹿暖暖则着重于互联网云医院建设，是未来行业发展的趋势所在。达实智能在此番布局中，依靠久信医疗的专业实力和网络渠道，牢牢把握智慧医疗业务最核心的医院资源，将医院由工程客户变为合作伙伴；再结合小鹿暖暖在互联网医院领域的创新能力，丰富智慧医疗的内涵，将业务由“硬”变“软”，具体连接至患者，进一步推动上市公司现有智慧医疗业务向互联网医疗生态系统的深度延伸。公司先后通过收购久信医疗及小鹿暖暖将智慧医疗这一战略持续推进，布局战略清晰，产业链逐步丰满。

### （三）信息技术进军医疗，互利共赢

达实智能是国内领先的智慧城市建设及运营服务商。在我国“十二五”规划期间，随着智慧城市建设从试点启动到进入高速发展期，达实智能凭借其在智慧建筑领域的深厚积累，已率先完成了向“智慧城市服务及运营商”的转型。2014年达实智能编制智慧城市国家标准，成为国内智慧城市建设领域的标兵企业。智慧医疗业务前景广阔，市场发展潜力大，产业周期性弱，将成为达实智能新的增长极。此次进军智慧医疗领域的收购完成后，对于标的公司来说，可以借助上市公司灵活高效的资金平台，进一步扩大公司业务，增加市场占有率；对于上市公司来说，不仅可以以久信医疗的医院资源为入口切入智慧医疗领域，为上市公司培植新的利润增长点，增强上市公司持续盈利能力，而且可以通过小鹿暖暖这个互联网云医院平台，推动公司“互联网＋”转型，提升公司智慧医疗业务竞争力。这场双赢的交易将推动达实智能成为国内绿色智慧医院建设领域的龙头企业。

## 五、市场表现(002421)

达实智能交易完成前后的股价变化情况见图58。

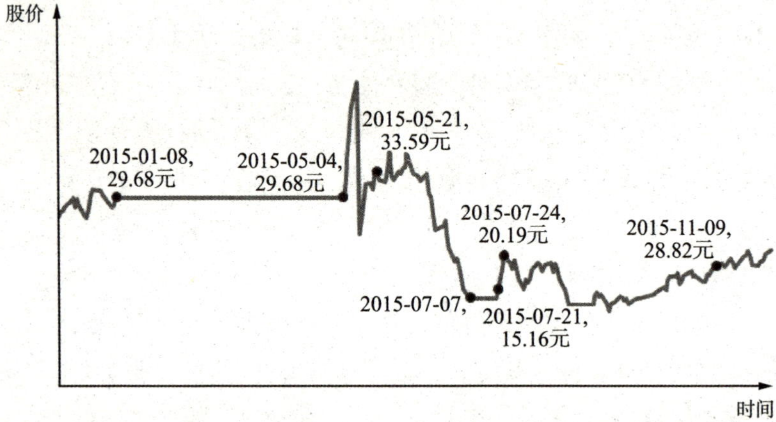


图58　达实智能交易完成前后股价走势

# 002517

# 泰亚股份：
# 鞋业大亨联姻互联网新贵

## 一、收购相关方简介

### （一）收购方:泰亚股份

公司全称泰亚鞋业股份有限公司,成立于2000年,注册地为17 680.00万,注册资本17 680.00万元,2015年6月30日经审计的资产总额为79 183.70万元。本次交易前,公司的控股股东和实际控制人为自然人林诗奕。公司主要经营各种鞋及鞋材的研发、生产及销售,是福建泉州规模最大、研发能力最强的鞋底生产商。

### （二）标的公司:恺英网络

公司全称上海恺英网络科技有限公司,成立于2008年,注册资本3 000万元,2015年6月39日经审计的资产总额128 194.68万元。公司的控股股东和实际控制人为自然人王悦。恺英网络自游戏业务发家,目前已经是国内集优秀的游戏开发运营和移动互联网平台运营于一体的综合性公司,旗下拥有多款互联网平台型产品。根据国家发改委发布的《产业结构调整指导目录(2011年版,2013年修正)》,增值电信业务平台建设是我国重点扶持的鼓励类产业,恺英网络的业务符合国家大力发展互联网产业的有关政策。

## 二、收购事件一览

- 2015年1月5日，泰亚股份因筹划重大事项停牌。
- 2015年4月17日，泰亚股份公告重大资产置换及发行股份购买资产预案，同日，本次交易预案经第二届董事会第26次会议审议通过。
- 2015年6月12日，泰亚股份召开2015年第一次临时股东大会，通过了本次重大资产重组相关事项并批准王悦及其一致行动人免于因本次重大资产重组发出全面要约收购。
- 2015年11月9日，证监会核准本次交易方案。

## 三、收购方案

本次重大资产重组方案包括资产置换、发行股份购买资产、股份转让及募集配套资金四部分，且构成借壳上市。

### （一）资产置换

公司以截至2015年2月28日经审计及评估确认的泰亚股份全部资产与负债（拟置出资产）与交易对方恺英网络王悦等11个股东持有的合计100%股权（拟置入资产）的等值部分进行置换。经双方协定，本次交易中置出资产作价67 000.00万元，置入资产作价630 000.00万元。

### （二）发行股份购买资产

置入资产超过置出资产价值的差额部分约563 000万元，由泰亚股份向恺英网络全体股东按照交易对方各自持有恺英网络的股权比例发行股份购买。本次发行股份购买资产的发股价格为11.26元/股，泰亚股份向恺英网络全体股东发行股份的数量合计499 999 996股。

### （三）股份转让

泰亚股份原控股股东林诗奕向恺英网络全体股东按其持有恺英网络的股

权比例合计转让1 500万股上市公司股票。恺英网络全体股东同意将与本公司进行资产置换取得的置出资产由林诗奕或者其指定的第三方承接，作为其受让股份的支付对价。

## （四）募集配套资金

为提高本次重组绩效，增强重组完成后上市公司的盈利能力和可持续发展能力，上市公司拟采用询价发行方式向不超过10名符合条件的特定对象非公开发行股份募集配套资金，总金额不超过317 060.45万元。

本次交易完成后，上市公司将持有恺英网络100%的股权，控股股东和实际控制人由林松柏、林诗奕父子变更为王悦，王悦持有泰亚股份22.63%的股份。公司行业从传统的制造业转型成为互联网产业，实现主营业务转型。

不考虑配套融资因素，本次交易完成前后公司的股权结构见表37。

表37 泰亚股份交易前后股权情况（不考虑配套融资因素）

| 股东名称 | 本次交易之前 | | 本次发行股份数 | 股份转让数量 | 本次交易完成后 | |
|---|---|---|---|---|---|---|
| | 持股数量（股） | 持股比例 | | | 持股数量（股） | 持股比例 |
| 林诗奕 | 34 000 000 | 19.23% | — | －15 000 000 | 19 000 000 | 2.81% |
| 泰亚投资 | 18 000 000 | 10.18% | — | — | 18 000 000 | 2.66% |
| 王悦 | — | — | 148 696 816 | 4 460 905 | 153 157 721 | 22.63% |
| 冯显超 | — | — | 84 201 200 | 2 526 036 | 86 727 236 | 12.81% |
| 海通开元 | — | — | 67 499 983 | 2 024 999 | 69 524 982 | 10.27% |
| 海桐兴息 | — | — | 49 500 000 | 1 485 000 | 50 985 000 | 7.53% |
| 骐飞投资 | — | — | 43 876 916 | 1 316 308 | 45 193 224 | 6.68% |
| 赵勇 | — | — | 37 600 200 | 1 128 006 | 38 728 206 | 5.72% |
| 圣杯投资 | — | — | 26 123 083 | 783 693 | 26 906 776 | 3.98% |
| 王政 | — | — | 20 724 016 | 621 720 | 21 345 736 | 3.15% |
| 华泰瑞麟 | — | — | 11 111 116 | 333 333 | 11 444 449 | 1.69% |
| 经纬创达 | — | — | 9 000 000 | 270 000 | 9 270 000 | 1.37% |

续表

| 股东名称 | 本次交易之前 | | 本次发行股份数 | 股份转让数量 | 本次交易完成后 | |
|---|---|---|---|---|---|---|
| | 持股数量(股) | 持股比例 | | | 持股数量(股) | 持股比例 |
| 九彤投资 | — | — | 1 666 666 | 50 000 | 1 716 666 | 0.25% |
| 其他股东 | 124 800 000 | 70.59% | — | — | 124 800 000 | 18.44% |
| 股份总计 | 176 800 000 | 100.00% | 499 999 996 | — | 676 799 996 | 100.00% |

考虑配套融资因素，本次交易完成前后公司的股权结构见表38。

**表38　泰亚股份交易前后股权情况(考虑配套融资因素)**

| 股东名称 | 本次交易之前 | | 本次发行股份数 | 股份转让数量 | 本次交易完成后 | |
|---|---|---|---|---|---|---|
| | 持股数量(股) | 持股比例 | | | 持股数量(股) | 持股比例 |
| 林诗奕 | 34 000 000 | 19.23% | — | －15 000 000 | 19 000 000 | 2.55% |
| 泰亚投资 | 18 000 000 | 10.18% | — | — | 18 000 000 | 2.42% |
| 王悦 | — | — | 148 696 816 | 4 460 905 | 153 157 721 | 20.57% |
| 冯显超 | — | — | 84 201 200 | 2 526 036 | 86 727 236 | 11.65% |
| 海通开元 | — | — | 67 499 983 | 2 024 999 | 69 524 982 | 9.34% |
| 海桐兴息 | — | — | 49 500 000 | 1 485 000 | 50 985 000 | 6.85% |
| 骐飞投资 | — | — | 43 876 916 | 1 316 308 | 45 193 224 | 6.07% |
| 赵勇 | — | — | 37 600 200 | 1 128 006 | 38 728 206 | 5.20% |
| 圣杯投资 | — | — | 26 123 083 | 783 693 | 26 906 776 | 3.61% |
| 王政 | — | — | 20 724 016 | 621 720 | 21 345 736 | 2.87% |
| 华泰瑞麟 | — | — | 11 111 116 | 333 333 | 11 444 449 | 1.54% |
| 经纬创达 | — | — | 9 000 000 | 270 000 | 9 270 000 | 1.24% |
| 九彤投资 | — | — | 1 666 666 | 50 000 | 1 716 666 | 0.23% |
| 其他不超过10名配套融资特定投资者 | — | — | 67 820 000 | — | 67 820 000 | 9.11% |
| 其他股东 | 124 800 000 | 70.59% | — | — | 124 800 000 | 16.76% |
| 股份总计 | 176 800 000 | 100.00% | 567 819 996 | — | 744 619 996 | 100.00% |

## 四、案例评论

### （一）鞋业没落待转型

泰亚股份的主营业务为鞋材的生产和销售，属劳动密集型的传统制造业。近年来，受全球经济持续疲软影响，中国经济增长放缓，原材料、能源等生产要素价格及劳动力成本上涨。此外，国内体育用品行业普遍面临着形象模糊、产品欠缺差异化、店铺过度扩张和库存管理欠佳等挑战。受此影响，近年来公司业绩不佳，2014年公司甚至出现亏损。此外，泰亚股份主要生产经营所在地的泉州当地政府提出“退二进三”的发展规划，即逐步退出第二产业，大力发展第三产业。在此背景下，上市公司未来的市场发展情况不容乐观，盈利能力仍存在重大不确定性。为了扭转这种局面，上市公司决定进行本次重组，从传统的制造业转型成为互联网产业，将上市公司原有盈利能力较弱、未来发展前景不明的鞋材生产销售业务置出，注入具有较强盈利能力并且前景广阔的互联网平台业务，实现上市公司主营业务的转型，从根本上改善公司的经营状况，增强公司的持续盈利能力和发展潜力，提高公司的资产质量和盈利能力，以实现上市公司股东的利益最大化。

本次交易中，泰亚股份通过资产置换、发行股份及股权转让等一系列交易收购上海恺英网络科技有限公司100%股权，从而实现恺英网络的借壳上市。恺英网络高达63亿元的估值，使这场交易成为本土上市公司并购游戏公司的最大收购案。泰亚股份由鞋业大亨华丽转身为一家拥有移动互联网流量入口，集平台运营与产品研发于一体的互联网游戏公司。而恺英网络通过本次交易成功借壳，实现与国内资本市场的对接，可借助资本市场平台，为后续发展提供推动力，进一步推动互联网业务发展，提升其在行业中的综合竞争力和行业地位，做大做强上市公司。不论对于泰亚股份还是恺英网络来说，这都是一场双赢的交易。

### （二）二度卖壳为哪般

由于鞋业制造行业发展前景黯淡，主业不振，为了公司的持续发展，泰亚股份到了不得不转型的地步。然而本次收购互联网公司却不是泰亚股份第一次尝试转型。早在2014年，泰亚股份曾拟收购欢瑞世纪，试图从制造业跻身影视业，但最终无疾而终。

2014年，泰亚股份曾计划与影视公司欢瑞世纪进行资产重组，7月18日披露交易预案，泰亚股份拟以8.45亿元的总资产并购评估值逾27亿元的欢瑞世纪，欢瑞世纪将通过与泰亚股份的资产置换，实现“曲线上市”。作为被收购对象，欢瑞世纪的总资产远超泰亚股份，然而交易预案却通过复杂的设计称此次交易并不够构成借壳上市，从而规避证监会关于借壳上市的审批，这样“打擦边球”的方式由于饱受市场质疑而宣告终止。

在收购欢瑞世纪变身影视公司的计划失败后，时隔半年，泰亚股份转身“拥抱”互联网公司，再次走上了“卖壳之路”。事实上，对于上市后在2014年出现首次亏损的泰亚股份，并无退市之忧，大可以保壳重组，但其对卖壳追逐市场热点却情有独钟。那么是什么原因造成泰亚股份对于“卖壳”如此情有独钟呢？

在与恺英网络的交易中，泰亚股份的实际控制人林松柏、林诗奕父子直接和间接控制的股份达到29.41%。卖壳之后，除了林诗奕向恺英网络全体股东转让1 500万股外，两人尚持有上市公司3 700万股，占重组后总股本的5.47%。股票复牌后获得连续6个一字板，较停牌前暴涨77.17%，这对于仍持有公司3 700万股的原控制人来说，是一笔不小的收益。但是对于林诗奕父子来说，并购重组带来的股份增值效应只是一部分，恺英网络借壳上市付出的“壳费”将成为另一大收益。在整个重组步骤中，清晰地透露出恺英网络付出的“壳费”——在重组方案中，泰亚股份全部资产作价6.7亿元与恺英网络等值部分进行资产置换，而承接置出资产时，林诗奕以转让1 500万股上市公司股票作为对价。按照交易中11.26元/股的发行价计算，林诗奕仅需出资1.69亿元就将6.7亿元的资产拿下，实际实现了逾5亿元出让壳资源的收入。而恺英网络愿意折价逾5亿元将置出资产给泰亚股份的原股东，颇有“借壳费”的意味。

实际上，在泰亚股份与欢瑞世纪的重组方案中，“借壳费”的身影就已经出现了，手法也是如出一辙。彼时泰亚股份置出资产估值7亿元，与欢瑞世纪等值部分进行置换，剩余部分以2.2亿元现金和以7.95元/股发行2.29亿股解决。而置出的7亿元资产由泰亚股份股东林清波及丁昆明向欢瑞世纪全体股东转让3 000万股上市公司股份而重新支配，每股为23.3元，与定增的7.95元/股相差近两倍。近5亿元的价差就是欢瑞世纪付出的“借壳费”。

由此可以看出，卖壳重组成为泰亚股份上市后大股东继续造富的手段。对于IPO后业绩下滑的公司来说，上市之后卖壳，原本就是一本万利的大生意。卖壳的上市公司通常都是以市场爆炒的热点为重组方向，因为这样容易刺激重组后的股价。通过反向并购卖壳，大股东承接之前高估值的资产，保留一定股份留待股价上涨后套现，这些都是壳资源带来的额外暴利。

### （三）互联网缘何高估值

2015年互联网游戏业在并购市场上备受青睐，成为并购重组的热点。究其原因：第一，互联网行业符合国家产业政策和文化的发展趋势，而且盈利可观、成长性比较高；第二，很多传统行业都在走下坡路，传统行业的公司想转型，但是没有什么特别好的高盈利、高成长性的行业，而互联网游戏业公司本身上市又有困难，所以跨界并购多集中在这个领域；第三，市场对于互联网这一热点有较好的预期，上市公司选择市场爆炒的热点为重组方向，更容易刺激重组后的股价。

本次交易中，恺英网络100％股权采用收益法的预估值为63亿元，较之净资产额增值率为2 027.54％，增值幅度较大。纵观热门的“互联网＋”收购案例，高估值已是互联网公司借壳或被收购时难以回避的风险因素。

恺英增值较高的原因主要是集网络游戏开发运营和互联网平台运营于一身，凭借较强的产品开发和平台运营能力，通过基于PC端及移动端的互联网平台化运营，已经形成了较强的品牌优势与用户认可度，在业内积累了深厚的影响力，其价值不能单纯地通过资产负债表来量化。游戏产品一般都能带来丰富的现金流，但市场更看重其作为平台的价值，因为通过获取的流量，可以产生多种经营方式，进而变现。这也可以解释为什么虽然恺英网络的收入和利润主要靠游戏来贡献，但公司似乎并不愿意将自己定位为一家游戏商而更愿意谈的是互联网流量入口的概念。公司估值是以未来可预期的业绩为基础的，随着移动互联网的快速发展和移动智能终端的不断普及，用户在互联网移动端的消费能力不断显现，需求持续旺盛且正被进一步激发，市场规模快速扩张，具备良好的盈利空间。本次借壳成功后，恺英网络借助资本市场的平台为公司发展加大了推动力，加之成熟稳定的业务模式，将确保公司未来业绩的持续稳定增长。

## 五、市场表现(002517)

泰亚股份交易前后的股价变化情况见图59。

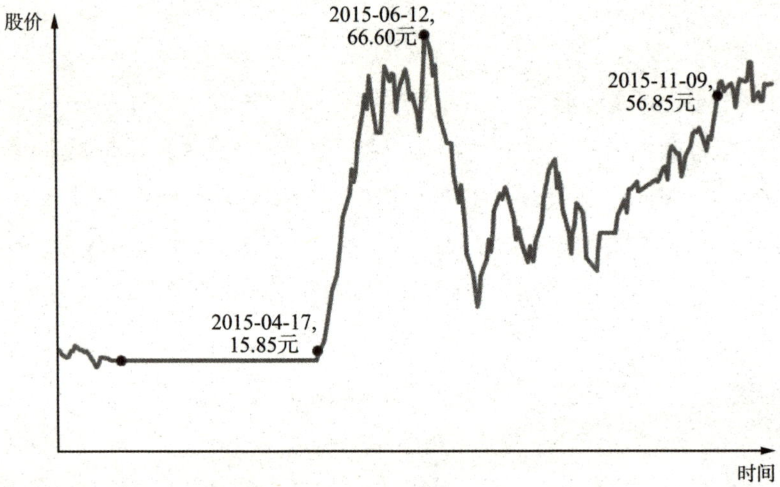


图59 泰亚股份交易前后股价走势

# 002717
# 岭南园林：园林跨界文化影视

## 一、收购相关方简介

### （一）收购方：岭南园林

岭南园林，全称岭南园林股份有限公司，成立于1998年7月20日，成立时名称为“东莞市岭南园林绿化有限公司”。岭南园林股份有限公司为中国实力最强的园林企业之一，创立于1998年，拥有国家城市园林绿化一级资质及风景园林工程设计甲级资质，注册资本8 572万元。岭南园林是一家集景观规划设计、园林及生态工程施工、绿化养护、苗木产销、园林科学研究等为一体的综合性园林龙头企业，业务发展遍及全国。其中，园林工程施工业务是公司营业收入和利润的主要来源。历经12年的不懈奋斗，现已发展成为集景观规划设计、园林工程施工、市政绿化养护及苗木产销等为一体的大型园林龙头企业，稳居广东省前三名。公司具备突出的大型园林工程施工能力、景观规划设计实力和跨区域经营能力。

### （二）标的公司：上海恒润数字科技股份有限公司

恒润科技是国内优秀的主题数字体验整体解决方案提供商，凭借对业主方运营定位、品牌内涵、特色文化、空间特点等方面的深入挖掘及系统规划，按照特定主题将故事情节、环境道具、互动设备、放映设备、舞台剧、脱口秀等多维文化创意元素进行个性订制及跨界整合，为涵盖主题公园、科博馆、大型企事业展馆、城市地标性购物中心体验馆等在内的业主单位，打造集主题策划、项目规划、内容摄制、观影设备、工程实施于一体的文化创意整体解决方案，彰显其特色品牌文化价值，塑造其差异化的竞争优势。恒润科技是业内最早利用创意设计手段，进行各种高科技特种影视系统技术及内容开发的一批企业。恒润科技以"创意设计"为核心，在多年的发展中，形成了三大业务：主题文化创意业务、4D特种影院系统集成业务以及特种电影拍摄制作业务。

## 二、收购事件一览

- 2015年3月26日，岭南园林开始停牌。
- 2015年4月27日，恒润科技召开董事会并通过决议，同意全体股东彭外生、顾梅、刘军、张晓华、吕嗣孝、恒膺投资向岭南园林出售其持有的恒润科技100%股权。
- 2015年5月14日，恒润科技召开股东大会并通过决议，同意全体股东彭外生、顾梅、刘军、张晓华、吕嗣孝、恒膺投资向岭南园林出售其持有的恒润科技100%股权。
- 2015年5月18日，岭南园林与交易对方彭外生、顾梅、刘军、张晓华、吕嗣孝、恒膺投资就收购恒润科技100%股权，签订了附生效条件的《股份转让协议》。
- 2015年5月18日，岭南园林召开第二届董事会第18次会议，审议并通过了《岭南园林股份有限公司重大资产重组报告书》及相关议案。
- 2015年6月5日，岭南园林第一次股东大会通过决议。

## 三、收购方案

本次交易涉及的标的资产为恒润科技100%股权。岭南园林向恒润科技的股东彭外生、顾梅、刘军、张晓华、吕嗣孝、恒膺投资以支付现金方式购买其持有的恒润科技100%股权，共支付交易对价55 000万元。

## 四、案例评论

### （一）跨界整合实现快速整合

公司在实现生态价值和社会价值的同时，借力具备文化创意基因的优质资产，寻求自有品牌在消费维度的价值延伸，打造集“生态景观、文化旅游”于一体的生态人文体验产业链，而恒润科技恰好是最合适的优质资产。未来三年，公司将立足于现有园林主营业务，在稳步发展主营业务规模和业绩的同时，大力拓展文化旅游和生态景观等新产业，充分利用资本市场的优质资源，通过内增式发展和外延式扩张相结合的方式，迅速将公司做大做强，将公司打造成一个资源整合平台。

另一方面，公司在快速转型的过程中也在积极推进恒润科技转型。因为恒润科技是一个非常优质的标的，不仅可以走文化、动漫、影视、特种电影、娱乐等路线，也可以走主题文化创意及旅游等路线。现在恒润科技正处于逐步打开各个业务模块的过程之中，岭南作为母公司，不仅关注自身的快速转型及标的公司搜寻，也在为恒润科技积极寻找嫁接标的，希望能快速将恒润科技的“触角”打开，充分发挥恒润科技的嫁接优势。

### （二）定增募资逾10亿元　支撑内生式快速增长

根据方案，公司此次发行对象分别为：尹洪卫、彭外生、刘军、龙柯旭、何立新、恒奉投资、前海瓴建、上银基金拟筹建的资产管理计划、前海业远、宏升恒通。

据悉，园林绿化建设行业属于资金密集型行业，虽然生产经营中所投入的固定资产较少，但公司在市政园林工程及地产景观工程的签约和施工阶段均需要保有相当的流动资金作为基础。企业资金实力是订单落地的基础，决定了承建项目的规模和业务发展的速度。本次非公开发行完成后，公司将使用本次募集资金归还银行贷款，补充流动资金，从而使得公司资本结构得到改善，提升公司整体竞争力，并有利于公司打造生态人文体验产业链，整合改善现有业务流程，支撑公司未来的可持续发展。

### （三）实现协同效应

首先，两家公司可以实现收入协同，岭南园林和恒润科技客户群有较大重叠，基本涵盖政府类客户及商户类客户。未来收购后，公司可以为这些客户提供一站式文旅项目开发整体解决方案，深度挖掘万亿级消费端市场潜力。其次，双方还可以实现战略协同——收购前公司主营园林业务，收购2～3年后增加主题数字娱乐体验业务，5～10年业务后可变成旅游产业孵化、体验消费产品和园林业务。

通过此次交易，公司将恒润科技殷实的文化创意底蕴和主题数字互动体验的跨界定制能力与公司景观建设项目进行了嫁接，将公司生态环境塑造能力与恒润科技“主题内容策划、主题乐园整体规划、体验场馆室内设计、特种影院布置、影视动漫创作”等文化创意设计能力进行了融合。

## 五、市场表现(002717)

岭南园林交易前后的股价变动情况见图60。

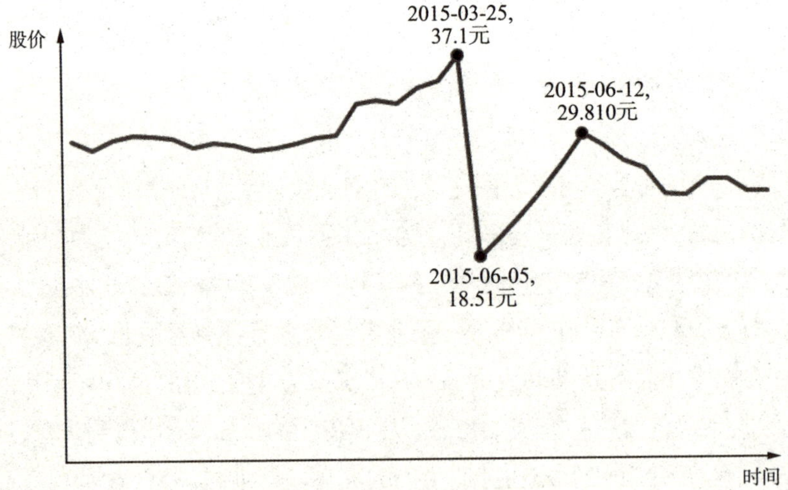


图60　岭南园林收购前后股价走势

# 300159

# 新研股份：
# “民参军”打造军工帝国

## 一、收购相关方简介

### （一）收购方：新疆机械研究院股份有限公司

新研股份，前身是成立于1960年的新疆机械研究所，作为新疆维吾尔自治区首批转制的科研单位之一，2005年改制为有限责任公司，2009年整体改制为股份有限公司，是专注于中高端农牧业机械产品研发和生产，以高附加价值、高技术含量以及替代进口农牧业机械产品为主导的高新技术企业、国家批准的创新试点企业、国家火炬计划重点高新技术企业、乌鲁木齐市创新试点企业。公司已发展成科研生产型的高新技术企业，目前已形成了玉米收获机械、青（黄）贮饲料收获机械、苜蓿类牧草收获机械、耕作机械、农副产品加工及林果机械等五大类二十八种产品，客户遍布新疆、内蒙古、东北三省、宁夏、甘肃、山西、河北等地。

### （二）被收购方：什邡市明日宇航工业股份有限公司

明日宇航主要从事航空航天飞行器结构件减重工程的应用与开发，以及零部件制造服务，是我国多家航空航天企业的配套零部件制造服务商。其制造的航空航天零部件主要为飞机、导弹、运载火箭、航天飞船等飞行器结构件，可分为“航空飞机结构件”“航天飞行器结构件”“发动机结构件”三类。明日宇航先以钛合金精密热成型加工工艺和焊接工艺为切入点进入航空航天零部件制造领域，后重点发展数控机械加工领域，在生产规模、技术创新方面具有独特而明显的竞争优势。目前公司在高速、精密、多轴联动数控加工技术方面优势显著，其开发的钛合金钣金成型工艺和高速五轴数控加工技术已成熟应用于航空航天领域，满足了终端用户对产品的高稳定性和可靠性的要求。

航空航天零部件生产行业系一个准入门槛高、业务培育期长但又极具增长潜力的新兴战略性行业。明日宇航目前已与国内多家航空航天企业建立了良好的合作关系和配套关系。公司通过与客户建立广泛而深入的合作关系，先后参与了民用飞机、军用飞机、导弹等多个型号航空航天飞行器结构件的配套研制及生产任务，其装备规模及技术工艺先进程度已在民营航天零部件制造企业中处于领先地位。

## 二、收购事件一览

● 2014年12月1日，公司筹划重大事项，首次停牌。

● 2015年3月18日，披露预案，公司拟通过发行股份和支付现金购买资产的方式进行重组，拟注入明日宇航100%股权。

● 2015年5月5日，国防科工局和四川省国防科学技术工业办公室审查通过明日宇航上市事宜。

● 2015年6月15日，临时股东大会通过公司发行股份和支付现金购买资产并募集配套资金暨关联交易草案。

● 2015年8月19日，中国证监会审核通过公司发行股份及支付现金购买资产并募集配套资金事项。

## 三、收购方案

### （一）发行股份及支付现金购买资产

新研股份以10.54元/股的价格向明日宇航的股东非公开发行3.05亿股股票，并以现金4.216亿元购买其持有的明日宇航100%股权。本次共计36.4亿元的资产重组完成后，明日宇航成为新研股份的全资子公司，新研股份将进入航空航天飞行器零部件制造业。

### （二）向特定对象发行股份募集配套融资

同时，新研股份向公司实际控制人周卫华、吴洋、员工持股计划非公开发行A股普通股7 730万股，价格为12.73元/股，锁定期为3年，共募集配套资金9.84亿元，不超过本次交易总额的25%。配套资金中的4.2亿元用于支付现金对价，剩余5.6亿元用于明日宇航的航空航天大型复杂结构件智能数字化车间建设。

新研股份的实际控制权在交易前后未发生改变，实际控制人仍为周卫华和王建军。

## 四、案例点评

近年来，随着国家三农政策的落实和土地流转改革的推进，农机市场取得了良好的发展。受益于行业需求的持续景气以及公司新产品投放和销售区域的疆外扩张，公司的农机业务仍然呈现快速增长态势。但新研股份并未满足于现有成绩，深谙农机市场的快速发展将引发日益激烈的行内竞争，并利用自身的产业优势、技术优势、品牌优势、资本优势寻找优质企业实施产业并购，通过兼并重组优化产业布局，实现业务的多元化发展。本次收购标的明日宇航属于航空航天飞行器零部件制造业，该行业是国家大力支持的战略性产业，未来有望获得快速发展。在军民融合首次上升为国家战略的大背景下，公司战略性地进军航空航天飞行器零部件制造领域符合国家政策，并且实现了"农机+军工"双轮驱动、双引擎发展。

而资产规模只有12亿元的民营高端农机行业龙头新研股份，此番斥资36.4亿元收购明日宇航的大体量跨界收购事项，不禁让人浮想联翩，可谓军民融合的经典案例。

### （一）军民融合新贵，"民参军"经典之作

习近平总书记在十二届全国人大三次会议中强调把军民融合发展上升为国家战略。何谓军民融合？军民融合主要分为两层含义：一是"军转民"，就是

军事技术在民间的使用；二是“民参军”，即民营主体参与军工市场。随着军工行业的资质壁垒被打破，政策之火点燃“民参军”燎原之势，在高毛利的驱使下大量民营企业涌入军工行业。

“民参军”作为军民融合的重要组成部分，代表了我国国防产业发展的大趋势。缺乏竞争和效率低下是阻碍我国国防工业发展的重要问题，而“民参军”可以有效引导优势民营企业、优质社会资源进入军品科研、生产和维修的各个领域，使军工资产的运行体系由原来的“输血”转为“造血”的过程，从而推动军工产业升级，为铸造强军“利器”提供物质技术支撑。通过资产证券化、军民的深度融合盘活了存量资产，借助了资本市场平台吸引新投资，引入了市场运作解决效率问题。西方军工业从20世纪90年代初就开始了与资本市场紧密结合的并购潮，此后西方军事工业发生了翻天覆地的变化，行业内崛起了大批军工集团。这些军工集团通过借助资本市场的优势，技术获得了较快的进步，并且成功垄断了全球大多数高端军工产品的制造。

新研股份此次收购明日宇航，通过并购方式切入航天航空军工领域，快速获得了局部技术优势，转型战略明确。通过建立“农机＋军工”双主业，实现了公司在整机制造领域优势与明日宇航在零部件制造领域优势的协同。此外，公司未来也将利用资本市场提供的多样化并购手段，收购在航空航天军工其他领域具有竞争优势的公司，挖掘航空航天军工领域的更多机遇，实现产业升级以及业务的多元化发展。而且随着军民融合上升为国家战略，国内军工产业纷纷开始推进资产证券化，新研股份走出了我国民营军工资产证券化的重要一步，成功实现“民参军”。

### （二）收购民营军工的“王者”，打造军工帝国

新研股份主营的农机制造，近年来越发呈现激烈的竞争态势。公司秉承“产能扩张—产品结构优化—产业升级”三步走战略，“陆”上夯实基础，“空”中期待开花。随着国防投资力度的加大，未来几年飞行器结构件需求持续旺盛，航空航天军工行业将维持较快增长。通过兼并重组进入行业壁垒较高的军工行业，一来避免了研发军工技术的高难度，二来快速获取了军工行业经营相关业务资质。

明日宇航是飞行器零部件专业制造商，向飞机、导弹、运载火箭、航天飞船

等提供配套结构件产品，是最大的航空航天飞行器零部件民营加工企业，在民营军工企业中处于龙头领先地位。明日宇航地处四川，四川相关军工配套企业多，以此为契机，公司后续有可能会继续收购军工资产。同时，明日宇航所处的航空航天零部件制造业具有较高的行业进入壁垒，叠加公司具备的强大技术、人才、规模和机制优势，行业内鲜有匹敌。与中航重机、成发科技以及中航动控等同行业公司对比，明日宇航的盈利能力远远高出于同行。2014年年末，明日宇航资产总额为19.7亿元，新研股份资产总额为12.7亿元，本次交易购买的标的明日宇航预估值为36.4亿元，占公司2014年年末合并财务报表口径资产总额的比例为386.61%。此番收购对新研股份而言可谓是一次超越自身体量的跨界收购。展望未来，明日宇航对2015年度至2017年度的经营进行了业绩承诺，承诺净利润将分别达到1.7亿元、2.4亿元和4.0亿元。面对明日宇航如此靓丽大胆的业绩对赌承诺，两家企业的合作更加值得期待。同时，明日宇航属于五大高端成长型产业和五十六个重大产业项目之一，将得到地方政府在土地、投资、税收、信贷等各方面的大力支持，未来可能会向上游和周边产业延伸，而这也有助于新研股份向打造军工帝国不断迈进。

### （三）多家PE潜伏其中，净赚近10倍

值得一提的是，明日宇航被收购一案背后浮现出多家PE的身影，其中包括中信证券(600030)旗下的金石投资、资本市场老牌公司中国宝安(000009)旗下的中国风投与宝安资产、高新投资等。

以金石投资为例，2010年8月19日，金石投资以2 430万元认购了明日宇航新增股份270万股。2011年12月31日，金石投资与高新投资签订《股权转让协议》，约定以1 280万元价格向高新投资转让所持有的明日宇航80万股股份。一前一后，金石投资的初始出资额已减少至1 150万元，较其此次获得的10 714.10万元股份对价相比，四年多时间里，其股权账面增值率高达931.66%。

## 五、市场表现（300159）

新研股份交易前后的股价变动情况见图61。

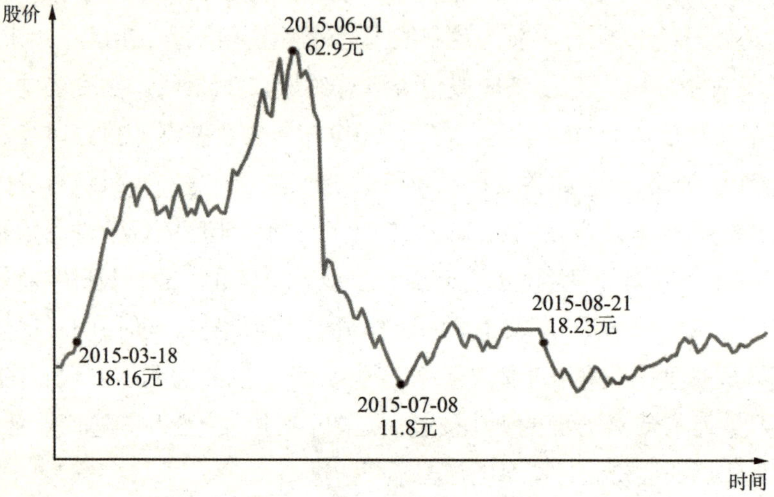


图61　新研股份交易前后股价走势

# 603001

# 奥康国际:
# 鞋业大亨对接“互联网+”

## 一、交易各方简介

### (一) 收购方:奥康国际

奥康国际前身创立于1988年,现已成为中国领先的鞋业和皮具制品公司,专注于鞋类和皮具产品的研发、制造、分销及零售。奥康国际拥有多个知名品牌,包括奥康、康龙、美丽佳人、红火鸟及意大利品牌万利威德(VALLEVERDE)在大中华区的品牌所有权。奥康国际在国内有大约5 000家销售网点,于2012年4月在上海证券交易所挂牌上市。公司从1998年至今已获得包括中国真皮鞋王、驰名商标(奥康)、浙江省名牌产品、2009年度同类产品市场销量第一位和第十一届全国质量奖等15个荣誉称号。

### (二) 标的公司:兰亭集势

兰亭集势成立于2007年,是一家全球电子商务公司。目前,兰亭集势通过几十种主要语言服务全球顾客。在2012年,其98%的营收来自海外用户,主要市场在欧洲和北美。在其拥有的www.lightinthebox.com等网站上,提供多个种类、共计数十万个独立商品。公司的核心品类包括服装、家居和各类配件,产品销往200多个国家和地区,覆盖27种主要语言服务全球顾客。该公司于2013

年6月6日在纽约证券交易所(NYSE)上市。

## 二、收购事件一览

● 2015年6月10日晚间公告，奥康国际以现金方式受让兰亭集势股份2 455.38万股。

● 2015年6月11日公告，奥康国际将出资2 000万港元在香港成立全资子公司奥康国际(香港)有限公司。

● 2015年7月17日公告，奥康国际拟以自筹资金不超过81 000 000美元分次对全资子公司奥港国际(香港)有限公司增资，首次增资额21 344 501.50美元。

● 2015年7月22日，奥康国际完成对兰亭集势股份购买价款的支付。

● 2015年7月23日，正式完成股权交割工作。

## 三、收购方案

奥康国际于2015年6月9日与兰亭集势(LightInTheBox Holding Co., Ltd)的直接持股股东GSR Ventures III, L.P.、Ceyuan Ventures II, L.P.、Ceyuan Ventures Advisors Fund II, LLC、Wincore Holdings Limited、Clinet Investments Limited、Vitz Holdings Limited签定《股份购买协议》。公司通过拟设立的香港子公司以现金方式受让兰亭集势股份24 553 810股(包括普通股及美国存托股份)，占兰亭集势发行在外普通股的25.66%，交易对价总额为77 344 501.50美元。2015年7月22日完成该笔股份购买价款的支付，并于2015年7月23日正式完成股权交割工作。

## 四、案例评论

互联网和信息技术的进步，改变了商业模式和消费习惯，自主消费与理性消费特征明显增强，传统线下零售商面临较大的营收压力。传统经济与新科技、新技术的不断融合，将是未来传统制造业打破僵局、拓展市场的重要途径。此次奥康国际控股跨境电商兰亭集势，反映了传统制造业整合产业链，利用互联网开拓市场、打造国际品牌的转型。

### （一）传统与现代的碰撞，产业链垂直整合

奥康国际从鞋类起步，整个产业链中，B2C只是最后一公里，B2C前面还有很多，如工厂、设计、品牌、批发，这些都还没有上网。未来可以考虑将这些前端交易与互联网协同起来。兰亭集势作为中国跨境电商第一品牌，具有领先的互联网思维、深厚的互联网技术积累以及丰富的互联网营销经验；此外，多年的B2C运营使其拥有快速增长的流量和客户消费群体。通过兰亭集势，奥康可以打通整个产业链的最后一环，发展全渠道销售，通过互联网进行行业整合，优化资源配置，提升产业链效率，利于其长远发展。

而兰亭集势则可通过奥康国际引入国际品牌，做“反向跨境电商”。奥康与多个欧美皮鞋品牌合作，海外品牌资源丰富；同时具有齐全的鞋类供应体系；线下拥有四千余家终端实体店，有优势将鞋类进口电商做强。同时，奥康也可借助于兰亭集势的渠道、技术、资源优势，共同引进大量海外二三线品牌，进一步满足国内日益升级的个性化、时尚化的消费需求。

### （二）打破营收僵局，拓展海外市场

近年来，随着国际市场疲软，国内生产成本的攀高，鞋类制造业的出口面临着不小的竞争。2014年奥康国际财报显示，奥康国际2014年全年营收为29.65亿元，同比仅增长了6%，净利润2.58亿元，同比已下降5.92%。业务构成方面，出口业务严重受阻，奥康国际的出口业务已经出现了45%的负增长。而近年来，受到宏观经济环境及企业生存过剩的影响，国内的服饰企业库存积压问题越发突出，所以奥康国际急需兰亭集势通向全球200个国家的业务渠道进行库存“消化”。

通过参股，兰亭集势将成为奥康国际的海外销售渠道，而这并不代表奥康国际将现有的鞋业进行海外扩展，而是要借助兰亭集势的海外仓、用户树立品牌，因为奥康皮鞋出口的均价在20美元左右，仍是“低价跑量”。

### （三）鞋业大亨“互联网＋”转型：打造中国品牌的全球化

目前，政府对跨境电商的政策利好可谓重磅连连，使得跨境电商受到市场

投资的青睐，而传统行业则可以通过转型"互联网＋"提升自身的估值。一方面，政府频频出台重磅政策扶持跨境电商行业，预计未来市场年均增速30%。另一方面，跨境电商资源稀缺，目前跨境电商行业市场空间约在200亿元左右，仍处于蓝海阶段，龙头企业市占率仅在1%左右，传统制造业企业看好跨境电商行业，纷纷参股分羹。例如，百圆裤业收购海淘电商环球易购，森马服饰投资韩国电商ISE。此次奥康国际参股跨境电商龙头兰亭集势，彰显了其转型"互联网＋"的战略意图，通过设立香港子公司，对接海外资源打开并购空间。

兰亭集势具有领先的互联网思维、深厚的互联网技术积累，以及成功的电子商务经验。奥康此次入股兰亭集势，旨在利用双方在传统行业和互联网领域的资源优势，共同打造传统行业"互联网＋"战略。同时利用兰亭集势的跨境电商平台，将以奥康为代表的一系列优秀中国品牌带给全球消费者，利用互联网打造中国品牌的全球化战略。

奥康对全球跨境电商表现出如此浓厚的兴趣并非偶然。奥康国际将"基于互联网思维的零售服务运营商"作为战略目标，意识到未来电子商务的广阔空间，于2009年着手组建电子商务部门，创建官方网购平台，此后每年电子商务平台的销售额都呈现大幅增长——仅2014年"双十一"当天，奥康电子商务平台的销售额就达亿元。2014年5月，奥康国际又通过定向增发募集资金拟在未来三年建设奥康国际馆150家，其中国际馆总店50家。奥康国际馆将是以鞋类为主的多品牌、多品类的大型集成零售平台，同时将支持O2O（线上到线下）消费和高级订制等优质服务，为消费者提供便捷、时尚、国际化的消费体验，将成为奥康国际实现"基于互联网思维的零售服务运营商"战略目标的重要载体。此次入股兰亭集势，二者优势互补，借力跨境电商，深耕鞋履产业链，有利于其品牌打破区域边界，直达全球客户。

## 五、市场表现(603001)

奥康国际收购前后的股价变化情况见图62。

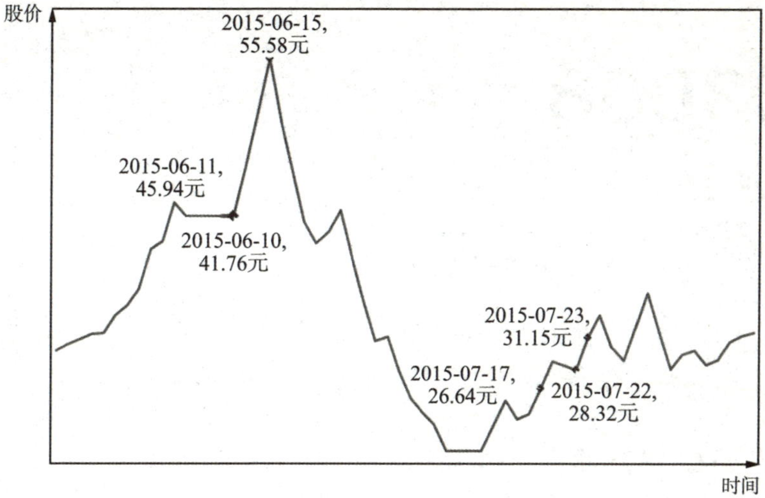


图62　奥康国际收购前后股价走势

# 603008
# 喜临门:
# 床垫老大玩转娱乐圈

## 一、收购相关方简介

### (一)并购方:喜临门

喜临门是由喜临门集团有限公司于2009年以整体变更方式设立的股份有限公司。公司于2011年10月12日在上海证券交易所主板上市,是床垫行业唯一一家上市公司,在床垫行业中处于龙头老大的位置。喜临门的实际控制人为董事长陈阿裕,合计持有上市公司37.05%的股份。

喜临门主营业务为床垫、软床及酒店家具的研发、生产和销售,旗下拥有"喜临门""法诗曼"和"BBR"三大线下品牌,拥有"爱倍""城市爱情"和"呼噜噜"等线上电商品牌。公司的核心产品是床垫,2013年度床垫产品、软床及配套产品、酒店家具业务收入占公司年度营业收入的比例分别为74.73%、12.48%、12.79%。

### (二)标的公司:绿城传媒

绿城传媒是由绿城控股集团有限公司及自然人周伯成于2005年6月10日出资设立,成立时注册资本1 500万元,其中绿城控股持有66.67%股权,周伯成持有33.33%股权。2005年10月8日,绿城控股以1:1价格计人民币1 000万将其持有的绿城传媒66.67%的股权转让给自然人宋卫平。2014年，宋卫平和周伯成分别将其持有的绿城传媒66.67%股份和29.03%股份转让给周伟成，至此，周伟成持有绿城传媒95.7%股权，成为绿城传媒的控股股东和实际控制人。

绿城传媒的主营业务为电视剧的投资、制作、发行及衍生业务，属于证监会行业分类名录下的"广播、电视、电影和影视录音制作业"。绿城传媒近年投资和发行的主要电视剧作品包括《眼中钉》《家有父母》《等到胜利那一天》《护国大将军》《代号十三钗》《江南四大才子》等多部电视剧，并正在筹划拍摄、拍摄、后期制作《杀手锏》《昙花梦》《刀光枪影》等电视剧。不难看出，绿城传媒走的就是以"强情节"的民国剧、抗战剧等为主的路线。围绕电视剧内容制作的核心环节，绿城传媒在电视剧策划、制作和发行等领域已经具备显著优势，打造了剧本中心、制作中心、发行中心等三大中心，具备较强的盈利能力。从公开财务数据中可以看到，绿城传媒主营业务收入在2014年实现了爆炸式增长，由2013年的4 311.76万元增长到2014年的16 831.17万元，提高了2.9倍。

## 二、收购事件一览

- 2014年12月1日，喜临门公告因策划重大重组事件停牌。
- 2015年2月28日，喜临门董事会决议通过本次收购议案。同日，停牌3个月后的喜临门发布收购绿城传媒100%股权方案预案。
- 2015年3月13日，经上交所审核批准，公司股票复牌。
- 2015年5月12日，喜临门股东大会决议通过收购绿城传媒的议案。
- 2015年6月3日，喜临门发布公告称绿城传媒已完成股权过户的工商登记手续，成为上市公司的全资子公司，同时绿城传媒更名为浙江晟喜华视文化传媒有限公司。

## 三、收购方案

喜临门通过支付现金的方式购买周伟成、兰江持有的绿城传媒100%股权。交易定价采用以收益法对绿城传媒净资产评估的结果为依据，确定交易价格为72 000万元。转让价款分三期支付。

第一期：于《股权转让协议》生效之日起20日内，向绿城传媒目前的两位股东周伟成、兰江指定收款账户支付标的股权转让价款中的20%，即1.44亿元；并于交割日后20个工作日内，向周伟成、兰江指定收款账户支付标的股权转让价款中的20%，即1.44亿元。

第二期：于交割日起8个月内，向交易各方的共管账户支付标的股权转让价款中的30%，即2.16亿元。

第三期：剩余30%股权转让价款在利润承诺期间分3次支付，喜临门分别在利润承诺期间每年度的绿城传媒《专项审核报告》出具后10日内向周伟成、兰江指定的收款账户支付10%的股权转让价款，即7 200万元。周伟成、兰江承诺2015、2016、2017三个会计年度经审计的净利润分别不低于6 850万元、9 200万元、12 000万元。

本次交易是以“四三三”的模式分3期支付的，这样的支付节奏为喜临门资金预留了充分的余地。

## 四、案例评论

从资本市场上缤纷凌乱的并购手法来看，喜临门此次以现金收购绿城传媒的事件并不起眼，却受到了市场的广泛关注。一来，绿城传媒的估值是其净资产的11倍，喜临门溢价11倍收购绿城传媒，出手不凡。二来，作为国内床垫行业的龙头老大，喜临门此番进军娱乐圈，让人有些看不懂。

### （一）“木匠”与“娱乐”联姻，缘起何方

无论从国家战略还是从国民经济发展的角度而言，目前的文化传媒行业都处于一个“最美好的时代”。提高国家文化软实力已成为我国的国家战略，国民经济的增长又需要更多的文化消费。根据国际经验，人均GDP超过5 000美元之时是居民的消费将转向以精神文化消费为主的重要拐点。而我国人均GDP在2011年已经达到5 000美元，为文化产业的高速发展奠定了良好的需求基础。2012年我国文化产业总产值已突破4万亿元，在我国GDP中所占比重逐步提升，对社会经济发展的拉动效应逐渐增强。行业的蓬勃发展也在资本市场得到了验证。现在各行各业都在进军文化产业。2014年亦是A股的影视公司之

年，金磊股份、申科股份、江苏宏宝、山水文化等纷纷跨界并购影视公司。此次，床垫行业老大也加入了这个阵营，期待搭上文化传媒这趟高速前进的列车，找到上市公司新的利润增长点。通过收购，喜临门可以拓展其业务范围，开拓文化传媒行业，降低公司传统业务的波动性，提升盈利能力，为股东提供更多元化的业绩回报。

对被收购方绿城传媒而言，经过多年的发展，绿城传媒已经进入了国内影视公司的第一方阵。绿城想要进一步发展壮大，融资是关键，而上市时间太长，被上市公司收购就成为了一条最大的捷径。

据说，不到一小时，“木匠”和“娱乐”的联姻就定下了。整合发展的路刚刚起步，未来这对组合能迸发出怎样的火花，床垫老大如何玩转娱乐圈，我们拭目以待。

### （二）看不懂的跨界，从品质到品牌的跨越

从床垫行业跨界到文化传媒，跨度如此之大，有些让人看不懂。床垫老大有什么样的新玩法？

上市公司通过并购重组提升资产质量和盈利能力，无可厚非，但更多地需要企业站在长远的发展战略层面来判断并购项目对企业的影响及前景。喜临门的主业及消费群体决定了品牌营销是企业不可缺少的重要环节。而绿城传媒是具有较强盈利能力的影视制作机构，不论是从盈利能力还是品牌效应来看，都可以帮助喜临门得到相应程度的提升。

目前，我国床垫行业集中度较低。即便是行业老大，喜临门所占的市场份额也仅3.98%，未来市场份额的提升空间很大。但是，由于行业门槛低，市场竞争十分激烈。在床垫行业经历行业分化、竞争加剧的洗牌阶段，喜临门为了扩大市场份额，获得较高毛利，实施品牌战略势在必行。近年来，喜临门在实施品牌战略的过程中，进行了多种尝试。例如，与迪士尼、哆啦A梦和Hello Kitty等世界知名品牌联合，推出儿童系列家具；与国内智能控制领域龙头企业和而泰合作，进军智能家居领域；在北京钓鱼台国宾馆举办“喜临门中国睡眠指数发布”活动，公布“喜临门中国睡眠指数”白皮书；拍摄微电影，在网络新媒体宣传喜临门品牌，实现品牌宣传的多样化。此次，喜临门收购绿城传媒以进一步深化其品牌营销战略，一方面可利用绿城传媒丰富的媒体资源铺设品牌宣传网

络，迈出打造与上市公司利益一致、协同发展的品牌价值建设链条的第一步；另一方面还可以通过向绿城传媒影视作品进行广告植入、联合推广，利用影视作品的文化渗透、传播功能，潜移默化地向消费者传递“喜临门”品牌形象，提升品牌价值，完成从品质领先到品牌领先的蜕变。

## 五、市场表现（603008）

喜临门收购前后的股价变化情况见图63。

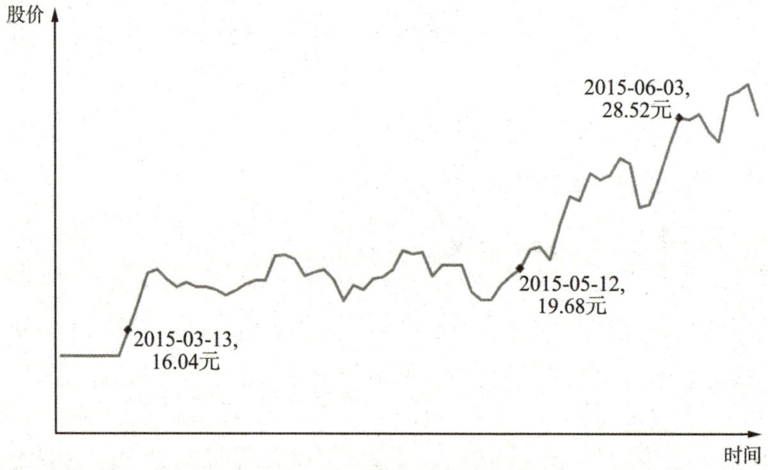


图63　喜临门收购前后股价走势

# 第七辑　其他典型并购

# 000158

# 常山股份：<br>分期付款并购，布局高端信息

## 一、收购相关方简介

### （一）收购方：北明软件有限公司

北明软件有限公司是上市公司常山股份的全资子公司。北明软件有限公司（“北明软件”）于1998年在中国广州成立，注册资本为人民币6 250万元，是一家面向金融、能源、电力、企业等行业的全国综合性IT信息技术服务提供商。业务范围包括系统集成及行业解决方案、代理产品增值销售、定制化软件及服务等。在纵深方面，北明软件形成自IT规划、系统集成、软件开发及运维服务的一体化业务能力，能够为客户提供贯穿IT建设整个生命周期的“一站式服务”；在横向方面，北明软件已经覆盖金融、电力、能源、政府、公共事业、互联网及运营商、制造业等多个行业领域。

### （二）标的公司

#### 1. 索科维尔（北京）软件系统有限公司

索科维尔（北京）软件系统有限公司，位于北京市高新技术核心区——中关村。公司致力于打造信息管理专家的发展目标，开发了企业级IT资源信息三维管理系统（IRIMS）、IT资源评估分析系统（IREAS）、无线环境监控系统（WLEMS）

以及面向教育领域的评估系统等软件产品，为各行业提供强有力的管理及信息化系统支撑及服务。

**2. 北京天时前程自动化工程技术有限公司**

北京天时前程自动化工程技术有限公司专注于城市集中供热行业，聚焦于企业生产自动化和经营管理信息化系统建设和改造事业，本着创新为源、客户为先、诚信为本的经营理念，集科研、生产、工程为一体，为集中供热企业"革新管理、节能降耗、低碳环保"创造出卓越的价值。公司研发并推出自有知识产权的软硬件系列产品，获得5项实用新型专利、22项软件著作权登记和3项软件产品登记证书，创造出融合先进技术和创新应用的"xLink智能热网监控和管理系统"，换热站装机容量超过7 000套。

**3. 山东成功信息技术有限公司**

山东成功信息技术有限公司（原临沂成功软件开发有限公司）是一家专门从事集卫生、药监、民政等行业应用管理软件咨询、开发、销售、服务于一体的高科技企业。公司成立于2004年3月，注册资本300万元，现有员工近50人，其中软件研发人员20人，是鲁南、苏北地区经营规模最大、研发技术最强的医疗软件供应商。

**4. 北京明润华创科技有限责任公司**

明润华创是一家专业从事商业银行影像平台建设、风险预警监测、票据交易处理、金融大数据等方面的产品研发、项目实施、技术服务、业务咨询以及IT技术人员外包于一体的高新技术企业。目前已形成银行票据、供应链融资、稽核审计、事后监督、不良资产、影像平台、信贷审批、合同管理、征信查询、电子回单、身份核查等各类金融产品解决方案。拥有自主软件产品及其技术的著作权、专利权等知识产权。

## 二、收购事件一览

● 2015年9月26日，董事会审议通过了关于全资子公司北明软件收购股权的议案。

## 三、收购方案

北明软件以自有资金收购上述四家标的公司股权，交易完成后，四家标的公司成为北明软件的全资子公司。

（1）成交金额：根据中京民信出具的评估报告，截至2015年6月30日，以目标公司的评估价值为估值基础，确定初步股权转让款，并结合交易标的业绩承诺实现情况经估值调整后确定最终股权转让款。索科维尔、天时前程、山东成功、明润华创的初步股权转让款分别为11 849万元、22 850万元、4 517万元、4 260万元。

（2）业绩承诺情况：四家标的公司承诺2015—2018年净利润总计完成3 752万元、4 678万元、5 843万元和7 288万元。

（3）支付方式及安排：经交易各方协商一致，北明软件根据四家标的公司按年度业绩承诺的完成情况，确定每期及最终的支付数额，并以现金方式分七期支付索科维尔、山东成功和明润华创的股权转让款，以现金方式分六期支付天时前程的股权转让款。

## 四、案例评论

常山股份于2014年发行股份购买北明软件100%股权，同时募集配套资金，欲打造"互联网+"整合平台，使公司从单一的纺织行业，向先进生产制造与高端信息双主业转变。

本案例最主要的创新点在于，北明软件根据四家标的公司的业绩承诺完成情况来分期支付股权转让款。这种方式可以鼓励标的公司努力发展，努力完成所承诺的业绩，可以给投资者以信心，可以吸引更多的投资，属于利好消息，可以刺激股价的上涨。当然，通过这种方式，收购方还可以降低由于标的公司经营不善等因素带来的经营性风险。

索科维尔主营业务为大数据分析，以能源、军工等行业领军行业为主要客户。北明软件的客户资源可以为索科维尔拓展商机，索科维尔的解决方案也将互补北明软件的技术和产品。

天时前程主要从事热力管线智能化、节能科技开发及工业自动化的系统集成，为工业企业、公用事业等领域提供完整的解决方案和技术服务。作为龙头企业，天时前程将丰富北明软件的智慧城市解决方案。

山东成功是一家专业从事民政等行业信息化建设的软件企业，而北明软件是民政部低保核对系统的承建单位，在业务上高度互补。山东成功的客户资源与实施经验将提高北明软件在民政信息化方面的竞争力。

明润华创主要为商业银行提供智能银行、大数据等领域的整体业务解决方案以及软件产品。收购完成后，北明软件金融业务板块的解决方案质量将有效提高，增强竞争力。

对以上四家标的公司的收购，对北明软件有很强的互补性和业务协同性，可以共享客户资源及经验，符合上市公司向高端信息主业转变的战略布局。

## 五、市场表现(000158)

常山股份收购前后的股价变化情况见图64。

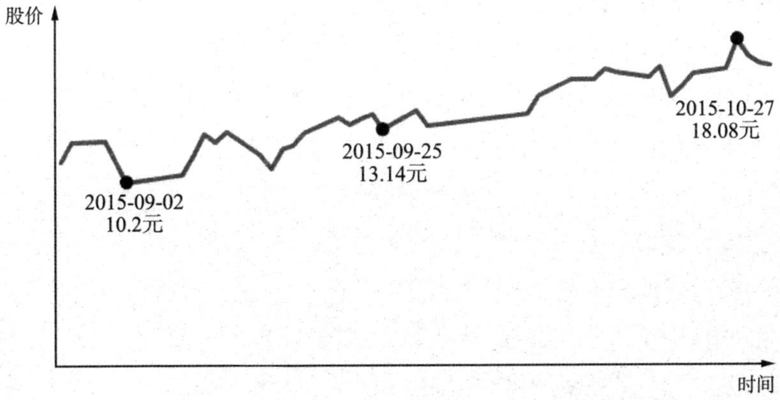


图64　常山股份收购前后股价走势

# 000608
# 阳光股份：
# 曲线收购，间接控股上市公司

## 一、收购相关方简介

### （一）收购方：领大有限公司

领大有限公司（Leading Big Limited）成立于2015年5月29日，经营范围为投资控股，是一家专门为本次权益变动而根据国际惯例在英属维尔京群岛注册成立的有限责任公司。本次股权转让前，领大有限公司并未开展实质性业务，也未拥有包括房地产项目在内的经营性资产。

工银国际控股有限公司（“工银国际”）是中国工商银行股份有限公司（“工商银行”）在香港的全资子公司，是工商银行唯一的投资银行平台。作为一家在香港注册的投资银行，工银国际依托母行卓越的品牌、雄厚的资金实力、广泛的客户基础以及领先的金融产品，依托内地，立足香港，面向境内、境外资本市场，向广大的海内外融资客户及投资者提供包括保荐承销、直接投资、证券销售与经纪、资产管理、债券承销、并购重组、增发配售、财务顾问、期货/衍生产品、债务融资、市场研究等在内的优质金融产品。

### （二）标的公司

Reco Shine Pte Ltd.是新加坡政府产业投资有限公司（GIC Real Estate Pte

Ltd)的附属公司。新加坡政府产业投资有限公司是新加坡政府投资有限公司(GIC)属下负责房地产投资的机构。

阳光新业地产股份有限公司1996年在深圳证券交易所挂牌上市,2006年与新加坡政府产业投资公司(GIC RE)旗下的Reco Shine公司签订战略投资协议,成为国内第一家引进国际战略投资的A股上市地产公司。阳光新业专注于商业地产项目的持有、开发、招商和运营,同时涉足高端住宅、酒店、写字楼、城市综合体的开发与经营。为建立商业地产核心竞争优势,公司着力整合各类商业资源,打造涵盖投资、策划、规划、开发、招商、运营的全过程、全价值链运营模式,致力于为投资人实现最大的价值回报,为合作商家带来最丰厚的经营收益,让消费者感到最大的满足。

## 二、收购事件一览

- 2015年8月7日,公司披露第一大股东发生股权变动及公司实际控制人发生变动的提示性公告。
- 2016年2月4日,第一大股东股权变动完成过户暨实际控制人变更。

## 三、收购方案

根据收购协议,RECOSIA CHINA PTE LTD拟将其持有的RECO SHINE100%股权(RECO SHINE持有21 840万股阳光股份的A股股票,占阳光股份总股本的比例为29.12%)以及RECOSIA CHINA PTE LTD对RECO SHINE的股东贷款转让给领大有限公司。最终经双方协商,上述标的股份及股东贷款的转让价格为人民币98 280万元的等额美元。

目前,领大有限公司未直接或间接持有上市公司股份。本次权益变动完成后,领大有限公司将通过RECO SHINE间接持有21 840万股阳光股份A股股票,占上市公司总股本的比例为29.12%。

领大有限公司的股权结构见图65。

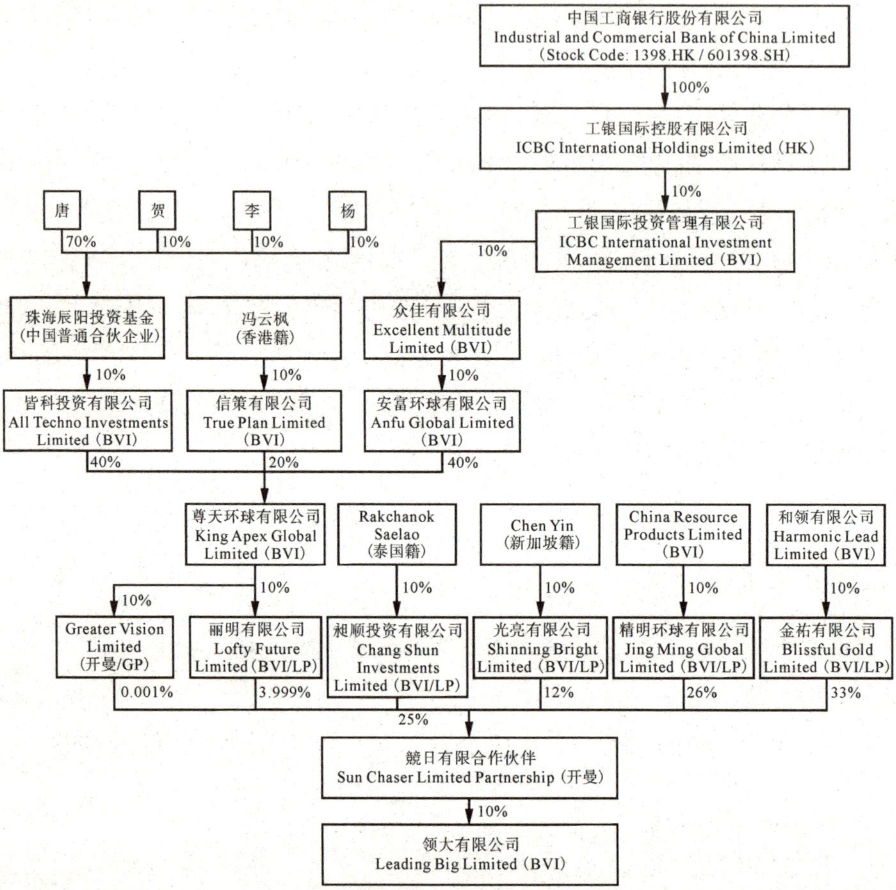


图65　领大有限公司股权结构图

## 四、案例评论

本案例的特点在于曲线收购——收购上市公司第一大股东100%股权，进而间接控制了上市公司，还可以避免直接并购带来的法律、政策上的障碍，不需要国内政府审批，无需标的公司其他股东的同意。本次收购过程中，被收购的公司属于外资公司，通过这种方式，可以规避国内政府的监管。

领大有限公司通过本次权益变动将间接持有21 840万股阳光股份A股股票，主要有以下方面的目的与积极作用：在中国资本市场快速发展之际，工银国际及其他产业投资人与上市公司管理层，秉承长期价值投资理念，购买了上市公司股份。本次权益变动后,工银国际成为上市公司的战略投资者,将增强其他投资者对阳光股份长期稳定发展的信心。本次权益变动不仅有利于上市公司筹集低成本和长期资金用于发展商业地产主业,而且将为阳光股份在地产金融领域的拓展和创新打下良好基础;引入熟悉中国国情及商业地产的投资人和经营者;同时,有利于优化公司治理结构,提升管理和经营水平,为股东、员工及社会创造更高价值。

本次权益变动完成后,领大有限公司将通过RECO SHINE间接持有21 840万股阳光股份A股股票,占上市公司总股本的比例为29.12%,新加坡政府产业投资有限公司将不再为该公司的实际控制人。本次权益变动完成后,该公司将无实际控制人。

此外,值得我们关注的是,本次股权收购方领大有限公司的股权结构相当复杂,而阳光股份的四位高管在其中都持有股份,包括阳光股份董事长唐军、总裁贺喜、副总裁李国平以及财务负责人杨宁,四人合计持有领大有限公司1.6%的股权。领大有限公司股权中占大头的是工商银行的全资子公司工银国际,持有领大有限约34.6%的股权。此次以工银国际为代表的股权接手方都表示是以战略投资者身份入股。工银国际看好中国零售业及商业地产的未来发展前景,看好阳光股份的资产、平台及管理团队的价值及潜在提升空间。工银国际通过战略投资入股阳光股份,将携手上市公司共同拓展商业地产领域的金融创新(如基金、REITS等),发展资产管理业务,为上市公司股东、员工及社会创造更多价值。

## 五、市场表现（000608）

阳光股份收购前后的股份变动情况见图66。

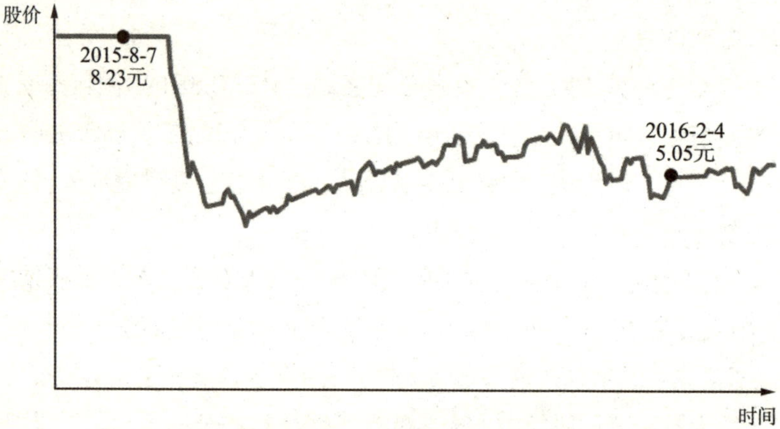


图66 阳光股份收购前后股价走势

# 000835

## 长城动漫(原四川圣达):一揽子收购,布局动漫领域

### 一、收购相关方简介

#### (一)收购方:长城动漫

四川长城国际动漫游戏股份有限公司(以下简称"长城动漫",原"四川圣达")原是四川省重点支持发展的一家大型独立焦炭民营企业,从事原煤采选、焦炭及其系列产品、石灰生产线对外租赁等经营业务。2014年和2015年经过资产重组,已经转型为涵盖动漫设计、制作、动漫游戏、创意旅游和玩具销售等动漫业务的大型文化类企业。长城影视文化企业集团有限公司(以下简称"长城集团")为公司控股股东,赵锐勇、赵非凡父子为公司实际控制人。

#### (二)标的公司

本次交易标的覆盖动漫原创、平台运营和衍生品三大业务类别,其中动漫原创包括:杭州长城动漫游戏有限公司(以下简称"杭州长城")100%股权、湖南宏梦卡通传播有限公司(以下简称"宏梦卡通")100%股权和杭州东方国龙影视动画有限公司(以下简称"东方国龙")100%股权;平台运营包括北京新娱兄弟网络科技有限公司(以下简称"新娱兄弟")100%股权;衍生品包括滁州长城国际动漫旅游创意园有限公司(以下简称"滁州创意园")45.74%股权、上海天芮

经贸有限公司(以下简称“天芮经贸”)100%股权和杭州宣诚科技有限公司(以下简称“宣诚科技”)100%股权。

**1. 杭州长城**

公司控股股东长城集团的全资子公司,主营动漫游戏技术开发和设计,持有诸暨美人鱼动漫有限公司(以下简称“美人鱼动漫”)100%股权和滁州创意园54.26%股权。美人鱼动漫主要从事原创动漫设计、动画制作与发行,旗下拥有多家导演工作室,开发运营的项目包括《天狼星》系列、《美人鱼》系列等,涵盖科幻、传统、古典等多种题材的系列作品。

**2. 宏梦卡通**

主营动漫创作及衍生品,原创动漫作品超过30部,累计节目资源5万分钟以上,旗下知名IP包括《虹猫蓝兔》《神厨小福贵》《奇奇颗颗》等,节目输出数十个国家和地区。其中“虹猫蓝兔”IP授权70多家,是国内原创动漫的领军企业之一。公司副董事长、副总经理贺梦凡持有其15%股权,为宏梦卡通的董事兼总经理。

**3. 东方国龙**

主营业务是动漫影视作品的制作、发行以IP管理等相关业务,公司旗下IP包括《金丝猴神游属相王国》《球嘎子》《杰米熊之魔幻马戏团》《杰米熊之甜心集结号》《杰米熊之魔瓶大冒险》,是一家集动漫创作和后期衍生价值拓展于一身的轻型创新型企业。

**4. 新娱兄弟**

主要从事网页游戏以及移动客户端游戏的研发、运营,旗下拥有著名游戏娱乐平台51wan.com。51wan是中国第一个网页游戏运营平台,目前注册会员超过1亿,同时运营网页游戏50余款,月度活跃用户200万左右。天津一诺投资中心(有限合伙)持有其99.9%股权,未来12个月内可能成为上市公司持股5%以上股东。

**5. 滁州创意园**

主营动漫基地、教育培训基地和主题公园的建设经营管理。

**6. 天芮经贸**

主要从事动漫玩具的经营和销售业务,是业内知名的综合玩具供应商。目前销售网点已达700多家,遍布全国各地,未来还将深入渗透动漫玩具市场,积极布局新的销售网点。

**7. 宣诚科技**

主要从事网页游戏、移动游戏的研发及运营，代表作包括《王国印记》《三国物语》《小小王国》等。上市公司控股股东长城集团的控股子公司浙江青苹果网络科技有限公司持有其30%股权，控股股东长城集团副总经理宣剑波持有其66.85%股权。

## 二、收购事件一览

- 2014年7月25日，公司公告筹划重大资产重组事项，公司股票开始停牌。
- 2014年11月9日，董事会审议通过本次重大资产购买暨关联交易预案，公司股票复牌。
- 2014年12月7日，对本次拟收购标的企业的审计和评估工作已全部完成，董事会审议通过本次重大资产购买暨关联交易报告书草案。
- 2014年12月31日，公司证券简称由“四川圣达”变更为“长城动漫”。
- 2015年1月8日，股东大会审议通过本次重大资产购买暨关联交易事项。

## 三、收购方案

公司以支付现金的形式进行本次重大资产购买暨关联交易事项，合计作价10.16亿元。其中向公司控股股东长城集团支付1.4亿元购买杭州长城100%股权；向王宏、贺梦凡、浙江郡原控股有限公司、湖南汇益数码科技有限公司、徐双全支付0.5亿元购买宏梦卡通100%股权；向许妍红、张澋源支付0.2亿元购买东方国龙100%股权；向天津一诺投资中心（有限合伙）刘阳支付5亿元购买新娱兄弟100%股权；向诸暨金汇投资合伙企业（有限合伙）、富润控股集团有限公司、祥生实业集团有限公司、新湖中宝股份有限公司、浙江青苹果网络科技有限公司、赵锐均、劳洪波、徐斌、孙元兵、潘晓惠、张祖宜、沈怡、赵林中、申西杰、童超、李战、陈宝林支付1.85亿元购买滁州创意园45.74%股权；向洪永刚、刘薇支付0.81亿元购买天芮经贸100%股权；以及向宣剑波、浙江青苹果网络科技有限公司、詹晖支付0.4亿元购买宣诚科技100%股权。

## 四、案例评论

### （一）焦化行业步入夕阳，主营业绩下滑

公司原主营业务为焦化产品的加工销售，属于传统焦化行业。然而，如今处于夕阳行业的焦化业务不仅自身产能严重过剩，而且下游钢铁行业需求不旺，上游主焦煤价格依旧坚挺。长城动漫（原四川圣达）的经营状况受到很大影响，经营业绩呈现下滑态势，不具有良好的盈利前景和发展空间。因此，公司积极推动业务转型，希望打造新的盈利增长点。

### （二）外延式并购，打造新的盈利增长点

此次重大资产购买，公司以现金方式并购了七家动漫产业公司，全面进军动漫原创及衍生品领域，初步构建了动漫领域"内容＋衍生品＋主题公园＋游戏"的全产业链布局。

首先，收购的美人鱼动漫（杭州长城持有其100％股权）、宏梦卡通和东方国龙为三家原创动漫公司，在国内同行业中具备极强的竞争优势。以内容为核心的发展战略不仅能确保公司在行业内有足够的专注度及竞争优势，还可以和公司中下游产业链布局与发展形成较为明显的协同效应。

其次，依托大量的原创动漫形象和多平台的运营推广，公司将通过授权经营、自主经营、联合经营等多种方式开发如动漫玩具等衍生品的生产销售。同时，利用成立的百家动漫联播协作体，将公司巨大的动漫片库转换成广告经营权，在直接产生收益的同时，可以进一步对动漫衍生品进行宣传。

接着，通过线下的滁州创意园将线上的虚拟动漫形象实体化、生活化、具体化，实现经济效益的同时反哺新动漫形象的诞生，并根据实际运营效果，将创意旅游的模式进行复制和推广。

最后，打造"漫游互动"体系，进一步丰富和拓宽动漫的价值实现载体。一方面，游戏行业的竞争日益激烈，精品游戏的开发对优质IP的依赖越来越大；另一方面，游戏的大范围推广有利于提升动漫形象的知名度。本次收购标的之一的宣诚科技具有较强的游戏研发实力，另一标的新娱兄弟旗下的著名游戏娱乐平台51wan是中国第一个网页游戏运营平台，公司在游戏运营方面具有丰富经

验。而前述动漫原创公司掌握着大量可直接用于游戏开发的原创动漫IP，与宣诚科技、新娱兄弟形成优势互补，打造出“漫游互动”体系。

长城动漫（原四川圣达）通过此次重大资产购买，成功构造出IP生态闭环，形成快速且紧密的协同效应，对公司未来发展和盈利能力具有重要影响。“衍生品＋主题公园＋游戏”三大主线的中下游产业布局兼具延展性及变现能力，也是目前国内动漫产业链中最具变现能力与优势的三大子板块。

## 五、市场表现（000835）

长城动漫收购前后的股价变化情况见图67。

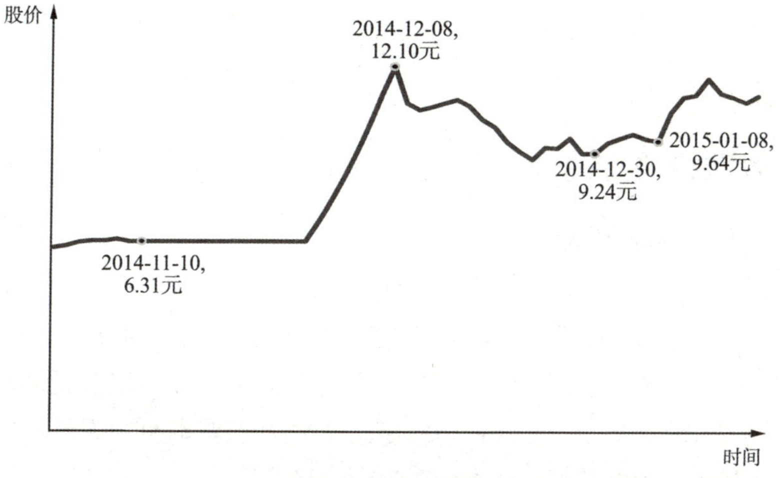


图67 长城动漫收购前后股价走势

# 002708
# 光洋股份：
# 产业链整合并购，优势互补

## 一、收购相关方简介

### （一）收购方：光洋股份

光洋股份，全称常州光洋轴承股份有限公司，前身系常州市光洋轴承公司（股份合作制企业），经常州高新技术产业开发区经济体制改革办公室常开体改〔1993〕第15号文件《关于同意组建常州市光洋轴承公司的批复》批准，于1994年1月8日在常州市工商行政管理局登记成立，注册资本为30万元。1995年4月，光洋轴承公司更名为常州市光洋轴承有限公司。

主营业务情况：光洋股份是国内汽车变速器用滚针轴承、滚子轴承以及离合器分离轴承的主要供应商之一。公司自成立以来一直从事汽车精密轴承的研发、制造与销售，主要产品为滚针轴承、滚子轴承、离合器分离轴承与轮毂轴承，产品主要用于汽车变速器、离合器、重卡车桥和轮毂等重要轴承，是主机的重要部件。其主要客户包括一汽、东风、上汽、长安、重汽、奇瑞等整车集团，为陕西法士特、綦江齿轮、上海汽车变速器、重庆青山等国内主要的重卡、客车、轿车、微型车变速器主机厂配套，同时延伸至采埃孚、伊顿、爱信（唐山）、格特拉克（江西）等国际著名的变速器主机厂。

## （二）标的公司:天津天海同步科技股份有限公司

天津天海同步科技股份有限公司前身为天津天海同步器有限公司,系自然人吕超、吕建敏、吕忠霞、王淑芹、薛桂凤共同出资设立的有限责任公司。2002年10月17日,天海有限完成企业名称核准,2002年12月20日取得了天津市工商行政管理局核发的企业法人营业执照。天海有限设立时的注册资本为3 500万元。

主营业务发展:天海同步的主营业务为专业化汽车变速器换挡核心部件总成的研发、生产与销售。主要产品有各种系列的同步器、行星排、薄壁件类的圈和环等。天海同步自成立以来就非常重视研发,为此专门设立了传动研究所和工程研究所,并且每年都投入了大量资源用于新工艺、新产品的研究开发。长期注重产品研发及生产工艺流程改进,严格的质量管理及高效的运营模式,确保生产出高质量的同步器产品,且同时能够拥有低成本生产优势,以上竞争优势为其成功成为格特拉克、博格华纳、大众、约翰迪尔等汽车零部件行业巨头及整车行业巨头的合格供应商,奠定了坚实基础。

## （三）标的公司股东

天津天海同步科技股份有限公司的股权结构见表39。

**表39 天津天海同步科技股份有限公司股权结构图**

| 股东名称 | 持股数(万股) | 持股比例 |
|---|---|---|
| 天津天海同步集团有限公司 | 4 187.50 | 38.61% |
| 吕超 | 2 992.50 | 27.59% |
| 武汉当代科技产业集团股份有限公司 | 2 145.922 7 | 19.79% |
| 天津金镒泰股权投资基金合伙企业(有限合伙) | 450.00 | 4.15% |
| 营口国发高科技投资有限公司 | 360.00 | 3.32% |
| 王永 | 250.00 | 2.31% |
| 王建利 | 250.00 | 2.31% |
| 薛桂凤 | 133.94 | 1.23% |

续表

| 股东名称 | 持股数(万股) | 持股比例 |
|---|---|---|
| 张学泽 | 27.16 | 0.25% |
| 吕源江 | 13.57 | 0.13% |
| 吕元永 | 11.96 | 0.11% |
| 窦红民 | 11.70 | 0.11% |
| 刘玉明 | 11.67 | 0.11% |
| 合　计 | 10 845.922 7 | 100.00% |

其中，交易对方之一的当代集团持有上市公司的股份比例超过5%，达到7.53%。根据《深交所上市规则》相关规定，当代集团为上市公司的关联法人。

## 二、收购事件一览

● 2014年9月15日，光洋股份进行重大资产重组停牌。

● 2014年11月29日至2015年2月8日，天海同步法人股东及本次配套募集资金认购方的内部有权决策机构分别审议批准了本次交易。

● 2014年12月7日，光洋股份召开第二届董事会第七次会议，审议通过了《常州光洋轴承股份有限公司发行股份购买资产并募集配套资金暨关联交易预案》等相关议案。

● 2015年2月27日，本次交易经上市公司2015年第一次临时股东大会审议通过。

● 2015年5月8日，本次交易经中国证监会上市公司并购重组审核委员会审议，获得无条件通过。

## 三、收购方案

本次交易中，上市公司光洋股份向天海同步全体13名股东发行股份购买天海同步100%的股份，同时向特定投资者当代集团非公开发行股票募集18 000

万元配套资金，在支付本次交易中介机构费用后用于标的公司：

- 年产33万套东风日产同步器生产项目；
- 年产5万台行星排生产项目；
- 汽车同步器毛坯精密锻造项目建设；
- 剩余资金用于偿还标的公司银行贷款。

根据收益法的评估值，公司与交易对方，经友好协商，确定天海同步100%股份的交易价格为55 000万元。

## 四、案例评论

### （一）丰富产品结构

从产品种类上来看，光洋股份和天海同步生产的核心产品同属于汽车变速器的重要部件，但具体种类不同。光洋股份主要生产轴承类产品，分别为汽车变速器用滚针轴承、滚子轴承以及离合器分离轴承和轮毂轴承。而天海同步主要生产变速器中换挡的核心部件，分别为汽车变速器用同步器和行星排。本次重组完成后，光洋股份不仅能为汽车变速器公司或整车厂提供轴承类产品，还能为其提供同步器和行星排，极大丰富了自身的产品结构，显著提升了对客户的综合服务能力。

### （二）完善产业链

从产品面向的客户群体来看，光洋股份和天海同步虽然目前主要服务的对象均为整车厂或整机厂（变速器厂），但是从客户结构上来看，两家公司所服务的客户群体各有侧重。光洋股份的客户资源主要集中在国内的国有大型整车集团和整机厂，而天海同步的客户资源主要集中在合资品牌整车厂和外资整机厂，包括德系客户大众、格特拉克（整机，间接客户包括奔驰、宝马、福特、沃尔沃），美系客户福特和博格华纳（整机），日系客户日产、爱信（整机，间接客户包括丰田）。因此，通过本次重组，光洋股份可以有效地整合和完善自身的渠道资源，直接进入全球各主要整车/整机厂商的采购供应链，提升行业知名度，为公司未来产品结构多元化、品牌国际化的跨越式发展奠定坚实的基础。同时，光洋股份也能协助天海同步拓展国内的优质客户资源，做到双赢合作。

### （三）资金技术互补

从资金需求和技术研发方面看，两家公司各有优势。光洋股份作为上市公司来说，具备较强的融资能力，可为天海同步未来的业务发展提供坚实的资金支持。而天海同步作为我国汽车同步器、行星排行业的优质企业，经过多年技术与市场的积累、持续不断的海外交流，技术研发能力有了大幅提升，已逐步打开国际汽车变速器配套市场。通过本次重组，光洋股份可以借助天海同步的研发能力和前沿技术信息的获取渠道，为自身轴承产业未来的产品结构升级提供技术支撑。

## 五、市场表现（002708）

光洋股份收购前后的股价变化情况见图68。

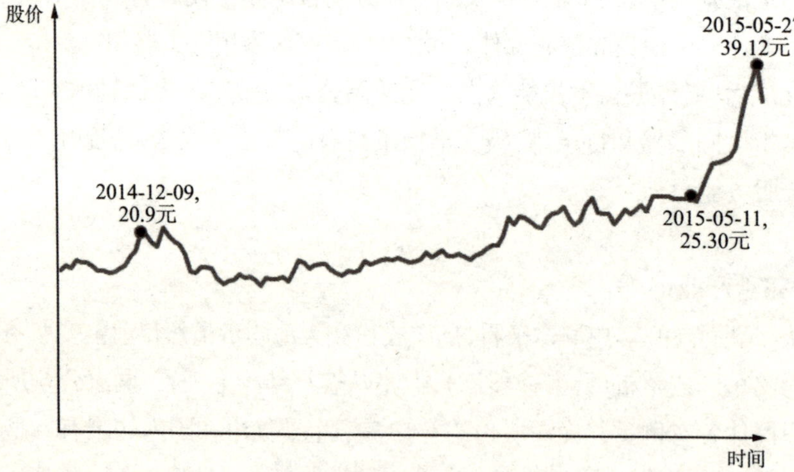


图68　光洋股份收购前后股价走势

# 002727

# 一心堂：
# 横向并购，公司规模迅速扩张

## 一、收购相关方简介

### （一）收购方：一心堂

一心堂，全称云南鸿翔一心堂药业(集团)股份有限公司，为云南省最大的药品零售连锁企业，是云南板块的第29家上市公司，连续10年分别进入了中国医药商业协会评选的中国医药零售连锁10强企业和优秀高科技企业，成为国内外知名药品生产厂家在西南最大的中、西成药经销商；鸿翔的中药材生产、加工和销售连续10年名列云南省第一位。云南鸿翔药业有限公司始于1981年，经过32年艰苦创业，现发展成为集中药材种植，加工，中、西成药研发，生产，批发，零售连锁经营以及医疗产业为一体的大型股份制医药企业集团，下辖十余家企业，在滇、黔、桂、川、晋、渝等省、市拥有2 400余家一心堂直营连锁药店，员工15 000多名，遍布各地的一心堂健康会员超过500万人。云南鸿翔一心堂药业(集团)股份有限公司在深圳证券交易所中小板挂牌交易，是中国连锁药店第一支上市交易的股票，也是继2010年11月12日沃森生物在创业板上市后的3年多时间里云南唯一上市成功的企业。

### （二）标的公司

**1. 长城连锁有限公司**

长城连锁药店是山西地区连锁数目最多、规模最大的药品零售企业之一，在太原地区占有较大的市场份额。目前已拥有30多家门店，足迹遍布太原、大同、晋中、吕梁、晋城、阳泉等地市，形成了一个庞大的药品零售网络，成为山西药品零售的一块金字招牌，并将逐步以大运高速公路沿线为轴线扩展连锁门店。通过收购长城连锁门店，将为山西一心堂扩张至太原市场打下良好的基础，以扩大山西一心堂在山西省的市场占有率，综合提升公司竞争力。本次交易完成后，山西一心堂在太原的市场地位将得到巩固，为后续的扩张打下了良好基础。

**2. 博爱医药有限公司**

将为广西一心堂扩张至百色市市场打下良好的基础，以扩大广西一心堂在广西自治区的市场占有率，综合提升公司竞争力。本次交易完成后，广西一心堂在百色的市场将得到巩固，为后续的扩张打下良好基础。

**3. 蜀康医药有限公司**

四川省蜀康医药连锁有限公司依法经营规范管理，以质量为企业生命线。以德经商、以德待客，争创优良工作药房，已成为四川省蜀康医药连锁有限公司企业精神的核心，有力推动公司不断开拓前进。此次收购将为成都一心堂扩张至成都市场打下良好的基础，以扩大成都一心堂在四川省的市场占有率，综合提升公司竞争力。成都一心堂在成都的市场将得到巩固，为后续的扩张打下良好基础。

**4. 桂杏霖春药房有限公司**

通过收购桂杏霖春药房门店，将为广西一心堂扩张至桂林市场打下良好的基础，以扩大广西一心堂在广西省的市场占有率，综合提升公司竞争力。广西一心堂在桂林的市场将得到巩固，为后续的扩张打下良好基础。

## 二、收购事件一览

- 第三届董事会第18次会议审议通过《关于全资子公司山西鸿翔一心堂

药业有限公司收购山西长城药品零售连锁有限公司门店资产及其存货的议案》,无需提交股东大会审批。2015年6月17日,全资子公司山西鸿翔一心堂药业有限公司收购长城连锁100%股权。

● 第三届董事会第19次会议审议通过《关于全资子公司广西鸿翔一心堂药业有限责任司收购百色市博爱医药连锁有限公司门店资产及其存货的议案》。2015年7月15日,全资子公司广西鸿翔一心堂药业有限责任公司收购博爱医药100%股权。

● 第三届董事会第20次会议审议通过《关于全资子公司四川一心堂医药连锁有限公司选购四川省蜀康医药连锁有限公司门店资产及其存货的议案》。2015年8月3日,全资子公司四川一心堂医药连锁有限公司收购蜀康医药100%股权和田燕梅个体药店。

● 第三届董事会第21次会议审议通过《关于全资子公司广西鸿翔一心堂药业有限责任公司收购桂林市桂杏霖春药房连锁有限公司门店资产及其存货的议案》。2015年8月10号,全资子公司广西鸿翔一心堂药业有限责任公司收购桂杏霖春药房100%股权。

## 三、收购方案

● 山西一心堂以自有资金不超过24 000万元人民币购买长城连锁门店资产及存货。其中17 000万元用于支付门店转让费及购买其附属资产。收购长城连锁100%股权。

● 确定广西一心堂以不超过4 000万元人民币购买博爱医药门店资产及存货。其中3 300万元用于支付门店转让费。收购博爱医药100%股权。

● 收购蜀康医药100%股权和田燕梅个体药店。交易价格为不超过2 300万元,其中1 800万元用于支付门店转让费。

● 收购桂杏霖春药房100%股权。交易价格为不超过2 300万元,其中1 800万元用于支付门店转让费。

## 四、案例评论

借用子公司平台连锁收购，实现公司规模迅速扩张。自2015年6月起，一心堂便开始大举扩张，通过三个子公司分别在不同省份收购了不同的公司，可以通过节约时间成本快速实现连锁化，同时扩大该公司在不同地区的市场占有率。药店连锁化后，能带来若干好处：第一是药店拥有了话语权，能从药企获得更优惠的价格；其次是能为药企延长还款周期，缓解现金流压力；最后是能扩大销售的药品品类。

## 五、市场表现

一心堂收购前后的股价变化情况见图69。

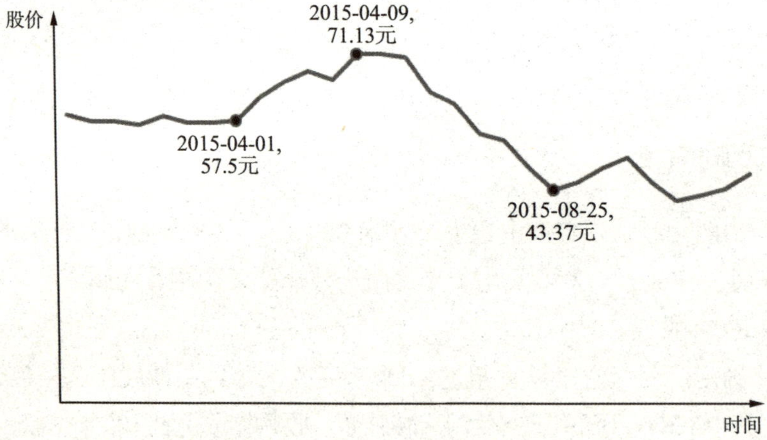


图69 一心堂收购前后股价走势

# 002728
# 台城制药：超高溢价率背后

## 一、收购相关方简介

### （一）收购方：台城制药

台城制药，全称广东台城制药股份有限公司，成立于2002年5月23日，注册资本为6 900万元。2010年5月，注册资本增至7 500万元。2014年公司首次公开发行股票并上市，注册资本增至1亿元。

公司主要从事中成药和化学制剂药的研发、生产和销售。公司日常生产和销售68个品种的各剂型药品，主要涉及止咳化痰类、补肾类和抗感染类药物，主要产品包括止咳宝片、金匮肾气片、红霉素肠溶片、依托红霉素片、制霉素片和阿咖酚散等多个品种，且止咳宝片产品按终端销售规模统计在2012年全国止咳化痰类中成药市场排名第八位。

### （二）标的公司：海南海力制药有限公司

海南海力制药有限公司成立于2000年7月28日，位于海口市永桂开发区海力路3号，是集药品研发、生产与经营为一体的新型现代化医药企业。拥有占地1 800平方米的现代化厂房，30万级的净化处理系统，具有国内一流的现代化质量检测设备，拥有完整的质量控制体系和一支高素质的质量管理队伍。日臻完善的生产工艺规范，保证每一项中成药从购进原材料到包装出厂，都要通过上百道工序要求，从而形成了严密的质量管理系统，牢牢地监控产品生产的每个环节，为产品质量提供了强有力的保证。

标的公司主营业务为片剂、胶囊剂、颗粒剂等药品的生产、研发和销售，主要产品包括止咳宝片、罗红霉素胶囊、阿莫西林胶囊、血塞通分散片、盐酸左氧氟沙星片、小儿咳喘灵颗粒等。目前销售网络及合作伙伴遍及全国各地。海力集团以科技创新为依托，不断推出新品种，逐步壮大，经营范围得到拓宽，销售额持续增长，业绩保持优良。销售网络及合作伙伴遍及全国各地。

### （三）标的公司原股东

标的公司原股东为自然人宋力、刘邦群，分别持有标的公司79.10%和20.90%的股权。宋力、刘邦群为夫妻关系。

## 二、收购事件一览

- 2014年11月10日，台城制药重组停牌。
- 2015年4月7日，台城制药与交易对方宋力、刘邦群夫妇签署了《股权购买协议》。根据协议约定，公司拟以支付现金的方式购买海力制药100%股权。
- 2015年4月7日，台城制药召开第二届董事会第22次会议，审议通过本次交易的相关议案，同意公司拟以支付现金方式收购海力制药100%股权。
- 2015年5月7日，台城制药召开第一次临时股东大会决议通过议案，该交易方案不需要进一步通过证监会审批。

## 三、收购方案

台城制药以支付现金的方式收购海力制药100%股权。本次交易完成后，海力制药将成为台城制药的全资子公司。

- 收购方：台城制药。
- 交易标的：海力制药100%股权。
- 交易对方：自然人宋力、刘邦群夫妇。

● 收购方式：公司与交易对方宋力、刘邦群签署《股权购买协议》，由台城制药以支付现金的方式收购海力制药100%股权，股份性质为国有股以外的内资股。

● 收购价款：根据《股权购买协议》，本次交易支付的对价为46 101.95万元。公司本次交易的资金来源通过自有资金和自筹方式予以解决。

转让前后的股东变化情况见表40。

**表40　海南海力转让前后股东结构**

| 转让前主要股东情况 | | |
|---|---|---|
| 持股人 | 出资额（万元） | 出资比例 |
| 宋力 | 1 855 | 79.1% |
| 刘邦群 | 490 | 20.9% |
| 转让后主要股东持股人 | | |
| 广东台城制药股份有限公司 | 100% | |

## 四、案例评论

### （一）并购上市动机及选择标的公司技巧

台城制药很早就开始了药物经营业务，但通过并购，台城制药试图将抗感染类和止咳类药品的销售规模进一步扩大，从而使其市场地位进一步得到加强，同时扩充市场前景良好的心脑血管类产品，为公司未来提升业务规模和盈利能力奠定良好的产品基础。同时此次收购有利于在采购、生产、药品研发及工艺改进、营销等方面形成协同效应。

之所以选择海力制药，是因为其主要产品就包括止咳宝片，而这正是台城制药的最核心产品。此次并购一举两得，不仅可以进一步拓展台城制药止咳产品的市场份额，还可以减少强有力的竞争对手，这也是最大的好处。因为据此前台城制药的招股书，海力制药和台城制药是国内仅有的获取该药品批文的两家公司，公司的止咳宝片在2012年按终端销售统计占我国止咳化痰类中成药市场份额的3.3%，市场排名第八。此外，具体到止咳宝片药品来说，国内目前仅有台城制药及海力制药取得了生产批文，且台城制药在零售市场处于绝对领先的优势地位。台城制药同时还公布了公司定增预案，拟募集资金总额不超过7.63亿元，当中一大部分将用于此次收购及投资止咳宝片生产线的扩建项目。可见该药品对于台城制药的重要性。

通过兼并收购，公司可以进一步丰富产品结构，强化各类别药品的市场地位，同时还可以扩大台城制药业务规模，提高台城制药盈利能力。

### （二）标的评估增值7倍

公告显示，台城制药与交易对方宋力、刘邦群夫妇签署了《股权购买协议》。根据协议约定，台城制药拟以支付现金的方式购买海力制药100%股权。值得一提的是，标的公司评估值为4.32亿元，较其股东全部权益的账面价值（合并口径）增值3.8亿元，增值率731.84%。而此次交易对价4.61亿元，又较标的资产评估值提高了6.7%。

海力制药主要产品涉及感冒止咳类、心脑血管类和抗感染类。交易完成后，台城制药抗感染类和止咳类药品的销售规模将扩大，市场地位将进一步得到加强，同时可扩充市场前景良好的心脑血管类产品，为公司未来提升业务规模和盈利能力奠定良好的产品基础。另外，此次交易有利于台城制药和海力制药在采购、生产、药品研发及工艺改进、营销等方面形成协同效应。

## 五、市场表现(002728)

台城制药收购前后的股价变化情况见图70。

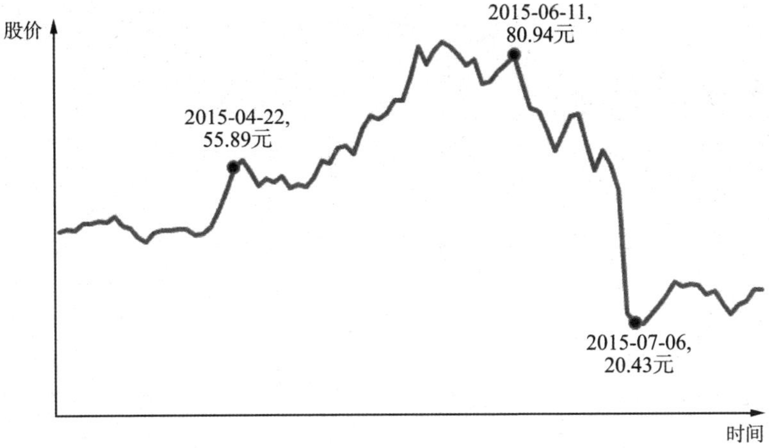


图70　台城制药收购前后股价走势

# 300058

# 蓝色光标：
# 搭建并购平台，推进垂直战略并购

## 一、收购相关方简介

### （一）收购方：蓝色光标

蓝色光标，全称北京蓝色光标品牌管理顾问股份有限公司，是在北京蓝色光标数码科技有限公司整体变更的基础上发起设立的。2008年1月14日，公司整体变更为股份有限公司。2010年5月19日，资本公积转增股本，转增完成后，公司总股本由8 000万股增加到12 000万股。

目前，该公司是一家为大型企业和组织提供品牌管理与营销传播等综合性服务的专业企业，主营业务为整合数字营销、公共关系、广告创意策划及媒体代理、活动管理以及国际传播业务。在上市之初，公司的主营业务为公共关系服务，其核心是为企业提供品牌管理服务，主要内容为品牌传播、产品推广、危机管理、活动管理、数字媒体营销、企业社会责任等一体化的链条式服务。上市后，公司积极贯彻外延式发展战略，充分运用各种资金平台及资本市场带来的优势条件，持续在产业链上下游寻找优质企业，推动公司在整个营销产业链的战略布局，先后收购了思恩客、精准阳光、美广互动、金融公关集团、今久广告、西藏博杰、蓝色方略、密达美渡、WAVS、Fuse、北联伟业、捷报数据、沈阳新维和Vision 7等，业务范围逐步扩展至电视广告代理、互联网广告、数字营销、高端社区广告、广告策划、社交营销、财经公关及会展服务等多个领域，打造了包括整合数字营销、公共关系服务、广告创意策划及媒体代理、活动管理以及国际传播业务等在内的营销传播服务链条。公司自上市以来的并购业务均围绕完善传播服务产业链这一基本目标开展。通过一系列收购活动，公司已能够为客户提供包括互联网、户外、平面、电视等各类媒体的立体整合式品牌传播方案，不断向一流传播集团的目标迈进。

### （二）交易对方：深圳平安大华汇通财富管理有限公司

深圳平安大华汇通财富管理有限公司（以下简称“平安大华”）系由平安大华基金管理有限公司于2012年12月14日出资设立，设立时注册资本2 000万元，为货币出资。经营范围为特定客户资产管理业务和中国证监会许可的其他业务。

### （三）标的公司：蓝瀚（上海）科技有限公司

蓝瀚科技系由蓝标投资出资设立的有限责任公司。蓝瀚科技设立时注册资本为7 200万元，蓝标投资以货币形式完成出资。2015年6月15日，上海市工商行政管理局自贸试验区分局向蓝瀚科技核发了企业法人营业执照。蓝瀚科技主要从事投资咨询业务，目前已投资多盟开曼、多盟智胜和亿动开曼三家公司。蓝翰科技股权结构见图73。

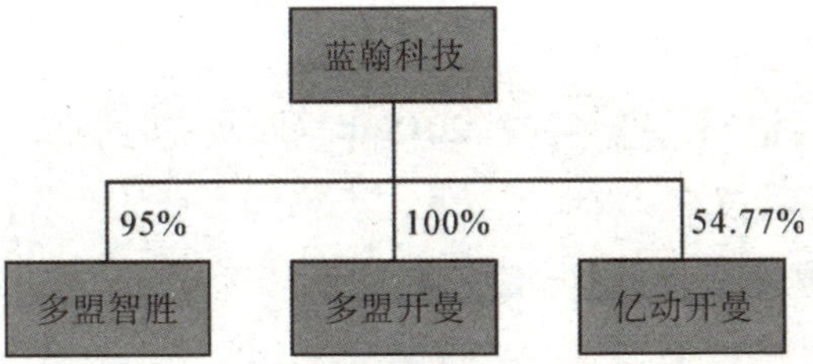


图73　蓝翰科技股权结构

### （四）标的资产子公司：蓝瀚（上海）科技有限公司（多盟—多盟开曼和多盟智胜）

多盟主要从事移动互联网广告推广服务业务，根据中国证监会公布的《上市公司行业分类指引》（2012年修订），属于“信息传输、软件和信息技术服务业”

中的“I64 互联网和相关服务”。

移动互联网广告是指以移动设备为媒体传播广告，利用移动互联网网络，将广告信息发送至用户手机、平板电脑等各类移动通信终端上，通过这些商业信息来影响接收者的态度、意图和行为，以达到广告宣传的目的。

移动互联网广告以移动设备为载体，具有传统广告所不具备的变现形式及特点。基于移动互联网络这一强大的媒体，移动互联网广告具有多种表现形式，主要可分为开屏广告、插屏广告、横幅式广告（banner）、积分墙广告和视频广告等。

移动互联网广告与传统的广告具有一定的相似性，但是又具有其独特的性质。移动互联网广告的本质是广告主将自己的广告信息通过移动互联网传送到用户的移动通信终端，让用户接收广告主的广告信息，以此来“追求和打动”受众。广告主是移动互联网广告信息的投放商，也是整个产业链的投入源，移动互联网与移动终端，是连接受众与广告主的主要桥梁。而广告受众则是广告主所要“打动”的对象，是信息接受和反馈的目标。

## 二、收购事件一览

- 2015年1月2日，蓝色光标召开第三届董事会第54次会议，审议通过了本次发行股份及支付现金购买资产草案的相关议案。
- 2015年11月2日，蓝色光标已分别与各标的资产的交易对方签署了重组协议。
- 2015年11月17日，蓝色光标2015年第四次临时股东大会审议通过了本次重组报告书的相关议案。
- 2016年1月16日，证监会审核通过。

## 三、收购方案

蓝色光标向平安大华、京东世纪、西藏东方、赵文权、许志平、陈良华、吴铁、孙陶然和齐玉杰发行股份并支付现金购买其持有的蓝瀚科技96.315 8%的股权；同时，上市公司向建信基金和刘鸿发行股份募集配套资金，募集资金总额不超过180 200.00万元。本次交易中，上市公司通过发行股份及支付现金购买除蓝标投资外其他股东所持蓝瀚科技96.315 8%的股权；蓝瀚科技拥有多盟开曼100%、多盟智胜95%和亿动开曼54.77%的股权。

## 四、案例评论

### （一）收购方式创新

收购分为两步：首先，上市公司全资子公司与其他投资者共同出资设立收购平台蓝瀚科技，再由蓝瀚科技收购多盟开曼100%股权、多盟智胜95%股权和亿动开曼51%股权，并增资亿动开曼1 000万美元；其次，上市公司发行股份并支付现金向蓝瀚科技除蓝标投资外的其他股东购买蓝瀚科技96.315 8%股权；同时，上市公司拟向蓝瀚科技增资约36 700.00万元人民币（等值于1 750万美元的人民币与25 992.68万元人民币合计），用于补足蓝瀚科技收购多盟开曼100%股权和多盟智胜95%股权的剩余价款（增资款为蓝瀚科技收购多盟和亿动所将支付的总对价减去蓝瀚科技目前注册资本19亿元的差额）。上述增资款来源于本次交易的配套募集资金。

蓝瀚科技是蓝标投资于2015年6月15日在上海自贸区投资设立的，作为专注于移动互联网领域的投资、并购和管理的直接投资主体。蓝瀚科技系为收购多盟和亿动专门设立的持股平台，用于承接多盟开曼、多盟智胜和亿动开曼的股权，除持有多盟和亿动股权外，无其他任何经营行为。

### （二）垂直整合策略

即在价值链上进行弥补，完善价值链。多盟和亿动均为移动互联网营销领域的领先企业，与公司推进“数字化”战略、搭建全产业链布局数字营销行业战略目标深度契合。通过本次交易，上市公司将增加在移动互联网营销领域的服务内容，原有的以公共关系、广告服务为主的传播服务链条得以完善。上市公司将能够为客户提供包括互联网、户外、平面、电视等各类媒体的立体整合式品牌传播方案，向一流传播集团的目标又迈进了一步。

### （三）垂直发展战略

为积极推进本公司向专业传播集团发展的长期战略，该公司采取了内生式成长与外延式发展的双重举措实现向这一目标的迈进。公司内生式成长战略主要是通过两种方式实现：提高公司管理能力、管理效率、业务水平，提升现有业务人员素质、增强公司竞争力。公司外延式发展战略主要是通过并购具有独特业务优势和竞争实力，并能够和公司现有业务产生协同效应的相关公司的方式实现。

#### 1. 拓宽融资渠道

本次交易中，上市公司拟向建信基金和刘鸿非公开发行股份募集配套资金，配套资金总额合计180 200.00万元，不超过本次发行股份购买资产交易总金额的100%。其中10.22亿元将用于支付收购蓝瀚科技的现金对价款，3.67亿元用于支付收购多盟股权二期款项，1.13亿元用于上市公司偿还银行贷款，3.0亿元将用于推进上市公司移动互联媒体采购项目，有利于上市公司拓宽融资渠道，减轻财务负担，依托资本市场实现快速、健康及跨越式发展。

#### 2. 加速产业整合，重点布局移动广告

移动广告是公司自2014年下半年开始重点布局的新业务板块。随着人们在移动设备上花的时间越来越长，广告主越来越希望可以通过某种途径更准确地找到适合他们产品的用户来精准地投放广告。一方面，DSP和用户数据的完美结合为广告主带来了他们渴望的解决方案；另一方面，基于中国的移动应用发展的特点，优质媒体可以实现广告主品牌较广范围的曝光，广告主希望通过移动营销服务提供商便捷高效地在优质媒体上投放广告。亿动所独有的PremiumMad平台是为广告主提供优质媒体广告投放的一站式平台，并可为广告主提供优质的移动营销全方案的设计与执行。

## 五、市场表现(300058)

蓝色光标收购前后的股价变化情况见图72。

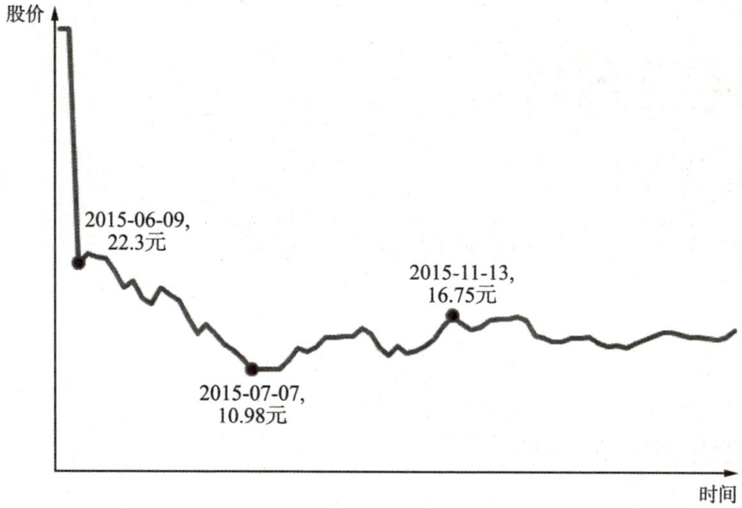


图72　蓝色光标收购前后股价走势

# 300182

# 捷成股份：
# “有钱任性”，影视并购大跃进

## 一、收购相关方介绍

### （一）收购方：捷成股份

捷成股份，全称北京捷成世纪科技股份有限公司，成立于2006年8月23日，于2011年2月22日在深交所创业板成功上市。公司致力于音视频生态圈的跨网跨屏信息技术创新和数字内容增值服务，是国内最具实力的专业音视频整体解决方案及产品提供商之一。公司的主营业务是为客户提供音视频技术及创新服务，专业从事音视频整体解决方案的设计、开发与实施，目标市场涵盖广电领域、国防领域、科研院校、政府机关、事业单位以及其他音视频应用领域。凭借着对行业的深刻理解，公司始终保持着持续的技术创新能力，其多个产品和实施项目先后荣获了国家广电总局、中国广播电视设备工业协会、中国电子学会等多个奖项，是业内“广播电视十大民族品牌奖”“科技创新优秀企业奖”等多项大奖的获得者。公司拥有计算机信息系统集成二级资质以及目前业内唯一的国家信息安全测评信息安全服务二级资质，还多次参与国家广播电视总局、国家新闻出版总署等组织的行业技术规范的起草和制定，在行业中形成明显的领先优势。

目前公司已具备为广播电视制作机构提供全流程的一体化服务能力，可为客户提供包括演播室舞台灯光和电视转播车、3G/4G传输、卫星收录、媒体资产管理、高清非编制作网络、播出总控平台等业务系统，全面满足广播电视台的采、编、播、管、存各项业务要求。而且经过多年的发展以及上市以来持续并购战略的实施，公司已拥有分、子公司20余家，业务范围覆盖了音视频创新科技、影视内容制作和版权交易。同时，公司基于自身的信息技术和音视频技术，正在进一步研发智慧教育、智慧医疗、智慧水务等技术和产品，努力把市场拓宽到智慧城市服务领域。公司未来的战略是继续聚焦音视频生态圈，从原有的音视频技术解决方案"一站式"服务提供商逐步转向以音视频技术服务和音视频内容服务双引擎驱动的平台运营商，从而成为音视频产业全价值链的参与者和分享者。

### （二）标的公司一：北京中视精彩影视文化有限公司

中视精彩是于1997年创办的一家民营影视制作公司，经过十多年的发展，公司旗下已拥有后期制作公司、演艺经纪公司、电视频道运营公司、广告传媒公司、演艺经纪杂志社等五个分支机构和一个非常设机构——影视剧目专家艺术委员会。中视精彩主要从事电视剧的策划、制作与发行业务，坚持根植于中华民族文化、历史经典、现实生活与广大民众，先后投资、独立承制或参与制作了《天仙配》《孔雀东南飞》《先锋1993》《凭什么爱你》等15部共计515集社会口碑与经济效益俱佳的电视剧。

公司本着"用影像诠释历史，用镜头记录时代"的思想理念和"弘扬经典、重述神话、传承文脉、家国情怀"的创作思路，结合自身优势和特点，进一步适应时代的发展要求，努力打造出一支生产影视精品、繁荣文化市场的专业人才队伍，将"追求中国文化精髓和本质，为中国文化创意产业的腾飞和影视剧走向世界贡献力量"作为自己始终不渝的奋斗目标，生产出更多思想精深、艺术精湛、内容精彩、制作精良的优秀作品，争当影视文化企业的先锋。

### （三）标的公司二：东阳瑞吉祥影视传媒有限公司

瑞吉祥于2012年9月3日成立，是一家以内容制作为主，以影视剧投资、制作及发行为核心业务的专业性内容生产公司，主要投资、拍摄和发行大制作的历史题材剧、青春偶像剧，并代理发行海外引进剧目。瑞吉祥已成功拍摄并发行了《十月围城》，自瑞吉祥收购金泽影视将其纳为全资子公司后，金泽影视成功发行了《幸福的眼泪》《奔月》和《深情密码》。

瑞吉祥的产品主要包括其投资、制作、拍摄、发行的电视剧，和代理发行、引进的境外影视剧，以及参与联合投资的影视剧。公司定位于“打造精品影视剧目”，拥有一支专业的营销团队。经过多年的专业化运作，瑞吉祥已与包括江苏卫视、深圳卫视、安徽卫视等省级电视台在内的数十家电视剧播出机构建立了合作关系，形成了较为完整的电视剧发行网络。

### （四）标的公司三：星纪元影视文化传媒有限公司

星纪元成立于2014年。公司致力于出品、发行、制作与策划影视产品，在影视制作方面具有不俗的实力与口碑。星纪元拥有一流的制作发行团队，曾制作并发行了《新一剪梅》《特战先锋》《聊斋3》《闪婚》《与狼共舞》《我是特种兵1、2、3》《我是特种兵之火凤凰》《涛女郎》《我的特一营》《兄弟们上》《红箭》《黎明前的抉择》《特警力量》等口碑、收视俱佳的经典电视剧；电影《战狼》更是以接近6亿元的票房，引起了业界广泛关注。公司目前正在拍摄制作或已经完成的作品有《我是特种兵之霹雳火》《陆军一号》《云水怒》《嫂子嫂子》《玉海棠》《绝地枪王2》《士兵出击》《向前一步是幸福》等，受到众多电视台的关注。

### （五）标的公司四：华视网聚文化传媒有限公司

华视网聚于2010年1月成立，是国内领先的数字版权发行商、全媒体文化传播服务提供商、数字生活内容运营商。公司通过采购聚合影视节目、产品的数字内容，专业从事上述内容在数字渠道的分销和运营工作。华视网聚以“多屏文化传播，互动数字生活”为发展使命，携手国内外千余家出品公司，积累了海量影视、动漫、节目版权内容，面向广电、互联网新媒体、运营商等媒体渠道进行数字化分销，全面覆盖互联网视频、数字电视、OTT TV、IPTV、移动终端等全媒体终端，形成了一个由“海量数字内容矩阵”“全产业媒体分销集群”“全媒体终端交互式覆盖”组成的一体化运营模式，构建了基于“版权资源结构化控制”的上中下游全产业融合式服务的数字版权产业生态。

公司的客户主要分为三大领域：互联网视频媒体客户、TV端媒体客户及移动互联网领域客户。基于丰富的资源储备和强大的采购能力，华视网聚与主要客户建立了稳定的合作关系。公司未来将深度挖掘渠道特色和媒体资源,以用户为核心,以终端为载体,以应用场景为导向,在多屏时代开创引领产业融合式服务运营。

## 二、收购事件一览

- 2014年10月14日,捷成股份停牌,筹划重大事项。
- 2014年12月19日,捷成股份披露草案,公司拟通过发行股份及支付现金的方式购买中视精彩100%股权、瑞吉祥100%股权,并向不超过5名特定投资者非公开发行股份募集配套资金。
- 2015年1月5日,捷成股份临时股东大会通过发行股份及支付现金购买资产草案。
- 2015年4月30日,证监会审核通过公司发行股份及支付现金购买资产并募集配套资金事项。
- 2015年7月8日,捷成股份第二次停牌,筹划重大事项。
- 2015年8月6日,捷成股份披露预案,公司拟以发行股份及支付现金方式购买华视网聚80%股权,并募集配套资金。
- 2015年8月20日,董事会通过公司使用自有资金32 500万元收购星纪元25%股权事项。
- 2015年9月22日,临时股东大会通过发行股份及支付现金购买资产草案。
- 2015年12月3日,证监会审核通过公司发行股份及支付现金购买资产并募集配套资金事项。

## 三、收购方案

### (一)第一次收购

#### 1. 发行股份及支付现金购买资产

捷成股份以20.22元/股的价格向中视精彩股东熊诚、睿启开元、梅州久丰、东莞久富,瑞吉祥股东滨鸿影视、澜溢影视、和暄影视、广发信德非公开发行

8 743.034 6万股股份以支付176 784.16万元对价，以现金向熊诚、滨鸿影视、澜溢影视、和暄影视支付31 295.84万元对价，共计支付208 080万元对价以购买中视精彩和瑞吉祥100%股权。其中，中视精彩100%股权交易价格为91 080万元，瑞吉祥100%股权交易价格为117 000万元。

**2. 发行股份募集配套资金**

同时，捷成股份向冯为民、深圳市融通资本财富管理有限公司非公开发行A股普通股6 662 964股，发行价格为54.03元/股，锁定期为1年，共募集配套资金36 000万元。所募集的资金用于本次收购标的资产的现金对价，补充营运资金和支付相关税费。

本次交易前后，上市公司的控制权未发生变更，控股股东和实际控制人仍为徐子泉。

### （二）第二次收购

捷成股份以自有资金32 500万元购买姜银贵、邓浩、陈静持有的星纪元25%股权。交易完成后，公司合计持有星纪元30%股权，为星纪元的第一大股东。星纪元成为公司的参股子公司。

### （三）第三次收购

**1. 发行股份及支付现金购买资产**

捷成股份以16.988元/股的价格向华视网聚股东陈同刚、张明、周正、金永全、胡轶俊5位自然人非公开发行113 020 955股股份以支付192 000万元对价，以现金支付剩余对价128 000万元，购买华视网聚80%股权，华视网聚80%股权的交易总额为32亿元。

**2. 发行股份募集配套资金**

同时，捷成股份拟通过询价的方式向不超过5名符合条件的特定投资者非公开发行股份募集配套资金，金额不超过26亿元。募集的资金用于支付本次交易的现金对价，补充流动资金，偿还银行借款及支付本次交易的中介结构费用、华视网聚版权采购。

本次交易前后，上市公司的控制权未发生变更，控股股东和实际控制人仍为徐子泉。

## 四、案例评论

捷成股份是国内目前最具实力的专业音视频整体解决方案及产品提供商之一。在资本市场影视传媒大热的形势下,原先从事音频技术服务的捷成股份频频出手收购影视资产。从2014年2月以7 000万元入股华视网聚5%股权的"牛刀小试",到2015年7月以21亿元巨资将两家影视公司揽入怀内,再到以3.2亿元参股星纪元,最后到以更显"阔绰"的32亿元收购华视网聚剩余80%股权,捷成股份聚焦影视全产业链运营,实现技术内容双引擎驱动,掀起一波又一波的影视收购浪潮,"有钱任性"的背后隐藏着公司的深思熟虑与精心布局。

### (一)全媒体融合发展,广电行业重塑格局

2014年8月,中央全面深化改革领导小组第四次会议审议通过了《关于推动传统媒体和新兴媒体融合发展的指导意见》。《意见》对新形势下如何推动媒体融合发展提出了明确要求,并强调要推动传统媒体和新兴媒体融合发展,要遵循新闻传播规律和新兴媒体发展规律,强化互联网思维,坚持传统媒体和新兴媒体优势互补、一体发展,坚持以先进技术为支撑、内容建设为根本,推动传统媒体和新兴媒体在内容、渠道、平台、经营、管理等方面的深度融合。随后,李克强总理又在2015年政府工作报告中明确提出"深化文化体制改革,促进传统媒体与新兴媒体融合发展"。所以说,融合是传媒行业不可逆转的趋势,历史上处于相对封闭的广电行业的全媒体转型已经成势。在"三网融合"和"宽带中国"战略的推进下,以内容为王的竞争全面铺开,广电行业正在经历技术与商业模式的深刻变革,技术变革支撑商业模式变革的最终实现,而商业模式变革将为技术变革提供更充足的资金支持,二者的联动效应将释放广电行业变革的巨大潜力,广电行业的产业格局将在极大程度上得以重塑。在全媒体融合的背景下,版权将再次成为竞争的焦点,新媒体的版权交易也将呈现多层次、多渠道、多平台共存的格局,而此时也正是从内容、渠道、跨媒体融合等方面全面搭建广电生态运营平台的好时机。捷成股份在此时通过并购迅速整合优秀的团队,抓住了市场先机。收购中视精彩、瑞吉祥与星纪元,有助于公司从原有提供音视频技术解决方案"一站式"服务提供商,逐步转向构建以音视频技术服务和音视

频内容服务双引擎驱动的平台运营商，切入广电网络及电视台增值服务运营。收购华视网聚实现公司业务从服务到内容再到发行运营的延伸，是公司实现战略布局的举足轻重的一步。

### （二）接手中科云网弃买资产，连环收购谋转型

文娱圈中“前女友”“前男友”话题总能吸引观众的眼球，而同样的事情发生在资本圈也掀起了不小的波澜。捷成股份于2014年12月19日披露预案称，公司拟以20.8亿元的价格通过定增加现金收购，揽入中视精彩、瑞吉祥两家影视剧制作公司。有意思的是，其收购标的之一中视精彩曾是中科云网的“前未婚妻”。中科云网于2014年3月宣布计划收购中视精彩51%股权，经过大半年筹划后却于11月底宣告收购提前终止，终止理由是收购中视精彩51%股权的时间跨度较长，且目标公司未来实现承诺利润，存在不确定性。从时间上来看，捷成股份10月14日停牌，12月15日公告收购中视精彩，显然是中科云网一放手，捷成股份就接手了。中科云网对中视精彩的估值以“2014年净利润不低于5 000万元(含)的条件下，按实际净利润以不低于10倍市盈率的价格”为基准，由此计算可得总估值在5亿元左右；而捷成股份对中视精彩估值为9.15亿元，较账面净资产溢价634%；瑞吉祥估值更是达到11.73亿元，溢价率高至754.79%。捷成股份此番耗费重金，热情相拥中科云网弃买资产引来了极大的争议，而中视精彩“投怀送抱”至捷成股份也成为“坐地涨价”的经典案例。这笔交易对捷成股份而言是盈是亏也有待时间的见证。细看公告可发现，在中科云网宣布终止收购前，几大创投公司通过股权转让方式从熊诚和另一股东手中购买了中视精彩部分股权，捷成股份此番收购使创投公司把未上市企业股权转换成上市公司股权，创投资本增值潜力不言而喻。

捷成股份2015年连环收购三家影视内容制作公司，勇做影视行业的接盘侠，也表明了转型的坚定决心。借助并购，公司将初步完成面向广播电视台和广电网络客户，从音视频解决方案“一站式”技术服务的厂商向“技术＋影视内容制作及整合”双轮驱动的全方位服务商转变，从信息延伸至内容，切入广电网络及电视台增值服务运营，完成了从服务提供商到平台运营商战略转型的重要一步。

### （三）瞄准版权交易市场，打造新媒体视频全产业链

捷成股份于2014年年初参股华视网聚20%股权，着手布局影视内容版权服务；于2015年收购华视网聚剩余80%股权，进一步深入视听内容的数字分销领域。华视网聚是国内领先的数字版权发行商，它的出现开启了全媒体产业新模式，即一个由"版权交易＋全产业媒体发行集群＋全媒体终端交互式覆盖"形成的"云""端""场"一体化的运营模式，有效实现了国内影视新媒体领域上中下游全产业融合式服务的文化传播生态。收购华视网聚后，捷成股份将内容、技术、分销和运营结合到一起，打通了整个产业链条，实现了"信息化＋内容＋版权"的协同发展。脚步轻捷、出手稳准，捷成股份从音视频技术起家，2015年通过多起并购和参股成功布局影视板块，成为了音视频产业全价值链的参与者和分享者。

## 五、市场表现（300182）

捷成股份收购前后的股价变化情况见图74。

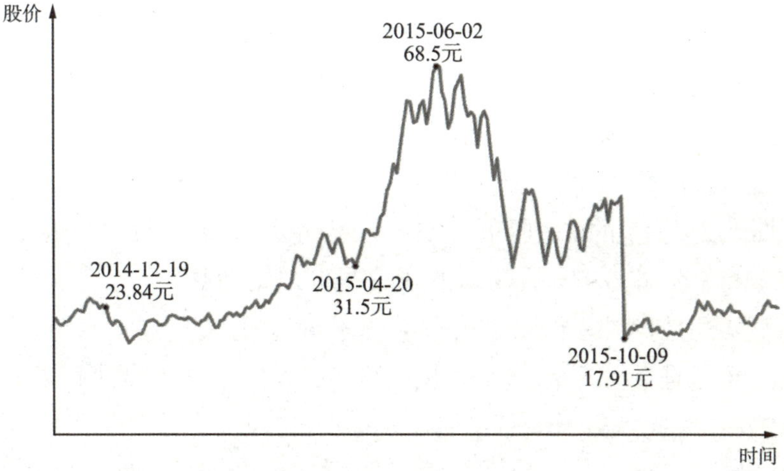


图74 捷成股份收购前后股价走势

# 300186
## 大华农：
## 重回温氏怀抱，家人终团聚

### 一、收购相关方简介

#### （一）合并方：广东温氏食品集团股份有限公司

温氏集团前身为1983年由原董事长温北英发起创立的新兴县簕竹鸡场，是一家拥有30多年创业历史，以肉猪、肉鸡养殖为主，奶牛、肉鸭养殖为辅，同时配套经营食品加工、农牧设备制造等产业的大型畜禽养殖企业集团，是我国最大的肉鸡、肉猪生产企业，首批农业产业化国家重点龙头企业之一。公司的主要产品为肉鸡类产品和肉猪类产品。温氏集团的股本结构较为分散，尚无持有公司股份5%以上的单一股东。其中，以温鹏程为代表的11位自然人组成的温氏家族持有公司15.93%股权，掌握了公司的实际控制权。

温氏集团是我国最早探索“公司+农户”养殖模式的企业。目前公司产品除了极少部分是自行饲养，其他基本上都以“公司+农户”模式进行生产经营。独特的“温氏模式”是公司持续发展壮大的核心驱动力。温氏集团实行产业链一体化养殖，实现统一标准管控，确保产品质量；集品种繁育、种苗生产、饲料生产、饲养管理、疫病防治、产品销售等为一体，在土地与人力最密集的饲养管理环节采用紧密型“公司+农户”合作模式，即合作农户只需要负责肉鸡（猪）的饲养。公司通过这种模式将农户纳入产业链经营体系，获得了大量的劳动力、土地和民间资本，以较低的边际成本迅速扩张产业规模。公司已将此模式从肉鸡养殖复制到肉猪养殖，并从广东地区复制到华南其他省份以及华东、华中、西南、华北、东北、西北等区域，遍及全国20多个省（直辖市和自治区），使得公司的收入和利润增长更具持续性和稳定性。

温氏集团长期以来高度重视通过提高技术实力与创新能力促进自身发展与进步，已形成了以企业为主体、以市场为导向、以产学研合作为依托的技术创新体系，多项重要养殖指标数据显著优于行业平均水平，并依靠创新优化养殖品种，成为行业中拥有最多国家畜禽新品种的标杆企业之一。同时，温氏集团很早就开始探索企业信息化，目前已实现EAS系统对整个产业链的完整覆盖，而且在EAS系统的基础上积极推进物联网建设，大幅降低了养殖成本与劳动强度。公司还与南方报业合办了新牧网，推广自身优质产品，打造信息—产品—服务的全产业链服务覆盖，增强了农户的黏性，是“互联网＋”时代的弄潮儿。

### （二）被合并方：广东大华农动物保健品股份有限公司

大华农是一家集研发、生产和销售为一体的大型动物保健品制造企业，主要产品为兽用生物制品、兽用药物制剂、饲料添加剂三大系列二百多个品种，同时以海洋产业、水产药业为新业务，是农业部指定的高致病性禽流感疫苗、高致病性猪蓝耳病疫苗定点生产企业。公司于2011年3月8日在深圳证券交易所创业板挂牌上市，是广东省兽药行业第一家上市公司。

公司拥有四个具备国际先进技术水平的生产基地——广东省肇庆国家高新区、云浮市新兴县温氏科技园、新成工业园、佛山三水区，近40条通过农业部验收的GMP生产线，以及年产150万枚SPF种蛋的实验动物中心。产品销售网络覆盖全国各省市，同时出口埃及、印尼、越南等中东及东南亚地区。公司海洋产业初具规模，在珠海、海南建有深海养殖和育种基地，旨在打造“深海鱼育种＋深海网箱养殖＋深海鱼贸易加工园区”产业布局。公司未来将继续以“做动物保健专家，为人类健康服务”为使命，促进动保产业和海洋产业双轮驱动，打造“海上温氏”，向成为世界级生物科技企业不断迈进。

## 二、收购事件一览

● 2014年12月29日，大华农临时停牌，公司实际控制人温氏家族拟筹划重大事项。

● 2015年4月28日，董事会决议，通过温氏股份换股吸收合并大华农草案。

● 2015年5月18日，股东大会决议，通过温氏股份换股吸收合并大华农草案。

● 2015年8月3日，证监会审核通过本次吸收合并事宜。

● 2015年10月19日，大华农停牌，实施换股，按1∶0.807 0的比例转换成温氏集团股票在深交所创业板上市及挂牌交易。

● 2015年11月2日，大华农终止上市，温氏股份(300498)于深交所创业板上市。

## 三、收购方案

本次合并的方案是温氏集团以换股吸收合并的方式吸收合并大华农，即温氏集团向大华农全体股东发行A股股票，以取得该等股东持有的大华农全部股票。本次吸收合并完成后，接收方作为存续方将承继及承接大华农的全部资产、负债、业务、人员、合同及其他一切权利与义务。大华农终止上市并注销法人资格，温氏集团的股票(包括为本次吸收合并发行的A股股票)将申请在深交所创业板上市流通。为承接原大华农的业务及管理，温氏股份将注册成立广东温氏大华农生物科技有限公司，并按照事业部管理模式开展业务管理。

### (一) 发行对象

本次换股吸收合并的发行对象为合并实施股权登记日(2015年10月30日)收市后登记在册的大华农全体股东。

### (二) 发行价格及换股价格

温氏集团本次发行价格为16.15元/股，大华农的换股价格为13.03元/股。

换股比例＝大华农的换股价格/温氏集团的发行价格，经计算为0.807 0。即换股股东所持有的每1股大华农A股股票可换得0.807 0股温氏集团本次发行的A股股票。本次发行的A股股票全部用于换股吸并，不另向社会公众公开发行。温氏集团最终新增435 247 380股股份吸收合并大华农，占温氏集团总股本的12.01%。

## (三) 大华农异议股东的现金选择权安排

行使现金选择权的大华农异议股东，可就其有效申报的每1股大华农股票，在现金选择权实施日，获得由现金选择权提供方（由温氏家族或其他第三方作为现金选择权提供方）按照10.32元/股支付的现金对价，同时将相对应的股票过户到现金选择权提供方名下。

## (四) 温氏集团异议股东的退出请求权安排

行使退出请求权的温氏集团异议股东，可就其有效申报的每1股温氏集团股份，在退出请求权实施日，获得退出请求权提供方（由温氏家族或其他第三方作为退出请求权提供方）按照16.15元/股支付的现金对价，同时将相对应的股份过户到退出请求权提供方名下。

## (五) 零碎股的处理办法

如换股股东所持有的大华农股票乘以换股比例后的数额不是整数，则按其小数点后尾数大小排序，每一位股东依次送1股，直至实际换股数与计划发行股数一致。如遇尾数相同者多于余股时则采取计算机系统随机发放的方式，直至实际换股数与计划发行股数一致。

本次换股吸收合并前，温氏集团前十名股东持股情况见表41。

**表41　温氏集团换股吸收前持股情况**

| 序号 | 姓名 | 持股数(股) | 持股比例 |
|---|---|---|---|
| 1 | 温鹏程 | 104 850 000 | 3.29% |
| 2 | 严居然 | 91 610 000 | 2.87% |
| 3 | 梁焕珍 | 88 356 000 | 2.77% |
| 4 | 温均生 | 85 683 000 | 2.69% |

续表

| 序号 | 姓名 | 持股数(股) | 持股比例 |
|---|---|---|---|
| 5 | 温小琼 | 80 000 000 | 2.51% |
| 6 | 温志芬 | 77 670 000 | 2.43% |
| 7 | 黎沃灿 | 72 032 000 | 2.26% |
| 8 | 严居能 | 69 258 000 | 2.17% |
| 9 | 黄伯昌 | 67 874 000 | 2.13% |
| 10 | 温木恒 | 65 800 000 | 2.06% |

本次换股吸收合并之后，温氏股份前十名股东持股情况见表42。

**表42　温氏股份换股后持股情况**

| 序号 | 姓名 | 持股数(股) | 持股比例 |
|---|---|---|---|
| 1 | 温鹏程 | 150 497 905 | 4.15% |
| 2 | 严居然 | 103 143 670 | 2.85% |
| 3 | 梁焕珍 | 99 194 417 | 2.74% |
| 4 | 温均生 | 97 100 173 | 2.68% |
| 5 | 温小琼 | 89 749 569 | 2.48% |
| 6 | 温志芬 | 87 102 608 | 2.40% |
| 7 | 黎沃灿 | 81 479 857 | 2.25% |
| 8 | 黄伯昌 | 75 538 888 | 2.08% |
| 9 | 严居能 | 73 534 245 | 2.03% |
| 10 | 温木恒 | 73 201 304 | 2.02% |

换股吸收合并前后温氏集团实际控制人未发生变化，仍为温氏家族。

## 四、案例评论

温氏集团作为国内最大的畜禽养殖企业，与大华农同属于温氏家族所控，实则一家人。此次换股吸收合并大华农实现整体上市使温氏集团一跃成为创业板巨无霸，也走出了通过吸收合并登陆创业板的第一步。

### （一）开盘股价大涨364.40%，畜牧航母即日启航

温氏集团通过换股吸收合并的方式于2015年11月2日，以温氏股份（300498）的证券简称正式登陆资本市场。温氏股份此次新增股份4.35亿股，发行后总股本规模达到36.25亿股。一般来说，换股吸收合并上市后首日开盘价的制定有两种方案：第一种是采用报告书中的发行价；第二种是按照被吸收合并方停牌前价格与换股比例来确定首日发行价。两种方案只是交易过程不同，没有孰优孰劣之分。温氏股份此次开盘参考价采取了第一种方案，即换股吸收合并的发行价16.15元/股。由于股票上市首日不实行价格涨跌幅限制，首日开盘温氏股份股价大涨364.40%，报74.90元/股。经过两次停牌、复牌整顿后，股价最终报收于55.31元/股，涨幅为242.48%，成为创业板市值巨无霸。

### （二）打通上下游产业链，实现温氏集团整体上市

整体上市是温氏集团十多年来的最大愿望。但作为一家股东人数超过6 000人的非上市公众公司，温氏集团一直受制于相关政策，未能实现集团资产证券化。不得已之下，温氏集团选择分拆部分资产先行上市，这就是大华农登陆创业板市场的直接原因。

温氏家族控股的大华农主要产品为兽药和饲料添加剂，与同为温氏家族控股的主营业务为肉鸡、肉猪养殖的温氏集团一直是上下游性质的相互依存、相互促进的关系。大华农独立上市之前就是温氏的一部分，但大华农上市时，温氏集团曾承诺双方每年关联交易不超过一定比例。随着近年来温氏集团养殖业务规模逐步增长，这一承诺愈发限制双方的发展，温氏集团和大华农之间产业链整合的必要性日益突出。此次吸收合并的完成使得温氏集团的畜禽养殖及相关配套产业实现整体上市，产业链将覆盖畜禽养殖、饲料生产、农牧设备、

兽药研发及销售等产业链各重要环节，成功实现各业务的协同快速发展。同时，宝贵的上市平台有利于温氏集团夯实资本基础，增强后续融资能力，进一步巩固行业龙头地位，将“温氏模式”复制到更多地区、更多行业，带动广大农民致富，为上市公司股东创造更大的价值。

### （三）温氏集团变相借壳，换股吸收合并实现曲线上市

从20世纪90年代起，温氏集团就已经开始谋求进入资本市场，而温氏上市愿望实现的主要障碍缘于其发展史。1986年，集团创始人温北英在内部推行了职工全员持股制，号称“温氏食品，人人有份”，此举对员工归属感和集团发展推动极大，于是造成了超过7 000名自然人持股80%的局面。而根据2006年1月1日起开始施行的《公司法》修订版第79条规定，“设立股份有限公司，应当有两人以上200人以下为发起人”，温氏集团的上市计划就此搁置。温氏和大华农本是一家人，2008年限于此政策只能通过分拆资产部分上市。但转机出现在中国证监会通过的《非上市公众公司监督管理办法》的推出。2014年9月，温氏集团通过证监会审核，成为非上市公众公司，而此举也扫清了集团上市的重大结构性障碍，推动了温氏集团通过换股吸收合并大华农实现整体上市。

整体上市是上市公司的资产和其控股公司的资产合并重组共同上市的过程。整体上市一般有四种模式：“反向吸收”模式、“换股IPO”模式、“定向增发收购”模式、“换股吸收合并”模式。主流的方式是上市公司发行股份购买集团资产和集团公司换股吸收合并上市公司两种。由于温氏集团和大华农系同一实际控制人旗下资产，两种方式耗费的资金和时间成本并无太大差异。温氏集团总资产评估价值为520亿元，远超大华农。考虑到操作的难易程度和便利性等因素，最终选择了由温氏集团换股吸收合并大华农实现整体上市，而这一选择显然是明智的。

换股吸收合并模式，是指将同一控制人的上市公司与非上市公司通过换股的方式进行吸收合并，进而完成公司的整体上市。由于并没有公开发行股票募集资金，不纳入IPO范畴。该模式的成功之处在于其独一无二的融资方式：股权互换+现金选择权。这种方式以较少的现金流支出换得了目标公司的控制权，使融资成本降至最低，同时兼顾各方利益，从而促使合并顺利完成。同时该模式可以获得税收方面的好处——通常如果采用现金收购的方式，目标公司收

到现金时就产生了所得税纳税义务，而该种方案可以合理避税，降低了交易成本，产生股票预期增长效益。而且换股并购没有新增融资，适用于集团内资源整合，便于集团内部完善管理流程，理顺产业链关系，为集团长远的发展打下基础。温氏此次换股吸并，由于双方实际控制人均为温氏家族，故名义上属于重组，但究其本质，实为变相借壳。证监会严禁创业板的股票借壳上市，温氏通过换股吸并的模式成为创业板首例，也为其坎坷的上市之路画上了圆满的句号。

## 五、市场表现(300186)

大华农交易前后的股价变化情况见图75。

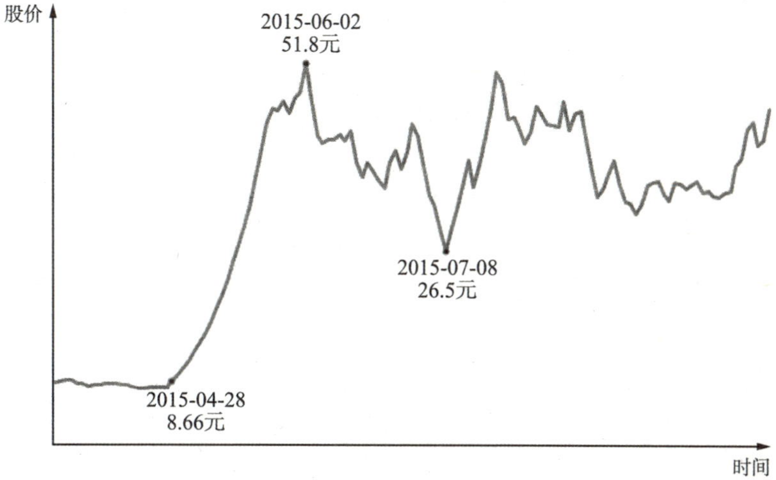


图75　大华农交易前后股价走势